Fischer-Karwin • Das teuerste Vergnügen der Welt

Heinz Fischer-Karwin

Das teuerste Vergnügen der Welt

Die Wiener Staatsoper seit 1945

VERLAG DAS BERGLAND-BUCH SALZBURG

Foto auf dem Schutzumschlag:
Fayer/Österreichischer Bundestheaterverband

Gestaltung des Schutzumschlages: Herbert Schiefer

ISBN 3-7023-0100-3

Printed in Austria

INHALTSVERZEICHNIS

NACH DER ZERSTÖRUNG DER OPER

Im Jahre 1948 hat das Finanzministerium eine „Geldrechnung der Staats-(Bundes-)Theater“ veröffentlicht. Demnach haben diese Bühnen im Jahre 1945 Ausgaben von etwas über sechs Millionen Schilling und Einnahmen von mehr als neun Millionen Schilling zu verzeichnen gehabt. Die einzelnen Bühnen werden nicht namentlich angeführt, sondern unter „Betriebe“ zusammengefaßt.

Das Jahr 1945 ist also das einzige Jahr gewesen, in dem die Bundestheater aktiv gewesen sind. Vor Schlußfolgerungen wird gewarnt. Denn man könnte ja vermuten: Wenn man kleine Gagen zahlt und wenig Geld für die Ausstattung ausgibt ...

Diese Rechnung geht nicht auf. Franz Salmhofer, ab 1. Juli 1945 Direktor der Staatsoper (die auch im Redoutensaal und vor der Inbetriebnahme des Theaters an der Wien in der Volksoper gespielt hat), notierte damals: „Allen drei Häusern stand keinerlei Subvention zur Verfügung. Der Aufbau mußte zur Gänze aus eigenen Mitteln bestritten werden.“ Wie man in mittellosen Häusern Geld aus eigenen Mitteln ausgibt, gehört zu den Geheimnissen der ersten Nachkriegszeit.

Im Dezember jenes Jahres hat das „Kleine Volksblatt“ bemängelt, daß man in der Oper zu sehr nach der Kasse schiele und zuwenig auf künstlerische Belange achtete. Worauf das „Neue Österreich“ replizierte: „Da die Staatsoper keine Subvention erhält und völlig auf sich allein gestellt ist, muß sie jeden Tag 30.000 Schilling einspielen, wenn der Betrieb aufrechterhalten werden soll. Personalstand: 900 Personen.“

Ein Politiker, der sich brennend für die Staatlichen Bühnen interessiert — auch das gibt es in Österreich — und der heute seine wohlverdiente Pension verzehrt: „Was immer man über die finanzielle Gebarung der ersten Nachkriegszeit sagt, ist schon deshalb richtig, weil niemand das Gegenteil beweisen kann. Es hat damals keine Kontrolle gegeben, nichts wurde registriert oder abgerechnet.“

Die Sekretärin Salmhofers: „Manchmal sind wir zu den Russen gegangen und haben gesagt, daß wir dringend Leinen oder irgendein anderes Material benötigen. Meistens haben wir das auch bekommen. Woher, das hat damals niemand gefragt. Geld haben wir immer von der Kasse in der Bräunerstraße geholt. Vielleicht war es das Geld, das wir von den Zuschauern eingenommen haben, vielleicht auch nicht."

Und Salmhofer hat geschrieben: „Wien war noch ohne Licht, ohne Gas, ohne Straßenbahn. Die Gemeinde stellte uns vorerst die Volksoper und ihren Fundus zur Verfügung, denn der gesamte Fundus der alten Staatsoper und mehr als 180.000 Kostüme waren ein Raub der Flammen geworden. Wir haben also wirklich mit nichts begonnen."

Daraus kann man immerhin ableiten, wie man die Kostüme und den Fundus geschützt hat, frei nach der Devise: Der liebe Gott stammt aus Wien, er wird uns schon beschützen. Denn in den letzten Kriegsmonaten dürften die aus Bombenangriffen resultierenden Gefahren hinlänglich bekannt gewesen sein. Ein damals Mitverantwortlicher: „Vielleicht waren wir auch von der gesamtdeutschen Einstellung angesteckt worden, nach der hinter uns ohnedies nur die Sintflut kommen sollte."

Da aber die Sintflut trotz aller Zerstörung auf sich warten ließ, mußte man darangehen, wieder anzufangen. Es hat einen „Almanach über die erste Spielzeit" gegeben. Und darin befindet sich eine recht aufschlußreiche Notiz: „Bereits am 20. April begannen die Proben zur Aufführung des ‚Figaro'. Die Verhältnisse waren außerordentlich schwer. Es gab keine Verkehrsmittel, es fehlte am Essen, nur ein Drittel des Personals war in Wien. Die Wiedereröffnung der Oper war um so schwieriger, als die Staatsoper ein Jahr lang geschlossen war, das Personal in Fabriken tätig und herausgerissen war aus jeder künstlerischen Arbeit. Wir hatten keinerlei staatliche Subvention. Durch die Rote Armee wurde unsere finanzielle Basis gesichert."

Schade, daß der Verfasser seinen Namen schamhaft verschwiegen hat. Es muß sich jedenfalls um ein Mitglied der Oper gehandelt haben, sonst hätte er kaum den Satz „Wir hatten keine staatliche Subvention" schreiben können.

Natürlich gibt es auch heute noch Menschen, die damals in maßgebender Stellung gearbeitet haben. Nur wissen sie alle nicht mehr, wovon die Oper im Jahre 1945 gelebt hat. Oder sie wollen es nicht mehr wissen.

Daß nun die Oper überhaupt wieder anfangen konnte, ist darauf zurückzuführen, daß man das Orchester auch im letzten Kriegsjahr zusammengehalten hat.

Die Sprechtheater hatten's leichter: Viele Schauspieler und Regisseure waren in Wien geblieben.

Für das Orchester hat das Jahr 1945 mit einem Neujahrskonzert im ungeheizten Musikverein begonnen, in dicken Mänteln und mit Schals saßen die Zuhörer im Saal, und als die ersten Takte des Donauwalzers ertönten, hat das Publikum geweint: Das versunkene und zur Ostmark degradierte Österreich lebte wenigstens hier weiter.

Die Schließung aller Theater im Sommer 1944, eine der dümmsten Entscheidungen der deutschen Reichsregierung, hat die Wiedereröffnung der Wiener Bühnen erleichtert. Denn fast ein Jahr lang hatten die Menschen zu ihrer Zerstreuung hauptsächlich Märsche und falsche Sondermeldungen aus ihren Rundfunkempfängern bezogen. Ob nun Hitler seine Untertanen auf den Endsieg konzentrieren oder ob er die deutschen Theater nicht den einziehenden Alliierten überlassen wollte, wer vermag das noch zu sagen? Als Aachen fiel und damit die erste deutsche Stadt in die Hände der Westmächte kam, war der Schock in der Bevölkerung groß. Hätte man damals die Menschen nicht ablenken sollen oder war es ganz einfach zu spät?

Das Opernorchester war zwar ohne Oper, aber die Philharmoniker hatten auch nach der Schließung der Oper weitergearbeitet: Konzerte, Rundfunkaufnahmen, Schallplatten ... Böhm und Furtwängler standen am Pult. Und im April 1945 wurde die Kriegsarbeit des Orchesters mit dem Brahms-Requiem nicht abgeschlossen, sondern nur kurzfristig unterbrochen. Wolfgang Schneiderhan, bis 1950 Erster Konzertmeister: „Wir sind in den letzten Monaten eigentlich täglich in die Oper gekommen. Wir hatten oft Luftschutzdienst. Wir mußten zu den Proben und Aufführungen zu Fuß gehen. Und in der Oper waren wir eben zu Hause. Es war ja auch wichtig, Kontakt zu halten, Informationen zu bekommen.

Die Gagen von Musikern und den Sängern, die mit uns gearbeitet haben, bestanden gelegentlich aus Kartoffeln, Marillenmarmelade und Zigaretten. Auch nach dem letzten Konzert wollten und mußten wir zusammenbleiben. Erst im Keller des Musikvereins. Auf einmal hat es geheißen, der ist nicht sicher genug. Wir haben die Instrumente auf Handwagen geladen, einen kleinen Ofen habe ich noch von zu Hause geholt, damit wir kochen können, und dann ist's ins Burgtheater gegangen. Dort haben wir nicht lange bleiben können, weil die SS eingezogen ist. Unsere letzte Station waren dann die Katakomben Am Hof.

Am 19. April, noch mitten im Krieg, hat dann Clemens Krauss wieder mit uns im Konzerthaus geprobt. Im Keller sind wir ja in den letzten Monaten oft gewesen, dazwischen hat's aber immer wieder Arbeit gegeben. Fast wäre es auch in den letzten Tagen vor unserer ersten Probe schiefgegangen. Man hat uns zu Aufbauarbeiten kommandieren wollen. An den Donaukanal. Auf der einen Seite waren schon die Russen, auf der anderen immer noch deutsche Truppen. Wer weiß, was passiert wäre, wenn wir mittendrin gearbeitet hätten. Wie es gelungen ist, uns im letzten Augeblick davon zu befreien, kann niemand mehr sagen. Uns ist es damals wie ein Wunder erschienen."

Am 29. April wurde dann die erste Sendung der RAVAG ausgestrahlt, und am selben Tag hat man den „Adolf-Hitler-Platz" wieder umbenannt: zum „Rathausplatz"!

Und am 1. Mai hat die Staatsoper in der Volksoper gespielt: „Die Hochzeit des Figaro". Mit der Seefried, deren leuchtender Stern für die Wiener mitten im Krieg aufgegangen war. Man hatte sie gleich taxfrei zur Enkelin von Kaiser Franz Joseph ernannt. Weil es ja Habsburger-Nachkommen gegeben hatte, die den Namen „Graf Seefried" angenommen hatten. Irmgard Seefried ist die beste Susanne in „Figaros Hochzeit" gewesen, die ich jemals gesehen habe. Damals aber, im Mai 1945, waren ihre Sorgen nicht nur mit Mozart verbunden: „Wir haben fast den ganzen Mai durchgespielt. An reduzierte Gagen war ich ja schon gewöhnt. Unser Publikum hat fast ausschließlich aus sowjetischem Militär bestanden. Waren die Soldaten gut aufgelegt, haben sie manchmal mit scharfer Munition auf die Bühne geschossen. Und nach der Vorstellung ist gelegentlich ein russischer Soldat in die Garderobe gekommen und hat gesagt: ‚Du Frau kommen mit!' Wenn der Wolfgang nicht gespielt hat, hat's dann nur etwas gegeben ... laufen, laufen, laufen!

Die beiden, die uns in den ersten Monaten am meisten geholfen haben, sind Ernst Fischer und Josef Krips gewesen. Fischer hat als Staatssekretär doch einigen Einfluß gehabt — auch gegenüber den Sowjets. Und Krips hat im Krieg die dunklen Seiten des Lebens kennengelernt. Dirigieren durfte er nicht, weil sein Stammbaum nicht in Ordnung war. Seine künstlerische Arbeit hat im Korrepetieren bestanden, und ich hab' viel gelernt bei ihm. Aber natürlich hat er nie gewußt, wie lange man ihn sein Schattendasein führen läßt."

Erich Kunz, der beste „Figaro", den ich je erlebte, stand bei Kriegsende noch am Anfang seiner Karriere. Nach der Schließung der Oper sollte er eingezogen werden. Durch die Hilfe eines Rundfunk-Kapellmeisters ist es ihm gelungen, zum sogenannten Funksturm zu kommen;

obwohl die Liste schon abgeschlossen war, hat man ihn nachträglich draufgesetzt. Und bis zum Frühjahr 1945 hat er für den Rundfunk zahlreiche Opern und Operetten aufgenommen. Schließlich hat er doch noch seinen Einberufungsbefehl bekommen: Er sollte nach Ungarn einrücken. Nach kurzer Überlegung hat er sich auf sein Motorrad gesetzt und ist statt nach Ungarn zu seiner Familie nach Zelking bei Melk gefahren. Dort hat er sich eine Blutvergiftung zugezogen, ist mit einem Pferdewagen nach Melk transportiert worden, wo man sofort einen Arm amputieren wollte. Nur seine Zugehörigkeit zur Staatsoper hat ihn davor bewahrt.

Für seine erste Staatsopern(monats)gage konnte er nicht einmal ein Kilo Schmalz auf dem schwarzen Markt kaufen. Der Operndirektor, ein starker Raucher, hat sich auch nur sechs Zigaretten auf dem schwarzen Markt kaufen können.

Kunz über die ersten Monate nach dem Krieg: „Ich bin praktisch nie zu Hause gewesen. Eine Probe nach der anderen. Eine Vorstellung nach der anderen. Nur so haben wir die Premierenflut bewältigt, die über uns hereingebrochen ist. Aber man sollte nicht vergessen, daß wir samt und sonders unterernährt gewesen sind. Allerdings haben wir nicht viel Zeit gehabt, daran zu denken. Da hat sich einmal ein Russe in der Pause einer Vorstellung eine Trompete ‚abgeholt'. Ein anderes Mal hat ein Offizier das Kleid der Sängerin für seine Frau beschlagnahmt, und man mußte in aller Eile ein neues Kostüm beschaffen, damit die Vorstellung weitergeht. Eigentlich weiß ich gar nicht, woher wir die Kraft genommen haben, unter diesen abenteuerlichen Bedingungen zu singen. Aber wahrscheinlich habe ich es damals auch nicht gewußt. Wir sind nicht nur uns selbst gegenüber kritiklos gewesen, wir haben auch die anderen nicht kritisiert. Auch nicht die Direktion."

Im Frühjahr 1945 hat Käthe Dorsch in ihrer Villa am Attersee drei prominente Gäste beherbergt: Elisabeth Schwarzkopf, Karl Böhm und Max Lorenz. Die Schwarzkopf sollte als deutsche Staatsbürgerin ausgewiesen werden und wurde nur durch Käthe Dorsch davor bewahrt. Die Dorsch hatte im Dritten Reich jüdische Kollegen gerettet und ihnen die Emigration in die Vereinigten Staaten ermöglicht. Diese Menschen haben sich in den ersten Nachkriegstagen an die amerikanischen Besatzungsbehörden gewendet, worauf Frau Dorsch bei den Amerikanern verschiedene Privilegien zuerkannt wurden. Später hat sie sich noch einmal für Elisabeth Schwarzkopf eingesetzt, als diese von den Amerikanern Auftrittsverbot erhielt. Die Schwarzkopf wollte nach Wien. Ich habe ihren Brief an Direktor Salmhofer mitgenommen.

Sie hat einen Fehler begangen: Sie hat ihre Parteizugehörigkeit zur NSDAP verschwiegen. Ihr Vater war einer der ersten Mittelschullehrer, den man im Dritten Reich vom Dienst suspendiert hatte. Also ist sie der Partei beigetreten, um besser geschützt zu sein.

Ganz anders waren die Gedanken von Max Lorenz. Er wollte abwarten, bis seine Ernährung in Wien sichergestellt war. Auch das Eintreffen der westlichen Alliierten in Wien hat ihm als Vorbedingung für sein Wiederauftreten gegolten. Seine Frau soll dann in einem amerikanischen Transport einen lebenden Ochsen nach Wien transportiert haben. Und einer der letzten großen Heldentenöre ist daraufhin wieder auf einer Wiener Bühne gestanden.

Wieder ganz anders war die Situation von Dr. Karl Böhm. Im Frühjahr 1945 hat der Staatssekretär für Unterricht einen Emissär an den Attersee geschickt, um anfragen zu lassen, ob Böhm wieder die Leitung der Staatsoper übernehmen wolle, deren letzter Direktor er ja gewesen war. Fischer erwähnt in seinem Buch über die Nachkriegsjahre kein Wort davon.

Man muß sich die damalige Zeit vorstellen, um Böhms ablehnende Haltung zu verstehen. Noch wenige Tage vorher hatte eine Sopranistin in einem Schreiben an einen Freund am Attersee geschildert, wie sie von fünf Russen und einem Offizier vergewaltigt worden war. Man hat damals wenig von den Zuständen in Wien gewußt, und sicher war Böhm nicht der rechte Mann, um in dieser trostlosen Situation die Geschicke der Oper zu leiten. Beschaffung von Wohnungen und Nahrungsmitteln, Bittgänge zu sowjetischen Offizieren, das alles wäre bestimmt nichts für diesen sensiblen Künstler gewesen! Er hat dann auch genügend bittere Erfahrungen sammeln können, ohne in Wien wieder aktiv zu sein.

Aus verschiedenen Zeitungsinterviews und Kommentaren dieser Zeit klingt auch eine unüberhörbare Bitterkeit gegenüber den Mitgliedern der Oper, die nicht in Wien geblieben waren. Man kann darüber streiten, ob ein Direktor, dessen Haus man zugesperrt hat, unbedingt in der Nähe dieser Oper auszuharren hat. Ähnliches gilt von den Sängern. Den Russen sind Menschen, die sich aus Wien abgesetzt hatten, suspekt vorgekommen. Und sicher haben die zu Hause Gebliebenen einiges dazu beigetragen, die Sowjets in ihrer Haltung zu bestärken. All dies ist zu bedenken, will man die Schwierigkeiten der beiden ersten Nachkriegsdirektoren Jerger und Salmhofer richtig erfassen.

Die Leute mit der weißen Weste haben damals in Zeitungsausschnitten und anderen Publikationen gestöbert und dort Herrn Kammersänger X neben Göring, Frau Kammersängerin Y auf einem Foto neben Goebbels gefunden. Sie haben Erklärungen aufgestöbert, die für das Naziregime positiv geklungen haben, und all das war ja für die Betroffenen nicht ungefährlich.

Vor den Wahlen im November 1945 sind Lautsprecherwagen durch die russische Zone Wiens gezogen. Man hat verkündet, daß der höchst verdienstvolle Generaldirektor des Rundfunks, Czeija, Parteimitglied war und sein Sohn der SS angehörte. Wir haben nie herausgefunden, ob diese Behauptungen gestimmt haben. Jedenfalls ist der Generaldirektor am nächsten Tag nicht mehr in seinem Büro erschienen. So war es, als die westlichen Alliierten längst in Wien residierten. Vorher waren die Zustände zumindest noch ungewisser. Nicht nur in der sowjetischen Zone.

Die Amerikaner sind bei Frau Dorsch erschienen und haben ihr erlassen, einen Fragebogen auszufüllen, auf dem die Künstlerinnen deklarieren mußten, wieviel Schmuck sie im Jahre 1933 besessen haben und was man heute in ihren Schmuckschatullen findet. Nun hat eine erfolgreiche Künstlerin unter jedem Regime mehr Möglichkeiten, zu Schmuck zu kommen, als eine erfolglose Kollegin. Die Franzosen haben sich weniger um solche Angelegenheiten gekümmert, und die Haltung der Briten war undurchsichtig und inkonsequent.

Dazu kommt, daß jeder einzelne so sehr um seine eigene Existenz zu kämpfen hatte, daß er sich meist recht wenig um seine Nachbarn kümmern konnte. Heute weiß man, daß Österreich zehn Jahre nach dem Krieg seinen Staatsvertrag erhielt. Aber wer hat das damals gewußt? Westliche Politiker spielten sogar mit dem Gedanken, das Land aufzuteilen.

Als Angehöriger des Rundfunks bin ich im ersten Nachkriegsjahr stets mit einem Ausweis herumgefahren, der mich unter den Schutz der Roten Armee gestellt hat. Die Unterschrift stammte von einem sowjetischen Marschall. Gelegentlich sind wir bei unseren Fahrten auf einen russischen Wachposten gestoßen, der Analphabet war. Der hat dann den Ausweis zerrissen und gesagt: „Papira nix gut!" Daß man nie ganz gespürt hat, wie trostlos das Leben in Österreichs Hauptstadt war, hängt wohl damit zusammen, daß man gerade den Zusammenbruch des Deutschen Reichs erlebt hatte. Die Schrecken der jüngsten Vergangenheit waren noch lebendig, die Zukunft erschien hingegen ungewiß.

Mehr als zwei Wochen nach Kriegsende, am 25. Mai, ist die Verdunkelung Wiens offiziell aufgehoben worden. Doch vieles, was damals geschehen ist, ist lange im dunkeln geblieben oder nie aufgeklärt worden. Etwa zur gleichen Zeit erhielt der Dirigent der ersten Stunde, Clemens Krauss, Auftrittsverbot.

An der Oper hätte man ihn dringend benötigt, aber wie kann man dieses Verbot verurteilen, wenn so viele kleine Mitläufer damals ihren Posten verloren haben?

Nach der Eröffnung des Theaters an der Wien mit „Fidelio" hat Joseph Marx geschrieben:

„Zehnfache Mühe steckt jetzt in jeder Leistung, das muß man immer wieder betonen. Unter welchen Schwierigkeiten wird geprobt, studiert, aufgeführt! Die Tücke des Objekts triumphiert über den besten Willen.

Umstände der Materialbeschaffung, des Verkehrs, der Witterung hindern die besten Absichten. Kommen noch alle Folgen des geistigen Zusammenbruchs dazu, die jeder Lumperei Tür und Tor öffnen."

Sie hätte ärger sein können, die Lumperei, aber von Zeit zu Zeit ist sie trotzdem aufgeblüht. So liest man in der „Wiener Zeitung" vom 14. Oktober 1945:

„Sowjetregierung bereit, zwei Millionen Schilling für den Wiederaufbau der Wiener Staatsoper zu spenden und auch für die nötigen Baumaterialien zu sorgen.

Aus dem Osten kommt auch dieses Licht zu uns, über uns! Jene alliierte Macht, die Wien aus den mörderischen Naziklauen entriß, jene Macht, die zuerst Wien beistand, die Stadt vor Raub, Brand, Vernichtung aus entfesseltem Hasse, angeborener Bestialität des ‚deutschen Bruders' zu schützen, gibt uns Wienern einen herrlichen, hochsinnigen Beweis von Hochherzigkeit, Schätzung und Großmut."

Gezeichnet: R. H.

Sehen wir uns zum Vergleich einen Bericht der amtlichen „Wiener Zeitung" vom April 1938 über die Heimkehr von zweitausend Wiener Arbeitern nach einer Fahrt durch das Dritte Reich an: „Alle Waggons bekränzt, mit Fähnchen geschmückt. Die hellste, jubelndste Freude glänzt aus den tausend Augen, die in den letzten Tagen sehen und kennenlernen durften, wovon die meisten von ihnen vor kurzem höchstens träumten!"

Dann heißt es, daß ein Arbeiter den Berichterstattern zuflüstert: „Jetzt sind wir alle Nationalsozialisten geworden."

Haben sich also die Deutschen in diesen sieben Jahren so verändert? Hat die „Wiener Zeitung" bloß ihren Berichterstatter gewechselt oder hat der Berichterstatter eine andere, schärfere Brille aufgesetzt? Sollte dies der Fall gewesen sein, hat er bestimmt bald wieder seinen Optiker aufgesucht. Aber alles in allem wurde hier die Regel durch einige Ausnahmen bestätigt. Viel stärker war damals die „Ohne mich"-Mentalität vertreten, nicht nur bei Mitgliedern der Wiener Staatsoper.

Das Problem ist ohnedies unlösbar gewesen. Wann hat ein guter Lohengrin in unziemlicher Weise von den Machthabern des Dritten Reiches profitiert? Und wieweit hat sich eine prächtig disponierte Isolde für Politik zu interessieren? Also hat man einige weithin sichtbare Exempel statuiert und sich auf die Abendvorstellung vorbereitet, so gut es eben ging. Will man davon absehen, daß monatelang die Opernvorstellungen am Nachmittag begonnen haben.

Die wenigen schon im Frühjahr 1945 existierenden Zeitungen haben der Kultur viel Platz eingeräumt, nicht zuletzt deshalb, weil man so lange nicht über Theatervorstellungen berichten konnte. Auf diesen Seiten hat man vor allem Leute gefunden, die den Einmarsch deutscher Truppen im März 1938 vollkommen übersehen hatten.

Mittendrunter, offenbar fehl am Platz, konnte man ein armseliges Interview mit dem Solotänzer Toni Birkmeyer lesen, der „aus politischen Gründen einige Zeit von seinem Beruf ferngehalten worden war".

Der Startänzer Birkmeyer war mit einer Jüdin verheiratet. Man hat ihm nahegelegt, sich scheiden zu lassen. Ein Vorschlag, der dem Tänzer sichtlich mißfiel. Trotzdem konnte er eine Zeitlang seinen Beruf weiter ausüben. Im April 1940 hat ihn eine junge Frau bei der Gestapo denunziert. Birkmeyer hatte damals schon eine Ballettschule, und eine offensichtlich verliebte Schülerin hatte ihre eigenen Vorstellungen davon, wie sie ihr Idol von seiner nichtarischen Frau trennen kann. Sie verriet der Gestapo, daß er ausländische Sender abhörte. Regelmäßig, natürlich in Gesellschaft seiner Frau.

Im September 1940 fand die Verhandlung statt. Der Tänzer wurde zu 18 Monaten, seine Frau zu drei Jahren Gefängnis verurteilt. Nach seiner Entlassung aus der Haft hat man sich erkundigt, wie er jetzt über eine Scheidung denke. Seine Haltung war unverändert. Daraufhin durfte er nicht mehr tanzen und fand Arbeit als Verkäufer in einem Hutgeschäft am Graben. Etwa ein Jahr danach bekam er die Nachricht, daß seine Frau verstorben war. Eine schwere Krankheit, so hieß es, war schuld daran.

Daraufhin durfte er wieder tanzen und konnte auch seine Schule neu eröffnen. Die Denunziantin ist kurz nach Kriegsende von einer gleichfalls denunzierten Frau im Musikverein erkannt und an Ort und Stelle verhaftet worden. Sie ist recht glimpflich davongekommen.

In allen Sparten des Lebens haben Prozesse gegen Denunzianten noch lange Zeit die Spalten „Aus dem Gerichtssaal" gefüllt. – Birkmeyer hat in den Jahren tiefster Not seine Kollegen, seine Umwelt besser kennengelernt. Und er hat dabei keineswegs nur traurige Erfahrungen gesammelt.

Im Frühjahr haben sich die Kritiker umgeschult, die Zeit der Kunstberichterstattung war vorbei. Und nicht nur in den Kritiken hat man freundlich über die Sänger geschrieben. Schließlich ist man froh gewesen, daß sie in Wien waren. Im Sommer hat es Aufrufe in den Zeitungen gegeben: Von Klavierauszügen über Bügeleisen, Fracks, Schirme und Handschuhe bis zu Ballettschuhen hat die Direktion der Oper alles mögliche gesucht und nicht immer gefunden. Wie sollte man da unfreundlich oder nur allzu kritisch sein?

Im Spätherbst hat sich dann die Berichterstattung gewandelt. Man hat breit geschildert, daß Paula Wessely wieder auftreten darf, obwohl sie in dem antipolnischen Film „Heimkehr" mitgewirkt hat, man hat über die illegale Parteigenossin Maria Holst vom Burgtheater geschrieben und konnte frostige Berichte über Léhar, Jannings und Richard Strauss lesen.

Und die Kulturteile sind geschrumpft, denn es war wieder alltäglich, daß man in die Oper und ins Theater gehen konnte. Wie waren nun die Opernaufführungen des Jahres 1945? Die Sänger glauben, daß sie eigentlich sehr gut gewesen sind. Den Rezensenten sind nach und nach Zweifel gekommen. Da hat ein Kritiker im Herbst 1945 die Konzentration der Oper auf ein einziges Haus gefordert und dann geschrieben: „Noch brennender ist die Dirigentenfrage. Es fehlt immer noch die führende Persönlichkeit. Symptome dieses Mangels sind Disziplinlosigkeiten, die sich in fast allen Aufführungen ereignen. Auf dem Programmzettel erscheinen immer wieder Dirigenten und Sänger, die gar nicht auftreten. Das Niveau der Premieren sucht man immer noch zu halten, die folgenden Vorstellungen bewegen sich jedoch schon unter der Durchschnittsgrenze. Andererseits führten überhastet angesetzte Premieren von vornherein zu Fehlleistungen."

In der Saison 1936/37 wurden die Philharmoniker dirigiert von: Toscanini, Furtwängler, Klemperer, Bruno Walter, Knappertsbusch, Weingartner und de Sabata.

In der Saison 1945/46 von Krips, Moralt, Prohaska und Krüger. Natürlich haben nicht nur die Kritiker und die Musiker gemerkt, daß nicht alles so war wie früher. Aber woher sollte die Operndirektion erste Dirigenten nehmen? Hatten etwa Toscanini und Kleiber Lust, in dieser Zeit nach Wien zu kommen?

Auch das Verlangen erster Regisseure, in einer Oper ohne Bügeleisen und Handschuhe zu inszenieren, wird recht begrenzt gewesen sein. Dazu kamen die Kommunikationsschwierigkeiten. Die Herren in der Direktion konnten nicht reisen, und die Gagen haben sie sich nicht schriftlich bekanntzugeben getraut. Es hat keine österreichischen Reisepässe gegeben, und die Einreisebewilligungen für ausländische Künstler waren noch lange Zeit hindurch ein gewaltiges Problem.

Genaugenommen hat es damals überhaupt nur zwei Voraussetzungen für einen Opernbetrieb gegeben: Es war wieder Friede im Land, und Österreich war wiedererstanden. Wenngleich die Hauptstadt nur recht sporadische Beziehungen zu diversen Bundesländern unterhalten konnte.

Es hat auch Wunder gegeben: Der „Fidelio", mit dem das Theater an der Wien im Oktober wiedereröffnet wurde, konnte nicht nur über alle österreichischen Sender übertragen werden, auch der französische und der Süddeutsche Rundfunk Stuttgart hatten sich angeschlossen. Im Rundfunk gibt's darüber gar keine Unterlagen mehr, auch die Postverwaltung hat vergeblich danach gesucht. Aber die Operndirektion hat es der Presse mitgeteilt. Also wird es schon stimmen. In diesem vierfach geteilten Land konnte man nur bei unmöglichen Vorhaben hoffen, daß sie in Erfüllung gehen.

Damals hat ein Architekt namens Horner den Plan entwickelt, die Oper als Kongreßpalast zu errichten. Damals hat man Bausteine verkauft, die eine Beteiligung an einer Verlosung für Karten im neu zu errichtenden Operngebäude garantiert haben. Auch das Irreale konnte als normal verkündet werden. Und der Antinazi Knappertsbusch hat von den Amerikanern Berufsverbot in Bayern bekommen. So verwunderlich das auch im nachhinein anmuten kann.

In der Kantine der RAVAG hat man uns als Mittagessen einen Teller Suppe und zwei Stück Brot vorgesetzt. Diese Ernährung lähmt die Kraft, nachzudenken. Wer ist eigentlich damals in die Oper gegangen? Aber andererseits: Was sonst sollte ein Musikfreund am späten Nachmittag tun? Für manche hat es zu Hause so trist ausgesehen, daß die Oper, wenn auch nicht immer ein Genuß, so doch fast immer eine angenehme Abwechslung gewesen ist.

Wien 1945 hatte für die Einwohner ein anderes Gesicht als für Menschen, die nach langer Abwesenheit in diese Stadt gekommen sind. Der Schweizer Dirigent Walter Ducloux war kurz vor Kriegsbeginn mit einer fulminanten Empfehlung Toscaninis nach Amerika gereist. Er war zu jung, um dort gerade in dieser Zeit Karriere zu machen, hat sich schließlich zur Armee gemeldet und nach dem Ende des Krieges in Paris und Prag in der Uniform eines amerikanischen Oberleutnants Konzerte dirigiert. Am Prager Nationaltheater ließ man ihn sogar „Die verkaufte Braut“ dirigieren, was als besondere Auszeichnung gegolten hat.

Ducloux war Krips-Schüler, und sein Lehrer hat ihm ein Engagement an die Staatsoper angeboten, nachdem er auch in Wien erfolgreich musiziert hatte. Einen Abend lang habe ich auf Ducloux eingeredet, in Wien zu bleiben. Vergeblich. „Schau dir diese traurige Stadt an“, hat er mir gesagt. „Wie soll man hier arbeiten?“ In Wien hätte er bestimmt bald Karriere gemacht, weil nicht genug Konkurrenz da war. Statt dessen hat er dann in Los Angeles das Opernstudio der Universität übernommen.

Der erste britische Offizier, der in Wien eingezogen ist, war der gebürtige Wiener Teddy Kollek, der spätere Bürgermeister von Jerusalem. Man hat ihm den Posten des Polizeipräsidenten angeboten. Kollek ist immer ein mutiger Mann gewesen, aber es waren nicht nur manche trübe Erinnerungen an seine Jugend gewesen, die ihn dazu bewogen, abzulehnen. Er war sicher, daß die Russen nicht so bald abziehen, und hatte den Eindruck, sich in „einer desolaten Stadt“ zu befinden. Auf uns hat Wien damals nicht so gewirkt. Wozu noch kommt, daß wir ja an Trümmer und Ruinen gewöhnt waren. Auch befand sich Ducloux im Irrtum, als er glaubte, in einer solchen Atmosphäre nicht gut arbeiten zu können. Es ist damals viel geleistet worden in Wien, unter den schwierigsten Bedingungen. Nur sollte man die Zeit nicht glorifizieren. Da hat es im August eine Premiere von „Così fan tutte“ gegeben. Die Oper hat ja den Sommer über durchgespielt. (Wer hätte schon auf Urlaub fahren können?) Die Besetzung: Seefried, Höngen, Loose, Kunz, Dermota, Schöffler, Dirigent: Krips. Regie: Schuh. Eine Galabesetzung, fürwahr. Und das ist auch im Zuschauerraum bemerkt worden.

Ein Kritiker: „Man spendete herzlichen Beifall, in dem Bewußtsein, diesmal ein wirkliches Theatererlebnis gehabt zu haben.“ Das Wort „diesmal“ spricht gegen manch andere Aufführung, die man damals erleben konnte.

Man hat in diesen Monaten Namen von Sängern auf dem Programm gefunden, die bald wieder verschwunden sind. Gelegentlich hat man eben Künstler akzeptiert, die an Ort und Stelle waren oder denen es gelungen war, sich nach Wien durchzuschlagen. Was sonst hätte man tun sollen?

Und man hat sich der Illusion hingegeben, daß man auch außerhalb der Landesgrenzen an die Wiener Oper denkt. Ein Journalist hat von den „vielen Tausenden in allen Ländern der Welt" geschrieben, „denen sich mit den Gedanken an dieses Haus auch die Erinnerungen an einen erlesenen, sonst nirgends erreichbaren Kunstgenuß verbinden". Nun hat man rings um die Oper schon immer dazu tendiert, die Bedeutung des Hauses für die Welt zu überschätzen. Aber gerade damals hatten Musikfreunde in den verschiedensten Ländern wirklich andere Sorgen. Sind sie nicht verzeihlich gewesen, die Träume? Dem Leser, der im Wiener Theateralmanach geblättert hat, ist vielleicht unmittelbar darauf ein Inserat aufgefallen, in dem man für ein vorzügliches Seuchen- und Desinfektionsmittel wirbt. Er hat von einem eleganten Damensalon mit der Devise „Aus alt mach neu" gelesen, es ist ihm der „praktische Union-Schnitt zum Selbstschneidern" aufgefallen. Und er hat seinen letzten Ballen aus Holzstoff aus der Lade genommen, einer schrecklichen Textilerfindung des Dritten Reichs, bei der man wehmütig gedacht hat, wann man wieder einen Anzug aus wirklichem Stoff erstehen kann.

Und in welchem politischen Klima hat man eigentlich damals gesungen, inszeniert und dirigiert? Der Kommunist Ernst Fischer, einer der intelligentesten Politiker der Zweiten Republik, schreibt über eines der vordringlichsten Probleme der damaligen Zeit:

„Wenn ich zu Massen sprach, war ich an Beifall gewöhnt. Keine Hand aber rührte sich, wenn ich in einer Rede sagte, man müsse die Kriegsverbrecher jeder Art schonungslos zur Verantwortung ziehen, doch die kleinen Nazi schonen ...

Wozu eine nationale Gewissenserforschung, da man ja doch ein befreites Land war? Das erste von Hitlerdeutschland vergewaltigte Volk. Wozu daran erinnern, mit welchem Jubel diese Vergewaltigung begrüßt, mit welchem Eifer sie als ‚geschichtliche Tat' gefeiert worden war?

Statistik an Stelle eines ernsten Lösungsversuchs, 536.000 ‚registrierte' Nationalsozialisten, damit wollte man über die leidigen Probleme hinwegkommen.

Es gehe nicht sosehr darum, argumentierte ich, ob einer der NSDAP angehört habe, sondern entscheidend sei sein Verhalten. Durch das vorgeschlagene Gesetz würden Kriegsverbrecher und ‚Einkassierer', die nicht der Partei angehörten, geschont, andere, deren einzige Schuld es war, der Partei anzugehören, gestraft. Es sei nicht einzusehen, warum der ‚Illegale', der aus Überzeugung und unter Risiko Parteimitglied war, härter angefaßt werde als der Nutznießer, der sich der Partei nach ihrer Machtergreifung anschloß, daß der am Krieg verdienende Unternehmer, der seine Belegschaft nötigte, der NSDAP beizutreten, selber jedoch so vorsichtig war, sich herauszuhalten, unbehelligt bleiben, der materiell von ihm Abhängige ‚registriert' werden soll. Der Kollaborateur, der mitgemacht hatte, konnte hohe Ämter innehaben, das Schicksal des kleinen Mitläufers hing von der Gunst oder Ungunst der großen Parteien ab."

Wie konnte man also in dieser Atmosphäre beginnen, eine Oper aufzubauen? Vier Mitglieder des Orchesters waren bei Kriegsende entlassen worden, 14 weitere pensioniert, wichtige Sänger haben gefehlt, Bühnenbildner sollten ohne das für sie notwendige Material arbeiten, die großen Dirigenten waren nicht im Haus. Wie kann man in einer solchen Atmosphäre gute Opernvorstellungen zustande bringen? In Wien, und nur in Wien, ist das möglich. Die Fähigkeit der Wiener zu überleben, hat sich auch im Opernhaus bewährt.

Im Dezember 1945 meldet das „Kleine Volksblatt": „Furtwängler soll aus der Schweiz ausgewiesen werden." — Bei seiner Einreise hatte man anscheinend nicht gewußt, wer dieser Furtwängler war.

Zur gleichen Zeit meldet der „Wiener Kurier" unter dem Titel „Arbeitsgenehmigung für Karajan":

„Nach seiner Verheiratung mit einer nichtarischen Ehefrau wurde er 1942 in Berlin vor ein Parteigericht gestellt, vor dem er seinen Austritt aus der Partei erklärte. Die Entscheidung der Kommission für die politische Untersuchung von Künstlern in Salzburg lautet also: Die Wiederzulassung Karajans trat mit 15. 12. 1945 in Kraft."

Wenige Wochen später hat den Maestro dann in Wien ein neuerliches Auftrittsverbot erreicht.

Schließlich kann man nicht Böhm, Krauss, Knappertsbusch und Furtwängler verbieten und Karajan erlauben, sonst würde sich ja niemand mehr auskennen. Große Dirigenten werden verboten, und die Gegenwart wird nicht bewältigt. Leicht ist's ja auch nicht gewesen. Und Ernst Fischer hat die ganze Problematik dieser Affären aufgezeigt, die sich beileibe nicht auf Künstler beschränkt haben.

Künstler — auch Künstler — sind registriert, verboten, erlaubt, wieder verboten worden, eine halbe Million Österreicher waren bei der „Partei" gewesen, zahllose Männer waren noch in Kriegsgefangenschaft, oder man hatte sie als „vermißt" gemeldet. Und in dieser grotesken Atmosphäre hat man zum Beispiel eine begeistert aufgenommene Premiere von Verdis „Othello" mit Max Lorenz und Paul Schöffler herausgebracht. Kein Reporter hätte damals gefragt, wer eigentlich im Dritten Reich mehr gefördert worden ist: Lorenz oder Karajan. Die Antwort wäre zu schwierig gewesen. Wer gerade nicht verboten war, hat gearbeitet. Basta. Zu lösen war die ganze Sache ohnedies nicht.

Und die Wiener haben sich in dieser Zeit dazu entschieden, nicht besiegte Deutsche, sondern befreite Österreicher zu sein. Was ihnen Adenauer noch zehn Jahre später verübelt hat.

Auch manch Verbotener ist aktiv geblieben, wenngleich nicht in seiner ureigenen Funktion. So meldet die „Basler Nationalzeitung": „Vor sechs Jahren hat ein Kritiker über Karajan geschrieben: ‚Er ist der Dirigent der Zukunft.' Dies war aber nun dem Dirigenten der Gegenwart, der auch die Zukunft nicht missen wollte, nämlich Furtwängler, nicht genehm, und der Staatsrat begab sich zu Goebbels mit dem schlichten Verlangen, daß der betreffende Kritiker sofort seiner Stelle enthoben wird.

Sechs Jahre später erklärt der noch verbotene Furtwängler den Philharmonikern, er hätte gehört, daß eine Konzertreise des Orchesters nach der Schweiz mit Karajan geplant und fast unmittelbar vor der Verwirklichung stand. Da grollte der Donner. Furtwängler erklärte, wenn er es erleben müsse, daß die Wiener Philharmoniker unter Karajan in der Schweiz spielen, so werde er nie mehr in seinem Leben einen Fuß auf das Podium eines Konzerts mit diesem Orchester setzen."

Anscheinend wollte Furtwängler auch in dieser Situation die Zukunft nicht missen. — Wer den Theaterdonner kennt, wundert sich, daß solche Aktionen nicht viel häufiger stattgefunden haben. Es wäre eine gute Zeit dafür gewesen.

Die Russen haben zwar einen Kommunisten in die Direktion der Staatsoper gesetzt, der Mann ist aber ziemlich unbemerkt geblieben. Ansonsten haben sie eher geholfen, als ihren Einfluß zu verstärken gesucht. Denn so überwältigend die politischen Sorgen damals auch waren, man hatte an der Oper keine Zeit, sich damit zu befassen. Erich Kunz: „Manchmal waren wir ganz einfach froh, daß eine Vorstellung zu Ende gespielt werden konnte."

Wiens Uhren sind — soweit sie noch in österreichischem Besitz waren — anders gegangen als sonst. Wenn der Nachrichtensprecher der RAVAG seine Tätigkeit ausübte, ertönten aus dem nahen Theresianumpark Gewehr- oder Maschinengewehrsalven. Denn dort hatten die Russen einen ihrer Schießplätze. Hat der Hörer festgestellt, daß die Schüsse aus dem Rundfunkempfänger kamen und nicht in seiner Nähe abgegeben wurden, hat er beruhigt weitergehört.

Nicht nur bei meinen zahlreichen Besuchen in der Oper, auch bei meinen Kollegen im Funk habe ich damals festgestellt, daß man eigentlich recht vergnügt und munter seinen Aktivitäten nachgegangen ist. Soweit untereernährte Menschen das eben tun können. Später habe ich mich manchmal gefragt, worin der Grund für diese Einstellung gelegen sein mag.

Tausende Wiener strömten zur brennenden Oper, lange sind sie dort geblieben. Die meisten haben geweint. Es hat sich dabei bestimmt nicht überwiegend um Abonnenten gehandelt. Die Menschen haben über die Zerstörung eines österreichischen Symbols geweint. Denn hier dürfte der große Unterschied zum Jahr 1918 gewesen sein: Damals ist die Hauptstadt einer Großmacht über Nacht zur Hauptstadt eines kleinen Landes geworden. Man hat sich nicht vorstellen können, daß dieses Land lebensfähig ist. Man wollte wieder Einzug in ein großes Reich halten. Und zwanzig Jahre später ist das ja passiert. Ein Jahr später hat's dann im Verband dieses Reichs einen neuen Weltkrieg gegeben, der prompt verloren worden ist. Und jetzt hatten die Wiener ihre Großmachtträume verloren. Sie wollten es einmal anders probieren. Dies kann der Grund gewesen sein, weshalb allen Nöten zum Trotz die Stimmung in dem halb zerstörten Nachkriegs-Wien relativ gut gewesen ist.

Man wollte neu anfangen, anders als bisher. Und zu einem Wien, das aufgebaut wird, gehört auch eine Staatsoper. Daran hat man damals nicht gezweifelt.

DIE OPER IM THEATER AN DER WIEN

Die Geschichte der Wiener Staatsoper setzt sich aus Legenden zusammen. Eine dieser Legenden lautet, daß im Ausweichquartier, im Theater an der Wien, vorbildlich gearbeitet worden sei. Zumindest in den ersten beiden Jahren nach dem Krieg haben das die Umstände gar nicht zugelassen.

Im Oktober 1945 schreibt „ek" im „Kleinen Volksblatt" von einem Konzert, das Dr. Karl Böhm im Jahre 1938 dirigiert hat: „Am Vortag hat man gelesen, daß Dr. Böhm gesagt hat, er führt das Violinkonzert von Schumann auf, das unter seiner Leitung bei der Jahrestagung der Reichskulturkammer in Berlin in Anwesenheit des Führers und seiner Minister zur Aufführung kam."

Anscheinend handelt es sich dabei um ein Kapitalverbrechen, denn die Schlußfolgerung des Artikels lautet: „Es ist kaum anzunehmen, daß ausländische Dirigenten von Weltruf wie etwa Toscanini eine Einladung annehmen, wenn hier auch ein Dr. Böhm als Dirigent wirkt."

Damals hatte die Staatsoper zehn Opern, zwei Ballette und eine Operette im Repertoire. Man mußte sich einen neuen Spielplan schaffen, jede Oper neu inszenieren und also auch ausstatten, und die Notwendigkeit dazu war zwingend, die Mittel aber waren höchst begrenzt. Im Winter 1946 wurde Eugen Klöpfer am Arlberg verhaftet, sind Elisabeth Schwarzkopf in Wien, Marika Rökk in Linz mit einem Auftrittsverbot belegt worden, Gustaf Gründgens wiederum hat man „enthaftet". Es war eine abenteuerliche Zeit, und manche Meldungen von damals muß man zweimal lesen, um sie zu glauben. So hat Göring in Nürnberg erklärt, daß Hitler nichts von den Konzentrationslagern gewußt hat. Man kann sich unschwer vorstellen, welchen Schock der ehemalige Reichskanzler gehabt hätte, wenn er nach dem Krieg von der Existenz dieser Lager erfahren hätte. Unvorstellbar aber bleibt, was einen Politiker wie Göring zu einer solchen Behauptung veranlaßt.

Am 1. April 1946 verhaftet die alliierte Polizei mehr als tausend

Menschen in Deutschland und Österreich; in Wien werden seit Monaten Denunziantenprozesse abgewickelt.

In der Staatsoper ist im ersten Jahr hart gearbeitet worden: In der Zeit vom 1. Mai 1945 bis zum 30. April 1946 hat es 733 Aufführungen gegeben, und manche Sänger und Dirigenten sind bis zu 180mal zu hören und sehen gewesen. Kein Wunder, wenn die Direktion in dieser Zeit zahlreiche Vorstellungsänderungen bekanntgeben mußte. Kein Wunder, daß im Frühjahr 1946 das Schauspiel in der Kulturberichterstattung vorrückt.

Beim Aufbau eines Spielplans konnte sich die Operndirektion nicht primär nach den Werken richten. Der „Wiener Kurier" berichtet damals: „Die Wahl der Werke ist abhängig von vorhandenen Dekorationen und Kostümen, von Reisebewilligungen für außerhalb Wiens tätige Künstler." Der Notstand auf dem Sektor der Ausstattungen hat sich später, bei der Übersiedlung in die wiederaufgebaute Oper, höchst nachteilig ausgewirkt. Die Besucher hatten sich nach und nach an diese Behelfsausstattungen gewöhnt. Wobei man nicht vergessen darf, daß man sechs Kriegsjahre hinter sich hatte. Im neuen Haus wollte man dann nicht mehr sehen, was man im Theater an der Wien, der Not gehorchend, akzeptiert hatte. Noch im März 1948 schreibt die „Weltpresse" über einen neuen „Figaro": „Ausstattung ist ein großes Wort, es ist offenbar eine transportable Reiseausstattung, die für Auslandstourneen bestimmt und als solche wahrscheinlich außerordentlich praktisch ist."

Im Frühjahr 1946 setzte der Chef der Bundestheaterverwaltung, Dr. Hilbert, eine spektakuläre Geste. Er hat sich an die in den USA wohnende Sängerin Lotte Lehmann gewendet, mit der Bitte um Überweisung von CARE-Paketen an das Ensemble der Wiener Staatsoper. Wenig später ist dann bekanntgeworden, daß die Künstlerin, einst gefeierter Liebling des Wiener Publikums, „aus eigenen Mitteln 15 Pakete gespendet hat".

Ljuba Welitsch hat im Juni 1946 in einer „Salome"-Premiere triumphiert, und das Orchester hatte mit den größten Schwierigkeiten zu kämpfen. „Nach langem, intensivem Tauziehen" mußte man eine Tournee durch Frankreich, Belgien und die Schweiz vorerst absagen, weil „einige Orchestermitglieder nach den Bestimmungen des Verbotsgesetzes als mehr oder weniger nationalsozialistisch belastet gelten und bisher nicht ersetzt werden konnten".

„Belastete" Mitglieder hat man also zu Hause gelassen, aber man darf nicht übersehen, daß zu dieser Zeit nicht nur Österreicher über österreichische Musiker entschieden haben. Man hat sich dann im letzten Augenblick mit Substituten beholfen, war sich aber im Orchester der Gefahr durchaus bewußt, die sich aus dieser Situation ergeben konnte, falls man zu keiner Lösung kam.

Im Herbst dieses Jahres durfte Elisabeth Schwarzkopf wieder auftreten und war als Konstanze in Mozarts „Entführung" auch sehr erfolgreich. Was man von einem Gast der Warschauer Oper nicht behaupten kann. Der „Wiener Kurier" berichtet: „Ada Sari kommt aus Warschau, gastiert als Gilda in ‚Rigoletto', und Radio Wien überträgt. Resultat: die lakonisch verkündete, stürmisch akklamierte Verlautbarung während dieser unglückseligen ‚Rigoletto'-Aufführung, Frau Sari könne wegen plötzlicher Indisposition nicht mehr fortsetzen, Emmy Loose würde weiterspielen. Diese Verlautbarung kam gerade noch zurecht, um Schlimmeres zu verhindern. Summa summarum: eine regelrechte Provinztheateraufführung, die einem Moralt nicht ziemt."

Die Folgen dieser Zustände konnten nicht ausbleiben. Im Jänner 1947 „klagen die Theater vielfach über ein Nachlassen des Besuchs, was teilweise zu einer Ermäßigung der Eintrittspreise bis zu 25 Prozent geführt hat". Aus solchen Zeiten stammt die große Vorliebe der Bühnen für das starre Korsett der Abonnements. Der Winter war trist. 100 Personen sind innerhalb von 24 Stunden auf Glatteis verunglückt, und man hatte in den Spitälern nicht mehr genügend Verbandsmaterial. Wegen der Stromeinsparungsmaßnahmen hatte man sogar einen Plan entwickelt, nach dem die Theater turnusweise spielen sollten. Irgendwie ist's dann doch weitergegangen, weil niemand recht wollte, daß man die Theater ganz ruiniert, die man zwei Jahre vorher mit so großer Emphase eröffnet hatte. „Die zahlreichen Typhusfälle konnten auf die Randgemeinden lokalisiert werden", es gab Naziprozesse aller Art, und der „Wiener Kurier" meldet, daß „Richard Strauss im Alter von 82 Jahren vor einen Entnazifizierungsgerichtshof kommen wird". Das amerikanische Landwirtschaftsministerium stellt fest, daß Österreich das europäische Land mit der am schlechtesten ernährten Bevölkerung ist.

Elisabeth Schwarzkopf probt mit Krips „Traviata", und die Oper sucht in Inseraten dringend Palmen in jedem Zustand sowie Makartsträuße. Leihweise oder käuflich. Leider wurde nicht berichtet, wer in dieser Zeit Palmen zur Verfügung stellen konnte und woher er diese genommen hat. In der ersten Parkettreihe hat ein Sitz 27 Schilling gekostet. Fallweise hat man auch eine erhöhte Preiskategorie riskiert und dann den Preis auf 31 Schilling erhöht.

Im Frühjahr des Jahres 1947 hat man dann die Dirigentenfrage in einer Art von Kettenreaktion lösen können. Böhm und Krauss waren wieder erlaubt, Klemperer ist gekommen, und Knappertsbusch hat wieder in Wien dirigiert. Mühelos hat sich der Umschwung natürlich nicht vollzogen. Böhm hat Drohungen verschiedener Art erhalten und gesteht freimütig, daß er vor seinem Wiederauftreten große Angst gehabt hat.

Über Knappertsbusch schreibt Peter Lafite: „Orkanartige Sympathiekundgebungen wurden Knappertsbusch schon bei seinem Erscheinen entgegengebracht und konnten nur durch den plötzlichen Beginn der Vorstellung in ihrer demonstrativen Nebenwirkung zum Schweigen gebracht werden. Unverantwortliche Elemente sind hier am Werk und drohen neuerdings politischen Zündstoff in die Oper zu tragen. Im Wiederholungsfall würde dadurch künstlich ein Fall Knappertsbusch erzeugt werden, der nur zu unliebsamen Weiterungen führen müßte."

So war es also damals. Von allen Verboten großer Dirigenten war das gegen Knappertsbusch eine krasse Fehlentscheidung, die durch nichts zu rechtfertigen war. Dann kommt er wieder, und seine Anhänger sind Neonazi. Ganz abgesehen davon, daß das Publikum einfach glücklich war, wieder die Dirigenten am Pult zu sehen, die es sich gewünscht hat. Wahrscheinlich ist das gestörte Verhältnis, das einige namhafte Dirigenten zu Wien hatten (oder haben), auf die ersten Nachkriegsjahre zurückzuführen.

Das politische Denken des vierfach besetzten Wien war aus den Fugen geraten, man klammerte sich an jeden Strohhalm, und jede Enttäuschung hat die Menschen wieder zurückgeworfen. Im April 1947 konnten die Zeitungsleser staunend, hoffend oder erwartungsvoll lesen: „Die heutige Nachmittagssitzung des Außenministerrates bringt die endgültige Entscheidung, ob der Staatsvertrag noch in Moskau abgeschlossen werden kann." Im Jahre 1947. Die österreichischen Politiker waren maßgeblich daran beteiligt, daß der Bevölkerung immer wieder falsche Hoffnungen gemacht wurden. Bis sie selbst nicht mehr daran geglaubt haben. Vor der entscheidenden Reise nach Moskau im Frühjahr 1955 hat der Intendant Dr. Glaser den Bundeskanzler angerufen und gefragt, „ob ich die Delegation nach Moskau begleiten kann". Worauf ihm Raab geantwortet hat: „Damit er jeden Tag nach Wien telefoniert und sagt, daß wir keine Aussicht auf den Vertrag haben. Das geht nicht. Da werden die Hörer ja trübsinnig."

Im Frühjahr 1947 hat Krips besonders eifrig gearbeitet. Die großen Konkurrenten haben ja schon angeklopft. Innerhalb weniger Wochen hat er eine „Ariadne auf Naxos"-Premiere mit Seefried, Schwarzkopf, Reining und Lorenz und eine „Fürst Igor"-Premiere mit Paul Schöffler dirigiert. Prominente Sänger, lange vermißt, haben wieder hier gastiert: Franz Völker, Torsten Ralph, Günther Treptow. Und die beginnende Normalisierung hat sich allein darin dokumentiert, daß die Zeitungen von einer Reihe von Auslandsgastspielen Wiener Sänger berichten konnten. So angenehm war's ja noch lange nicht zu Hause. Felsenstein ist nach Berlin gezogen, weil man keine Wohnung für ihn gefunden hat, auch Maria Cebotari und Hans Hotter haben keine Wohnung gefunden.

Im Sommer hat man die Oper geschlossen: Salzburg hat begonnen, wieder interessant zu werden. Und die Wiener Theaterfreunde konnten Oskar Werner in „Sissy" bewundern. Im Raimundtheater. Die Staatsoper ist wieder attraktiv geworden und hat im Sommer Einladungen nach Belgien, Schweden, Dänemark und Frankreich erhalten.

Werfen wir einen Blick auf Schlagzeilen, die man im Herbst in Wiener Gazetten lesen konnte:

Gaswerke erhalten weniger Kohle.

Wien in den Abendstunden ohne Licht.

Tollkirschenpräparat als Schnaps verkauft.

Die Bevölkerung wird aufgefordert, sämtliche Wassersparmaßnahmen einzuhalten und Zuwiderhandelnde zur Anzeige zu bringen.

Elf Einwohner von St. Peter in der Au in Niederösterreich ermordet.

Der Komponist Werner Egk ist damals „wegen nazistischer Tätigkeit" verhaftet worden. Der Dirigent Ferencz Fricsay wurde an die Staatsoper verpflichtet, wo im Oktober Knappertsbusch den „Fliegenden Holländer" herausbrachte.

Mit den Dirigenten hat's weiterhin Probleme gegeben: Anläßlich einer „Othello"-Aufführung hat das Galeriepublikum gegen Krips demonstriert. Er war ja zwei Jahre lang der ungekrönte König der Dirigenten und hat sich dabei natürlich auch Feinde gemacht. Später, als er in der Ära MacCarthy zum erstenmal in den Vereinigten Staaten dirigieren sollte, wurde er erst in Ellis Island festgehalten, wo man ihm ein Moskauer Nachkriegsgastspiel vorgeworfen hat. Daraufhin hat man ihn ausgewiesen. Nach seinem Rückflug aus den USA habe ich ihn in Paris interviewt, er war tief getroffen von diesem Erlebnis und überzeugt davon, daß die ihn betreffende Anzeige aus Wien gekommen war. Zu viele Details waren darin enthalten, die nur von Menschen kommen konnten, die über die Umstände seines Moskauer Gastspiels genau informiert waren. Natürlich war Krips ebensowenig Kommunist, wie Knappertsbusch ein Nazi gewesen war.

Clemens Krauss hat seinen Vertrag mit der Gesellschaft der Musikfreunde gebrochen. Das III. Abonnementkonzert der Philharmoniker mußte abgesagt werden, nachdem schon das II. um zwei Monate verschoben werden mußte.

In Berlin bezeichnete sich Furtwängler „als einen der wenigen echten Antinazi". Aber solche Beteuerungen sind damals ohnedies nicht sonderlich ernst genommen worden. Erich Kleiber und Georg Szell sagten der Oper ab. Um Kleiber hatte man sich fast ein Jahr lang bemüht.

Im Dezember sprach Dr. Hilbert von unvorstellbaren Reiseschwierigkeiten engagierter Künstler, von der Unmöglichkeit, neugewonnenen Künstlern ein auch noch so bescheidenes Heim zu bieten, und einer trostlosen Verpflegungslage. Dazu malte er ein Schreckgespenst an die Wände aller Opernfreunde: „Am 15. Jänner sind wir mit unseren Heizvorräten zu Ende." Nun hatte er immer schon ein besonderes Talent, eine Situation zu dramatisieren. Aber damals ist die Lage selbst so dramatisch gewesen, daß es genügt hat, sie zu schildern. Und ein Opernhaus, an dem die Heizvorräte zu Ende gehen, ist ja nicht nur ein Alptraum für das Publikum. Wer um die Stimmbandsorgen der Sänger weiß, kann sich vorstellen, mit welchen Gefühlen sie in einem kalten Operhaus zur Probe gehen. Die Weihnachtspremiere von „Aida" wurde nicht zuletzt durch Ljuba Welitsch zu einem Erfolg. Allerdings begannen sich manche Opernbesucher zu fragen, ob Krips ein hervorragender Verdi-Dirigent ist.

Die Gagen lagen bis zu 100 Prozent unter den Gagen von 1935, und schon damals waren sie im Vergleich zu anderen Instituten nicht allzu hoch. Man hat neue Einschränkungen bei der Stromversorgung erwogen und wollte jede zweite Woche drei Ruhetage für einen Betrieb einführen. Die meisten dieser Notstandsmaßnahmen erwiesen sich im letzten Augenblick als hinfällig, was zur Folge hatte, daß sie von der leidgeprüften Bevölkerung nicht immer mit gebührendem Ernst aufgenommen wurden. Max Lorenz hat mir das so beschrieben: „Die wirtschaftliche Lage ist so ernst, daß man sie nicht noch durch ungebührlichen Ernst erschweren sollte."

Hilbert wieder benützte die Lage dazu, den Zeitungslesern zu erklären, weshalb die Tätigkeit erster Sänger auf zwei bis drei Monate zusammengeschrumpft war. Wie das ja auch später, in Zeiten der Hochkonjunktur, der Fall gewesen ist. Auch vor dem Krieg war's recht ähnlich.

Kaum waren also die Heizvorräte endgültig zu Ende, hat man eine „Zauberflöte" herausgebracht, die allein wegen der Doppelbesetzung der Pamina sehr bemerkenswert war. Erste Besetzung: Irmgard Seefried; zweite Besetzung: Elisabeth Schwarzkopf. Hier kündigt sich eine Stärke der Wiener Oper wie zu ihren besten Zeiten an: Welches Opernhaus hätte zwei Sängerinnen dieses Formats für eine Rolle zur Verfügung gehabt? — Einen Monat später notiert die Presse „einen überwältigenden Premierenerfolg" für eine von Jaroslaw Krombholz dirigierte „Jenufa" mit Ljuba Welitsch. Sicher hat's noch mit so mancher Inszenierung gehapert, und die Ausstattungen waren aus begreiflichen Gründen nicht dem internationalen Standard angeglichen, aber auf dem musikalischen Sektor hatten solche Premieren wieder internationales Format.

Zwischen den beiden Erstaufführungen ist ein Buchhaltungsassistent „wegen Verfehlungen finanzieller Art" verhaftet worden, was dafür zeugt, daß man dazu übergegangen war, auch die finanzielle Gebarung der Oper in den Griff zu bekommen. Zwei Jahre vorher hätte man dem Mann kaum etwas nachweisen können.

Die Staatsoper hat also aufgeholt. Während in Paris ein elender Chefdirigent die Pariser aus der Oper vertrieben hat und sich Touristen nur an die Ausstattungen der Opern und die Leistungen des Balletts halten mußten, während die Londoner Oper darauf warten mußte, daß ein Mann vom Format Soltis den Engländern zeigt, wie man ein Opernhaus führt, hatten die Wiener Terrain gewonnen und schickten sich an, das Vorkriegsniveau zu erreichen. Immer häufiger liest man von Sängern, „die nach längerer Abwesenheit in Wien auftreten". Und eine Schlagzeile meldet: „Clemens Krauss will in Südamerika bleiben!" Man gastiert also wieder. Im April erfährt der Zeitungsleser wieder einmal, daß der Staatsvertrag in Sicht ist. Im Mai kommt Bruno Walter nach Wien, und Richard Strauss wird entnazifiziert. Und im Juni 1948 kündigt sich der Start einer großen Karriere an:

„Eine ausgezeichnete Sängerin namens Leonie Rysanek, die wegen einer stimmlichen Indisposition beim österreichischen Musikwettbewerb keinen Preis erhalten konnte, wurde nachträglich von der Gesellschaft der Musikfreunde mit einem Trostpreis von 1000 Schilling bedacht und wird ebenfalls im Schlußbewerb im Großen Musikvereinssaal mitwirken."

Frau Rysanek war von keiner stimmlichen Indisposition befallen. Sie hatte nur auf die Jury keinen besonderen Eindruck gemacht, was die Gesellschaft der Musikfreunde verdrossen hatte. Deren Präsident hatte sie einfach für den Schlußbewerb nachgenannt und der Jury bewiesen, daß er mehr von Sängern versteht als die Jury. Der Alleingang der Musikfreunde hat nachdrücklicher auf die junge Sängerin aufmerksam gemacht, als es ein Preis vermocht hätte.

In der Saison 1947/48 hat Böhm 28 Abende, Knappertsbusch 24 und Clemens Krauss immerhin 14 Abende dirigiert. Rechnet man die 20 Abende dazu, an denen Krips die Werke dirigiert hat, die er eigentlich dirigieren sollte, so standen an 86 Abenden führende Dirigenten am Pult der Wiener Staatsoper. Und wie viele waren es im Jahre 1978?

Es hat damals nur wenige Institute gegeben, die Spitzendirigenten so oft am Pult gesehen haben. Was nicht bedeutet, daß die meisten Schwierigkeiten aus dem Weg geräumt waren. Weder die künstlerischen noch die wirtschaftlichen Probleme waren wirklich beseitigt.

Immerhin kündet eine Schlagzeile davon, daß „Österreich von der Furcht einer Hungersnot" befreit ist. Gleich darauf träumt ein Kulturredakteur davon, daß die Oper „im Herbst kommenden Jahres wiedererstanden sein wird, herrlich wie einst, aber in vielem doch modern und zweckmäßig". Die Unterzeichnung des Staatsvertrages auf Seite eins und die Wiedereinführung der Oper im Kulturteil kehren als Leitmotive immer wieder.

Im Sommer protestiert die Bühnengewerkschaft gegen ein Auftreten des Tenors Helge Roswaenge bei den Bregenzer Festspielen, im Oktober singt Roswaenge schon eine „Carmen"-Premiere in Wien. Während des Sommers — es ist wieder ein richtiger Festspielsommer geworden — protestiert der Österreichische Städtebund gegen eine drohende Sperre führender österreichischer Theater und plädiert dafür, daß diese unter allen Umständen verhindert werden muß. Und man hört und liest, daß es bei den Salzburger Festspielen schon leichte Klassenunterschiede gibt. Attila Hörbiger ist mit seinem eigenen Wagen vorgefahren, der vom Publikum auch gebührend bestaunt wird. Von Gottfried von Einem hingegen liest man, daß er „sein Fahrrad schieben und seinen Koffer tragen muß". Komponisten haben's schwerer. Sogar in Salzburg.

Vorbei sind die Zeiten, in denen der Transport Wiener Künstler in die Festspielstadt, ihre Reisegenehmigungen und ihre Unterbringung die vordringlichsten Probleme waren. Jetzt kann man schon wieder erörtern, ob nicht zu viele Köche den Brei verderben und bei welchen Nationen man am intensivsten für die Festspiele werben soll.

Im Herbst 1948 schreibt Max Graf einen Kommentar, der grundlegende Bedeutung für die Staatsoper hat. Nicht nur für die Zeit, in der er geschrieben worden ist. Nachdem das Parlament das Defizit der Bundestheater diskutiert hat, meint Graf:

„Von den beiden Häusern der Staatsoper faßt das Theater an der Wien 996 Zuschauer, für deren Opernfreuden ein Orchester von 113 Mann, ein Chor von 106 Damen und Herren, 14 Tanzsolisten mit 55 Balletttänzern, 22 Bühnenmusiker, 42 Gesangssolisten und eine unbestimmte Zahl von Gastsängern sorgen. Wenn man noch die Männer des Bühnendienstes, die Hilfskräfte der Garderoben, der Kanzleien und des Theaterdienstes hinzurechnet, so wird niemand einen solchen Theaterbetrieb für wirtschaftlich halten.

Man könnte ein Budget solcher Art wahrscheinlich nicht einmal wesentlich kürzen, wenn man aus der Wiener Oper, die eine Weltoper bleiben soll, eine alpenländische Provinzoper machen wollte."

Wahrscheinlich im Hinblick auf die Wiedereröffnung des Hauses am Ring sieht Graf eine gewisse Hoffnung in einem großen Haus, in dem mehr Zuschauer Platz haben, und verweist auf die teilweise riesigen Häuser in anderen Ländern. Es sollte sich schon ein paar Jahre später herausstellen, daß ein großes Haus nichts an dem Problem ändert, weil in der Zwischenzeit neue Probleme hinzugekommen waren. Weil die Probleme wachsen, statt abzunehmen.

Die Weihnachtspremiere wird in diesem Jahr von Karl Böhm geleitet: „Turandot" mit Maria Cebotari, Irmgard Seefried und Helge Roswaenge.

In der Silvesterausgabe der Zeitungen muß man den Inseratenteil aufschlagen, um zu sehen, daß sich vieles in Wien geändert hat. Serienweise werden Bars, Büfetts, Tanzlokale und Restaurants angepriesen.

Prosit 1949!

Die Zeit nach dem Krieg, die Zeit, in der man von einem Apfelstrudel oder einem Wiener Schnitzel geträumt hat, war vorbei. Aus diesen ersten Nachkriegswochen hat sich ein Bild unauslöschlich eingeprägt: Die Schaufenster der Delikatessenhandlung Wild, in denen man heute alle nur möglichen Spezialitäten der verschiedensten Länder der Welt findet, waren damals ausschließlich mit Nachbildungen aus Pappe gefüllt. Ein desolater Anblick.

Im Frühjahr 1949 hat Hans Weigel notiert, daß man wieder alles kaufen kann — falls man das nötige Geld besitzt. Die Folgen konnten nicht ausbleiben. Dr. Hilbert schreibt: „Die Krise des Theaters ist vorhanden." Und bezieht sich dann auf die letzten Neuinszenierungen. „Carmen" sei nach wie vor gut besucht, „Iwan Tarassenko" finde eine zahlreiche Zuhörerschaft, und „Turandot" sei als ausgesprochenes Kassenstück zu bezeichnen. Übersetzt man Hilbert, so heißt das, „Turandot" erreicht echtes Zuschauerinteresse. Und Max Lorenz hat mir gesagt: „Jetzt zeigt es sich eben, welche Sänger und Dirigenten die Leute ins Theater locken. Denn der Nachholbedarf ist gestillt." Das Neujahrskonzert hatte unter der Leitung von Clemens Krauss stattgefunden, der doch angeblich in Südamerika bleiben wollte. Meldungen dieser Art wurden meist nicht verfolgt — eines Tages ist der Abhandengekommene wieder da. Ein Künstler wird verboten — eines Tages ist er wieder vorhanden. Niemand scheint diese Vorkommnisse zu kommentieren, weil sie anscheinend zu verwirrend sind.

Auch auf einem andere Gebiet ist die Berichterstattug höchst lükkenhaft: bei Gewaltverbrechen. Da erzählt die Zeugin eines Mordes, die bei diesem Vorfall selbst verletzt worden ist, der Polizei, die Täter hätten russische Uniformen getragen. Nach ihrer Wiederherstellung sagt sie in einem Interview, sie habe die Männer erst für österreichische Polizisten gehalten, dann wäre ihr das mangelhafte Deutsch der Männer aufgefallen. Leider konnte sie die Uniformen nicht identifizieren. Sogar vor das britische Unterhaus kamen Vorfälle dieser Art. Meldungen scheinen auf — und verschwinden wieder. Österreich verfügt zwar über eine Regierung. Diese aber regiert nicht allein.

Trotz der fühlbaren Besserung der wirtschaftlichen Lage ist diese noch lange nicht normal, kann sie ja auch gar nicht sein. Im Winter 1949 liest man in der Premierenkritik aus einem Wiener Theater: „Das gutgeheizte Haus förderte die Stimmung der Premierengäste." Der Wandel ist aber deutlich spürbar. Eine Kulturseite vom Februar 1949 . . . Da liest man:

Ljuba Welitsch erobert New York („Salome"), Triumph Anny Konetznis in Spanien, USA: Verhandlungen mit Elisabeth Höngen, Emmy Loose und Hilde Güden, Curd Jürgens Filmregisseur, Käthe Dorsch triumphiert im Akademietheater, Willi Forst arbeitet in Zürich, Otto Edelmann und Karl Schmitt-Walter nach New York verpflichtet.

Das Ausland lädt nicht nur die Staatsoper ein — Krips dirigiert gerade „Die Entführung aus dem Serail" in Rom —, es ist schon wieder ein Konkurrent für Wien. Wobei man nicht außer acht lassen kann, daß die Nazis die Theateretats der Bundestheater vergrößert hatten, daß die Sänger der Oper nicht nur österreichische Vorkriegsgagen auf ihre Wunschlisten setzen konnten.

Wenn hier viel zuwenig über die Staatsoper in der Volksoper berich-

45: Sonntag in Wien

Das zerstörte Wien:
Am Hof (oben)

Ein Mann der ersten
Stunde: Josef Krips
(links)

r der zerstörten
er (oben)

der Oper (rechts)

Toni Birkmeyer mit Adele Krausenecker; rechts: Rudi Fränzl

tet wird: Auch dort sind führende Sänger der Oper aufgetreten. Aber den Blick auf diese Aufführungen auszudehnen — das wäre zuviel des Guten!

Im Frühling 1949 findet man schon Berichte über die Pläne der Wiener Haute Couture in den Gazetten, Hilbert beklagt den Umstand, daß der Spielplan immer noch zuwenig abwechslungsreich sei, und freut sich über eine „Manon"-Premiere mit Ljuba Welitsch unter der Regie von Adolf Rott. Den Dirigenten bezeichnet Max Graf stets als „Herr" Ackermann. Daß der Mann für ihn keinen Vornamen besitzt, wird wohl seinen Grund gehabt haben. Erst durften die großen Dirigenten nicht auftreten, jetzt hat man sie schon überall in der freien Welt haben wollen. So hat man also in Wien „Herrn" Ackermann engagiert.

Unmittelbar nach der „Manon" hat man im Mai noch die „Elektra" herausgebracht, mit Anny Konetzni, unter der Leitung Rudolf Moralts. Regie führte wieder Rott. Anscheinend hat man einen Regisseur immer gleich weiterarbeiten lassen, damit er nicht verlorengeht. Aber Moralt hatte für den Starkritiker Max Graf immerhin einen Vornamen. Zwischen den beiden Premieren der Oper entdeckt man eine Meldung, die nicht einer gewissen Pikanterie entbehrt:

„Die Tatsache, daß die Veranstaltungen im Konzerthaus einen äußerst schlechten Geschäftsgang aufweisen, während die großen Zyklen und Konzertabende im Musikverein noch immer starken Zulauf finden, hat den Gedanken keimen lassen, die beiden großen musikalischen Körperschaften enger miteinander zu verbinden." Im Konzerthaus amtierte Seefehlner, im Musikverein Gamsjäger. Beide sind später Direktoren der Wiener Staatsoper geworden.

Das Haus am Ring ist 80 Jahre alt geworden und hat gerade ein Dach bekommen, und als Geburtstagsgedanken hat man lesen können:

„Wird das Wiener Opernhaus wieder solchen Glanz erleben wie in der Vergangenheit? Man will es hoffen, kann man es gleich nicht glauben." Also sind mitten in der Zeit einer Staatsopernlegende die wehmütigen Gedanken der Kulturberichterstatter zu einer anderen legendären Zeit geflohen.

Immerhin konnte die Operndirektion mit berechtigtem Stolz melden, daß der Fundus wieder komplett ist: Er bestand damals aus 4012 Kostümen. Wie ein Fundus komplett sein kann, wenn der Leiter der Bundestheaterverwaltung beklagt, daß der Spielplan zuwenig abwechslungsreich ist, weil nicht genügend Opern erarbeitet werden konnten, entzieht sich der Kenntnis des Lesers. Wahrscheinlich wollte die Oper nicht zurückstehen, wenn die Wiener Couture wieder „haute“ wird. An den Werkstätten ist's auch nicht gelegen, erst am Material, dann am Geld. Immerhin ist man schon so weit gewesen, daß die Ausstattungen bei Gastspielen in Frankreich, Italien und Großbritannien nicht mehr gestört haben.

Eine gewisse Resignation konnte man auch in den Gesprächen mit den Sängern feststellen.

Seltsam, denn damals hat man in Wien aufgebaut, statt zurückzuschauen. In der Oper aber dürfte es sich um einen chronischen Zustand handeln: Früher war's immer besser gewesen.

Was die führenden Sänger damals an Wien gebunden hat, war nicht die Direktion, sondern das Publikum, es waren die Wiener. Vielleicht klingt's kurios, aber gerade bei ihren Gastspielen sind die Sänger draufgekommen, was sie an den Wienern haben. In Rio, Paris und London hat sich ein kleiner Kreis von Opernfreunden für sie interessiert. In Wien sind sie nicht nur respektiert worden, man hat ihnen in den Geschäften, Restaurants, bei den Ämtern das Gefühl gegeben, „jemand zu sein“. Und das bezieht sich auch auf unzählige Leute, die nie eine Opernvorstellung gesehen hatten.

Die Wiener Opern- und Theatertradition hat man nicht durch hohe Gagen in anderen Ländern ersetzen können. In späteren Jahren haben opernfremde Wiener den Überblick verloren. Und heute hat nicht jeder prominente Sänger das Echo früherer Zeiten. Hier ist also ein Zurückschauen durchaus legitim, auch wenn's nichts einbringt. Weil man die Reisepläne der Stars so bald nicht ändern wird. Immerhin kann es auch heute noch vorkommen, daß ein Fußballer, der einen Elfmeter verschossen hat, im Fernsehen erklärt: „Leider bin ich nicht der Corelli.“

Die Londoner „Times“ hat damals schmerzlich glossiert, daß Hunderte von Jugendlichen Toscanini über den Haufen gerannt haben, weil sie auf stürmischer Suche nach Robert Taylor waren, der mit demselben Zug angekommen war. Die Zeitung vermutet, daß die Filmfans alle miteinander nicht gewußt hätten, wer Toscanini ist. Und Max Lorenz hat viel von seinem Interesse an New York verloren, als er dem Hotelportier seinen Namen buchstabieren mußte. Dabei haben Toscanini und Lorenz das Glück gehabt, daß man in angelsächsischen Ländern wenigstens ihren Namen richtig ausspricht. Auch wenn man nicht gewußt hat, wer sie sind.

Im allgemeinen neigen Sänger zu dem Glauben, sie seien in einer Stadt populär, wenn sie viel Applaus und gute Kritiken bekommen. In den meisten Städten sind nur Cruyff, Beckenbauer und die Loren populär gewesen. Wien hatte früher seine Schauspieler und Sänger wirklich geliebt. In Paris bin ich manchmal mit der Jeritza ausgegangen. Kein Mensch hat gewußt, wer das ist, niemand hat den Namen gekannt. Bei Jane Russel hingegen — die sich kurz nach dem Krieg in einer wonnigen Blütezeit befand — ist gleich dem ersten Oberkellner die Speisekarte heruntergefallen, als er sie erkannte.

Allerdings sollte man die Dauer des Ruhms von Film- und Sportstars nicht überschätzen. Anfang der fünfziger Jahre war Greta Garbo bei Christian Dior, begleitet von einigen Fotografen. Dialog in einem Café neben dem Laden Diors: „Greta Garbo — wer ist denn das?" — „Eine italienische Sängerin vermutlich!" Zum Trost für gefeierte Opernsänger ...

Im Jahre 1949 greifen die Politiker munter das Thema Nummer eins auf. Kanzler Figl verkündet im Sommer in Waidhofen an der Ybbs: „In einem Monat kann der Staatsvertrag unterzeichnet werden, wenn alles gutgeht." Es ist nicht gutgegangen. — Die Zeitungen berichten gelegentlich noch über einen Menschenraub in Österreich. Aber nach und nach wendet man sich dem internationalen Verbrechen zu, da die Zustände im Lande sich langsam bessern.

Gegen Ende des Jahres wird die Staatsoper aktiv. Im Dezember gibt es gleich zwei bemerkenswerte Premieren: „Die Meistersinger von Nürnberg" unter der Leitung von Clemens Krauss mit Schöffler, Lorenz und Kunz und eine Weihnachtspremiere von „Tosca" mit der Welitsch, mit Roswaenge und Schöffler. Dirigent: Krips; Regie: Rott.

In der Silvesternacht hat's zum erstenmal wieder den traditionellen Bummel der Wiener zum Stephansplatz gegeben. Die Wiener haben also langsam wieder Lust bekommen, zu feiern. Das Neujahrskonzert ist von Clemens Krauss dirigiert worden. Die „Presse" hat im Jänner eine Auswahl aus den Briefen von Kaiser Franz Joseph an Katharina Schratt publiziert. Anscheinend hat da ein gewisser Nachholbedarf bestanden. Man hat im Fasching endlich wieder die legendären Gschnasfeste gefeiert. Und das alles sollte nicht darüber hinwegtäuschen, daß zwar vieles besser, aber noch lange nicht alles gut geworden ist. Im März 1950 hat man den Wienern einen Spiegel vorgehalten, in dem sie sich nicht wiedererkannt haben: „Der dritte Mann" ist erstaufgeführt worden. Zwei Filmleute, Graham Greene und Carol Reed, die Wien weder in den Kriegszeiten noch unmittelbar nach dem Zusammenbruch des Dritten Reichs erlebt haben, haben die Stadt so gesehen, wie sie ist, und nicht, wie sie war.

Dazu kommt, daß sich die Bevölkerung einer Stadt an vieles gewöhnt, was den Besuchern schrecklich erscheint. Und daß sich ja im Vergleich zu den letzten Jahren wirklich schon viel gewandelt hatte.

Für eine beginnende Normalisierung spricht ein großer Krach Furtwänglers mit der Gesellschaft der Musikfreunde; nach einem Konflikt mit dem Singverein legte der Maestro in Bausch und Bogen zurück: die künstlerische Leitung der Gesellschaft der Musikfreunde, die Ehrenmitgliedschaft der Gesellschaft und die Ehrenmitgliedschaft des Singvereins.

Das war dem Präsidenten der Musikfreunde zuviel auf einmal und er ließ der Presse mitteilen: Anfang Februar 1949 hat man Furtwängler gefragt, ob er die Johannes- und Matthäuspassion dirigieren kann und welches Programm er für das Nicolai-Konzert der Philharmoniker wählt.

Am 22. Juni 1949 hat Furtwängler seine Mitwirkung vom Zustandekommen einer Südamerikatournee abhängig gemacht.

Ende September hat er alles abgelehnt, weil er nur für die Philharmonischen Konzerte und die Salzburger Festspiele Zeit hätte. Und Ende November hat er kundgetan, daß er statt der Neunten von Beethoven, die man ihm für das Nicolai-Konzert vorgeschlagen hatte, die Matthäuspassion dirigieren wolle. Da war aber der Singverein nicht mehr frei. Diese Haltung ist für gar manche reisende Stars typisch, nur erfährt die Öffentlichkeit in den seltensten Fällen davon, weil man ja internationale Prominenz nicht verstimmen will. An diesem Beispiel kann ermessen werden, welche Probleme Konzertdirektoren und Opernchefs bisweilen haben.

Der ehemalige Philharmonikerchef Otto Strasser schreibt über diese Affäre in seinem Buch „Und dafür wird man noch bezahlt“:

„Die Gesellschaft der Musikfreunde hatte ihrem Ehrenmitglied Furtwängler angeboten, im Rahmen des Internationalen Bach-Festes die Matthäuspassion zu dirigieren. Er lehnte ab, und daraufhin lud die Gesellschaft Herbert von Karajan ein, der sogleich mit dem Singverein zu proben begann. In einer Unzahl von Proben arbeitete er mit dem Chor, und als er das Studium beendet hatte, war Furtwängler plötzlich bereit, das Werk zu dirigieren. Die Gesellschaft verblieb jedoch bei ihrem Karajan gegebenen Wort, und damit kam es zum Eklat. Furtwängler legte seine Ehrenmitgliedschaft zurück, Knappertsbusch erklärte sich mit ihm solidarisch, und beide beschlossen, in Wien nicht mehr aufzutreten.“

Natürlich ist es bei diesem Boykott Wiens nicht geblieben. Und Starallüren dieser Art sind in späteren Jahren stark gebremst worden, weil man sich's mit dem Musikverein leichter verdirbt als mit einer Platten- oder Fernsehgesellschaft. Es gibt nur wenige Plattenfirmen, mit denen berühmte Dirigenten arbeiten wollen. Falls einer von ihnen eine dieser Firmen verläßt, wird sich der andere kaum mit ihm solidarisch erklären. Vor allem dann nicht, wenn ihn die ganze Sache überhaupt nichts angeht. Außerdem verdient man bei einer Platten- und Fernsehaufnahme unvergleichlich mehr als im Musikverein. Allerdings sollte man nicht den Eindruck erwecken, daß Dirigenten die einzigen launischen Stars auf dem Gebiet der ernsten Musik sind.

Die Philharmoniker hat das im ersten Augenblick wenig gekümmert. Gegen den Einspruch der Oper sind sie vom 16. Februar bis zum 16. März 1950 zu einer Tournee nach Ägypten gereist. Es ist unmöglich, von den Pyramiden nicht gefesselt zu werden. Otto Strasser hatte das Gefühl, die Reise gleiche eher einer Vergnügungs- als einer Kunstfahrt. Er wird nicht der einzige gewesen sein. Und die Opernbesucher haben mit Substituten vorliebgenommen. Die Zeiten, die legendären, herrlichen Zeiten im Theater an der Wien sind schon wieder fast normal geworden. Die Bundestheater haben eine Subvention von 26 Millionen Schilling bekommen, und die Schlagzeilen auf der ersten Seite der Zeitungen kündeten von den Triumphen der österreichischen Skidamen bei den Weltmeisterschaften von Aspen. Bei der Lektüre solcher Triumphe vergessen auch manche Opernnarren die Zwistigkeiten von Furtwängler mit Karajan.

Mitte März fragt die „Presse“: „Wohin fahren die Wiener zu Ostern? Baldige Quartiersuche empfehlenswert.“

Apropos, Reise: Die Staatsoper ist im Mai nach Brüssel und Wiesbaden gereist, Herbert von Karajan stand vor der Eröffnung der ersten Bayreuther Nachkriegsfestspiele, und in Wien ist eine Sängerin eingetroffen, die einst zu den berühmtesten Mitgliedern der Wiener Oper gehört hatte: Maria Jeritza.

Sie hat im Theater an der Wien die „Tosca“, an der Volksoper die „Santuzza“ gesungen und ein Konzert gegeben. Kurz vor ihrer Reise nach Österreich habe ich erlebt, wie sie in einem Pariser Luxusrestaurant plötzlich nach dem Dessert zu singen begonnen hat. Die anderen Gäste waren zwar erstaunt, aber niemand hat sich beschwert. In einem Alter, in dem andere Sängerinnen nicht einmal in der Badewanne singen, wollte sie unbedingt wieder auftreten: In Wien, der Stadt, in der ihre strahlende Karriere begonnen hatte. Die Wiener haben sie verstanden und gebührend gefeiert.

Im Gegensatz zu vielen berühmten Kolleginnen war die Jeritza auch eine große Schauspielerin. Niemand hat ihr den Schluß des zweiten Aktes in „Tosca“ jemals nachgespielt. Und im Gegensatz zu vielen anderen hat sie nicht nur Lippenbekenntnisse für die Wiener Oper abgegeben. Trotz aller Auslandserfolge war die Wiener Oper ihr Schicksal. Da und nur da hat sie gelebt. Ihr vermögender amerikanischer Ehemann hat alles über ihre Wiener Jahre gewußt.

Der Ruhm Maria Jeritzas war nicht bis in die Räume der Österreichischen Botschaft in Paris gedrungen. Frau Jeritza hat mir angedeutet, daß ihr Mann sich freuen würde, vom Botschafter empfangen zu werden. Was ich nach Überwindung etlicher Schwierigkeiten erreicht habe. Traurig hat sie mir nachher erzählt: „Man hat uns Hundekeks und ein Glas Rotwein vorgesetzt — es war billiger Wein, ‚gros rouge‘ nennen ihn die Franzosen —, auch ein paar österreichische Zigaretten hat man uns angeboten.“

Ihr Mann, der kurz darauf eine Sammlung zum Wiederaufbau der Staatsoper starten sollte, hat sich diesen Empfang sicher etwas anders vorgestellt. Aber er hat ihn lächelnd überstanden. Weil er nicht nur den billigen Rotwein, sondern auch den Botschafter wahrgenommen hatte.

Die Liebe der Jeritza zur Wiener Oper war so, wie sich das die Abonnenten vorstellen. In vielen Fällen ist es aber bei berühmten Sängern anders. Sie vergessen die Staatsoper, so wie man sie an diesem Haus vergißt. Gar manchem von ihnen hat man auch den Abschied zu leicht gemacht. Der Umstand, daß ein Mann Operndirektor ist, bedeutet nicht, daß er allein deshalb größere Verdienste um das Institut erworben hat als manche Sänger oder Dirigenten. Gelegentlich löscht die Bitterkeit des Abschieds, die Art und Weise, wie man aus diesem Haus befördert wird, zahllose schöne Erinnerungen aus. Bei der Jeritza war's anders: Immer hat sie an Wien und die Staatsoper gedacht.

Im Juni 1950 meldet die „Presse“: „Reisesturm auf Österreich setzt ein. In Brüssel, Mailand, Zürich, Kopenhagen und London werden die Fremdenverkehrsbüros unseres Landes geradezu gestürmt.“ Obwohl der Bericht fast so klingt, als sei er von Egon Hilbert verfaßt worden, zeugt er dafür, daß Österreich wieder attraktiv geworden ist. Übrigens findet man gerade in diesen Tagen Meldungen in der Presse, daß sich Großbritannien noch immer im Kriegszustand mit Deutschland befindet. Kein Staatsoperngastspiel — keine Aufhebung des Kriegszustandes. Die Wiener Oper hatte aber schon 1947 in London gastiert. Studiert man die „Presse“ vom ersten Halbjahr 1950, fällt auf, daß wesentlich ausführlicher über das Wiener Konzertleben als über die Staatsoper berichtet wird. Das mangelnde Interesse der Kulturredakteure hat dann wohl dazu geführt, daß man im Sommer eine ganze Reihe von Vorankündigungen über herbstliche Aktivitäten der Staatsoper vorfindet.

Die Presseberichte über die Salzburger Festspiele sind sehr positiv. Und Knappertsbusch äußert sich, daß er seine Wiener Tätigkeit weitgehend einschränken werde, wozu ihn „die momentane Atmosphäre im Wiener Kulturleben" veranlasse. Weshalb sich die momentane Atmosphäre gerade im Sommer 1950 geändert haben sollte, läßt der eigenwillige Dirigent offen.

Im September des Jahres 1950 singen an der Oper unter anderen: Welitsch, Konetzni, Lorenz, Schöffler, Kunz, Güden, Roswaenge, Sved und Dermota. Böhm, Krauss und Fritz Busch dirigieren. Und damit die Bäume nicht in den Himmel wachsen, begeben sich die Philharmoniker auf eine Tournee mit Furtwängler. In die nordischen Staaten, nach Holland, Deutschland und in die Schweiz. Die Reise dauert wieder einen Monat. Allerdings ist sie bestimmt nützlicher gewesen als die Fahrt nach Ägypten. Immerhin notiert der „Kurier"-Kritiker anläßlich der Premiere von „Eugen Onegin" im Oktober: „Der Dirigent Meinhard Zallinger gab sich redlich Mühe, für einen korrekten Ablauf der durch die Abwesenheit der Philharmoniker erschwerten Vorstellung Sorge zu tragen."

Bestimmt war die Leitung der Oper über diese lange Tournee nicht glücklich. Aber man kann sich unschwer vorstellen, daß Furtwängler wieder einmal die „Beziehungen zu Wien endgültig abgebrochen hätte", wenn man das Orchester nicht freigegeben hätte. Rudolf Hanzl, Vorstand der Philharmoniker, hat mir einmal — neben Furtwängler stehend — gesagt: „Sie dürfen nicht glauben, daß alle unsere Dirigenten so sind wie Herr Furtwängler. Wir haben auch Dirigenten, die sich völlig normal benehmen. Clemens Krauss zum Beispiel." Worauf Furtwängler nachsichtig gelächelt hat. Normale Dirigenten sind ihm eher suspekt erschienen.

Im November ist Karajan zum Konzertdirektor der Musikfreunde auf Lebenszeit ernannt worden, „auf Grund seiner enormen Verdienste um die Gesellschaft der Musikfreunde und das Wiener Musikleben." Die Kritik hat sich in dieser Zeit durchaus zustimmend zu Karajan geäußert, sein Zyklus war der bestbesuchte der Musikfreunde, seine Arbeit scheint problemlos gewesen zu sein. Er hatte noch nichts mit der Wiener Staatsoper zu tun.

Kurze Zeit darauf hat der Rezensent des „Neuen Österreich“ die Katze aus dem Sack gelassen. Karajan hat — höchst erfolgreich — eine konzertante „Aida“ im Musikverein herausgebracht. In der Kritik heißt es: „Der Beifall des überfüllten Hauses war von einem Enthusiasmus, der selbst den italienischen Gästen imponiert haben muß. Es war nicht nur ein grandioser Erfolg, sondern auch ein Memento an jene Kräfte, die dem größten unter den jungen Dirigenten bisher in Wien und Salzburg den Weg zur Oper versperrt haben.“ Bedenkt man, daß „Aida“ für eine konzertante Aufführung denkbar ungeeignet ist, kann man den Kritiker — und das Publikum — verstehen.

Der Umstand, daß Böhm, Karajan, Krauss, Furtwängler und Knappertsbusch in Wien dirigieren, besagt noch nicht, daß sich die Stadt in normalen Lebensumständen bewegt. Ein paar Schlagzeilen aus dem Januar 1951:

„Einzelne Geschäfte geben ohne Rücksicht auf die Fettrationierung Margarine in doppelter Menge ab.“

„Brotversorgung bis zur Ernte gesichert.“

„Einschränkung des Zugverkehrs um 30 Prozent wegen vollständiger Einstellung der Kohlenlieferungen aus Polen.“

Um so erstaunlicher ist es, daß ein schwedischer Fremdenverkehrsexperte bemängelt, daß man sich im österreichischen Fremdenverkehr mit den Preisen „ausschließlich auf Millionäre abstellt“. Der Mann hat sichtlich nicht gewußt, daß es eine Ehre ist, in einem österreichischen Nobelhotel absteigen zu dürfen. Und natürlich ist es auch eine Ehre, an der Staatsoper auftreten zu dürfen. Dort hat man gerade begonnen, den Zuschauerraum wieder herzustellen. Im Ausweichquartier an der Wien war Clemens Krauss mit „Falstaff“ erfolgreich, und eine Kritik vom Februar 1951 aus dem „Neuen Österreich“ kann man einfach nicht unterschlagen. „Y“ hat einen jungen Sänger in der „Winterreise“ gehört und notiert recht wohlwollend über diesen Künstler, den er „Dietrich Müller-Dieskau“ nennt: „Ob sich eines Tages aus dieser herrlichen Stimme ein Tenor entwickeln wird?“

Nachzutragen ist, daß sich daraus der bekannte Bariton Dietrich Fischer-Dieskau entwickelt hat. Bleibt die Frage, ob sich ein Kritiker in einem solchen Fall nicht am nächsten Tag entschuldigen sollte. Nicht nur im britischen Parlament zählt man das Recht auf den eigenen Namen zu den Grundrechten der Demokratie.

Der Staatsoper ist's im Winter 1951 gut gegangen. Anläßlich einer „Rosenkavalier“-Reprise unter Clemens Krauss liest man: „Die Staatsoper ist in einer echten Erfolgsserie und weiß sich gegen die Theaterkrise zu behaupten.“ Und die britische Besatzungsmacht versteht endlich, was das Hotel Sacher ist, und dokumentiert diesen Umstand durch die Räumung des Etablissements. — Anläßlich einer Aufführung von Bachs „Hoher Messe“ schreibt ein Rezensent über Karajan: „Seine Leistung ist über das Stadium des Lobes längst hinaus.“ Der Nachfolger des Kritikers hat diesen Satz offenbar mißverstanden und heftig gegen den Maestro polemisiert — als dieser in die Oper eingezogen war. Man muß das Echo Karajans in diesen Jahren deshalb hervorheben, weil dadurch die Orgien des Hasses, die ihm später entgegenbrausten, noch unverständlicher werden.

Das Frühjahr bringt eine Premiere von „Troubadour“, dessen „Aufnahme nicht ganz einheitlich war“, unter Mario Rossi und O. F. Schuh, mit Helge Roswaenge und Ljuba Welitsch, und bei einem Gastspiel von Peter Anders in den „Meistersingern“ notiert ein Rezensent: „Schade, daß die wirklich gute Aufführung nicht nach Verdienst besucht war.“ Rudolf Moralt hat dirigiert, und während dieser Vorstellung wurde ein anderer Dirigent — Hans Swarowsky — ausgerechnet in der Hans-Sachs-Gasse überfallen und seiner Uhr beraubt. Von zwei Österreichern.

Im Frühjahr findet man viele Kritiken von Repertoirevorstellungen der Staatsoper — ein gutes Zeichen! —, und Karl Böhm dirigiert die „Capriccio“-Premiere, „die eine enthusiastische Aufnahme durch das Publikum“ gefunden hat. Böhm, der schon bei den Maifestspielen von Wiesbaden mit der „Zauberflöte“ erfolgreich war, leitet auch Vorstellungen von „Fidelio“ und „Don Giovanni“. Also endet die Opernsaison gut.

GLÜCKLICH IST, WER VERGISST ...

War Wien damals immer noch von der Welt abgeschlossen? Haben die Nachrichtenverbindungen ins Ausland noch nicht funktioniert? Oder wie konnte es zu der pompösen Zeitungsankündigung des Eskimodichters Kobuk kommen? Angeführt werden seine berühmten Werke „Einsamer Iglu“, „Die Republik der Pinguine“, die Romane „Brennende Arktis“ und „Kocholz“. Die Metro-Goldwyn-Mayer, so heißt es in der Ankündigung, verfilme gerade sein Werk „Nordlicht über Iviktut“ in Hollywood unter dem Titel „Song of the iceman“. Besonders hingewiesen wird auf sein Essay „Adalbert Stifter — a study in humanism“.

Spätestens bei den Eskimostudien über Adalbert Stifter hätten die Kulturredakteure mißtrauisch werden sollen. Und dann landete, als Eskimo verkleidet, der junge und fast unbekannte Kabarettist Helmut Qualtinger am Wiener Flughafen, ohne daselbst entlarvt zu werden. In Wien hat man noch jahrelang über diesen Streich Qualtingers gesprochen.

Gastierende Sänger, Dirigenten und Filmstars war man schon gewöhnt. Alles andere erschien den jahrelang isolierten Wienern als ungewöhnlich.

Noch im Jahre 1955 habe ich mühsam verhindert, daß man in einer Radiosondersendung von einer halben Stunde über die Ankunft (!) des luxemburgischen Ministerpräsidenten berichtet.

Im September 1951 hat die Jeritza wieder höchst erfolgreich in Wien gastiert. Im Oktober sind die Philharmoniker mit Furtwängler auf eine große Auslandstournee gegangen, während man in Wien „Simone Boccanegra“ unter Rudolf Kempe und Josef Gielen herausgebracht hat. Eine der Premierenkritiken ist „K. L.“ gezeichnet. Das sind die Initialen von Karl Löbl, der sich weiterhin intensiv mit der Wiener Staatsoper beschäftigt hat. Was auf Gegenseitigkeit beruht. Im November dirigierte Clemens Krauss eine „Lohengrin“-Premiere, und im

Dezember merkt man, daß die Hin- und Rückreisen von Sängern schon zur Gewohnheit geworden sind. Denn da heißt es in einer Wiener Zeitung: „Im Kreise der vielen Wiener Künstler, die in Amerika höchst freigebig ihre Kunst verschenken, ist nun auch Hilde Güden zu finden."

Etwa zur gleichen Zeit findet man ein Interview mit einem jungen Mann, dessen Begabung sehr früh erkannt worden ist. „Otto Schenk, der bei den Schlußaufführungen des Reinhardt-Seminars im vergangenen Sommer so erfolgreich hervorgetreten ist — sein Zettel im ‚Sommernachtstraum' hat dann auch noch in Strobl begeistert —, hat sich im Theateralltag rasch durchgesetzt."

Am Ende des Interviews folgt eine Hymne über seine Leistung als „Wozzek" im Kleinen Theater am Parkring, in der er mit Eugen Klöpfer verglichen wird.

Übrigens hatte die Vorstellung in Strobl ein Prominenter besucht: Thomas Mann. Und der junge Schauspieler Schenk hat dann eine Zeitlang mit dem berühmten Schriftsteller korrespondiert.

Am 21. Januar 1952 berichtet die „Weltpresse":

„Es wird Klage geführt, daß sich in der Staatsoper das Claque-Unwesen neuerlich einzunisten beginnt. Wer sich an die üblen Zustände der zwanziger Jahre zurückerinnert, wo einige Theater von Claque-Banden förmlich beherrscht wurden, kann nicht wünschen, daß sich diese unwürdige Gepflogenheit abermals einbürgert."

Die Claque — das geheimnisvolle Unwesen. Sänger, an die man herantritt, um mehr darüber zu erfahren, wollen nicht darüber reden, wenn sie nicht gezahlt haben. Und Sänger, die gezahlt haben, tun das erst recht nicht. Man ist auf Vermutungen angewiesen, und eine Sängerin, die nie Berührung mit der Claque gehabt hat, meint: „Diese Leute sagen sich, daß die Italiener in ihrer Heimat ohnedies ganz offiziell ihren Obolus an die Claque entrichten. Weshalb sollten sie's dann in Wien nicht tun? Wahrscheinlich werden sich die Aktivitäten gebührenpflichtiger Claqueure hauptsächlich bei den Italienern entfalten oder bei den Sängern, die vorwiegend in Italien auftreten."

Im Januar 1952 gibt's eine Premiere der „Macht des Schicksals" unter der Leitung von Böhm und der Regie von Gielen. Dabei deckt Karl Löbl einen wunden Punkt auf:

„‚Die Macht des Schicksals' möge der Wiener Staatsoper zu zwei waschechten italienischen Sängern mittlerer Qualität verhelfen — und das Wiener Publikum würde staunen, wieviel dramatisches Leben in diesem Werk steckt."

Nach neun Jahren Pause dirigiert Furtwängler wieder an der Staatsoper: „Die Walküre" und „Tristan und Isolde".

Kurze Zeit später gibt die Direktion der Staatsoper bekannt, daß die Verhandlungen mit Krips gescheitert sind, der sich nur für drei Monate pro Saison an Wien binden wollte. Die Verstimmung von Josef Krips dürfte mit seinem gescheiterten Gastspiel in den Vereinigten Staaten und der damit verbundenen Anzeige zusammenhängen.

Im März 1952 ereignete sich ein Fiasko, das aus mehr als einem Grund bezeichnend ist.

Gustaf Gründgens war für eine Neuinszenierung von „Rake's Progress" verpflichtet worden, und schon Wochen vorher haben die Zeitungen freudig über dieses Engagement berichtet. Während Gründgens auf dem Weg nach Wien war, befand sich der Dirigent Clemens Krauss auf der Reise nach Düsseldorf, der Stadt, in der Gründgens als Generalintendant gewirkt hat.

Der Bühnenbildner war erkrankt, und über den Tenor schreibt die „Weltpresse": „Vor allem stand ihm — der Ensemble-Hypertrophie zum Trotz — kein Sänger für die Tenorpartie zur Verfügung, die Wiener Tenöre waren überall, nur nicht in Wien."

Dazu kam, daß man ihm mitgeteilt hat, daß die Baritonpartie ohne sein Wissen umbesetzt worden war und daß der Premierentermin nicht gehalten werden konnte.

Nun war Gustaf Gründgens nicht nur ein hochqualifizierter Regisseur, er war der beste Theaterleiter der Bundesrepublik und konnte sich mit diesen Methoden nicht abfinden. In einem Interview hat er damals gesagt: „Ich kam gar nicht zum Arbeiten, es war niemand da."

Der Regisseur hat sich also fünf Tage in Wien aufgehalten, immer noch hoffend, daß man sich erinnert, wer da engagiert worden war. Seinen eigenen Angaben zufolge ist er in diesen Tagen hauptsächlich in der Hotelhalle gesessen. Damit man nicht verlauten läßt, daß er nicht erreichbar war. Schließlich ist es ihm zu dumm geworden, und vor seiner Abreise hatte er sich um eine einvernehmliche Verlautbarung mit der Bundestheaterverwaltung bemüht. Als diese Bemühungen gescheitert waren, hat die Bundestheaterverwaltung ein Kommuniqué ausgesandt, das ihr selbst passend erschienen ist, und Gründgens ist unverrichteter Dinge abgereist.

Was in den ersten Nachkriegsjahren gefehlt hat, waren Regisseure, die nicht konventionelle Aufführungen auf die Bühne stellen, deren Konzept sich auch in der Ausstattung ausdrückt, und Gründgens war gewiß der richtige Mann. Aber er hat sich nicht mit dem Wiener

Schlendrian anfreunden können. Und er hat Verhandlungspartner vorgefunden, die überzeugt davon waren, daß man sich schon arrangieren wird. Weil es für einen Regisseur vom Schauspiel eine große Ehre ist, in der Wiener Staatsoper inszenieren zu dürfen. Das waren Gedanken, mit denen sich Gründgens nicht anfreunden konnte. Und man hätte schließlich wissen müssen, wen man da engagiert hat.

Das alles waren Anzeichen dafür, daß man in eine neue Phase der Entwicklung gekommen war, mit der Hilbert und Salmhofer nicht fertig geworden sind.

Gründgens wollte nicht einfach von sich sagen, daß er einmal an der Staatsoper inszeniert hat, er ist nach Wien gekommen, um mit größter Gewissenhaftigkeit und unter optimalen Bedingungen ein Werk zur Aufführung zu bringen. Sein Engagement hat auf einem Mißverständnis beruht.

Im Frühjahr 1952 hat sich eine Sängerin „in die erste Reihe gesungen": Lisa Della Casa in ihrer Lieblingsrolle „Arabella". Die Oper hat zu den Festwochen einen Richard-Strauss-Zyklus aufgeführt, und Max Graf beklagt, daß die Volksoper nach und nach zu einem Operettentheater geworden ist.

Im Herbst dieses Jahres hat ein Liebling des Wiener Publikums hier gastiert, der schwedische Tenor Set Svanholm. Während ein junger jugoslawischer Sänger die Republik Österreich wegen Nichteinhaltung eines Viermonatevertrages geklagt hat. Sein Name ist Iovan Gligor. Er hat zwei Rollen mit nur einer einzigen Arrangierprobe gesungen, und sein versierter Rechtsvertreter hat vor Gericht betont, daß die Zeiten der Ensemblekunst vorüber sind und man sich in der Oper mit einer „Engagementsakrobatik" behelfen müsse.

Was dann kommt, kann in Wien und nur in Wien passieren. Der Vorsitzende des Gerichts, Oberlandesgerichtsrat Dr. Lahr, wollte die Gesangskünste des Jugoslawen, der nur zweimal auftreten konnte, überprüfen. Gligor war damit einverstanden, hat den Amonasro gesungen. Der Vorsitzende hat ihn dabei begleitet und zeigte sich von den Gesangskünsten Gligors sehr beeindruckt. Die Gerichtssaalkiebitze haben stürmisch applaudiert. Die Oper mußte die halbe Gage zahlen, und Gligor wurde zu einem Konzert im Großen Musikvereinssaal engagiert. Der Vorsitzende hat dann einige Unannehmlichkeiten gehabt, weil sich herausgestellt hat, daß er gar nicht zu dieser Verhandlung eingeteilt war und nur in Anbetracht seines musikalischen Interesses mit einem Kollegen getauscht hat.

Nebenbei: Auf einmal kam der Name Hilbert überhaupt nicht mehr zur Sprache, alles wurde auf Direktor Salmhofer und den Dirigenten Moralt geschoben. Letzterer mußte telegrafisch zur zweiten Verhandlung geladen werden, nachdem er bei der ersten nicht zugegen war und der Sänger behauptet hat, daß Moralt während seiner Auftritte keinen Blick auf die Bühne geworfen hat.

Im November 1952 wünscht sich Toscanini für sein Abschiedskonzert Elisabeth Schwarzkopf. Kurze Zeit später schreibt Karl Löbl über einen Liederabend der Schwarzkopf:

„Ihre Stimme klingt — aller vor drei Jahren geäußerten Befürchtungen zum Trotz — schöner, wärmer, fraulicher denn je und ist seit ihrem letzten Besuch technisch womöglich noch sicherer, noch vollkommener geworden.“ Ein kleiner Hinweis darauf, daß die Herren der Oper sich mühelos und ohne auf erheblichen Widerstand zu stoßen, einer Spitzensängerin entledigen können. Selbst wenn man nicht weiß, weshalb sie das tun.

Der Andrang des Publikums zum Neujahrskonzert war so groß, daß Clemens Krauss dieses Konzert schon am Silvesterabend als Vorpremiere dirigiert hat.

In den Vereinigten Staaten hat man die „Carmen“ der Metropolitan Opera live in die Kinos von 27 Städten übertragen und dabei über 100.000 Zuschauer in die Lichtspielhäuser gebracht.

Max Graf hat bei diesem Experiment die Vision von Fernsehübertragungen aus der Wiener Staatsoper und den Salzburger Festspielen zu Papier gebracht. Lange bevor es ein österreichisches Fernsehen gegeben hat.

Im Januar 1953 fand im Parlament eine bemerkenswerte Debatte über die Wiener Staatsoper statt. Dabei gab Unterrichtsminister Dr. Kolb bekannt, daß er Clemens Krauss „mit Planungen und Maßnahmen betraut hat, die notwendig sind, um nach der Übersiedlung aus dem Theater an der Wien den ungestörten Staatsopernbetrieb im Großen Haus am Ring zu gewährleisten.“

Außerdem hat er den Dirigenten taxfrei gleich zum besten Opernfachmann Europas befördert.

Der Sachverhalt ist klar gewesen: Der Minister wollte Salmhofer nicht im wiedererbauten Haus am Ring sehen. Und daß sich ein Dirigent dieses Formats in künstlerischen Dingen nichts von Dr. Hilbert dreinreden läßt, liegt auf der Hand: Hilbert und Salmhofer haben das auch verstanden.

Eine Pikanterie am Rande: Clemens Krauss ist dann nicht zum Operndirektor ernannt worden, und der Minister war bei der Wiedereröffnung des Alten Hauses nicht mehr im Amt.

Im Januar dieses Jahres veröffentlichen die Zeitungen wieder einen Ballkalender, und die Kostümleihanstalten müssen sehen, woher sie Fracks en gros beziehen können. Denn der Wiener Fasching wird in Frack mit Orden gefeiert.

Opernregisseur Oscar Fritz Schuh wird nach Berlin berufen, wo er die Leitung des Theaters am Kurfürstendamm übernimmt.

In Wien inszenierte er „Macbeth", und in einer Kritik heißt es: „Schon lange haben uns Inszenierung und Bühnenbild nicht so enttäuscht wie diesmal."

Die „Times" schreibt: „Der Abschluß des Österreichischen Staatsvertrags ist in weitere Ferne denn je gerückt"; und zum 60. Geburtstag von Clemens Krauss heißt es im „Neuen Österreich":

„Aus jüngerem Wachs muß der Waber sein, dessen Schultern die schwere Bürde der Staatsoperndirektion aufgelastet werden kann. Daß Krauss Direktor wird, ist kaum wahrscheinlich und vielleicht nicht einmal wünschenswert."

Ein Geburtstagsartikel — „made in Vienna".

Im April liest man in derselben Zeitung über eine Aufführung des „Fliegenden Holländers": „Und nun erhoffen wir in nicht zu ferner Zeit eine Neuinszenierung, die im ersten Akt die nautischen Errungenschaften verwertet und an Stelle der ungemütlichen Bahnhofshalle eine freundliche, warmgetönte Spinnstube vorsieht."

Kurze Zeit später heißt es über die „Elektra": „Wiederum stört das häßliche Bühnenbild. Ein Königreich für einen Regisseur und wenigstens ein Großherzogtum für einen Bühnenbildner."

Und über eine Vorstellung von „Daphne" steht geschrieben: „Über die Bühnenbilder spricht man besser nicht."

Es ist schwer verständlich, daß diese Warnungen in den Wind geschlagen oder nicht ernstgenommen worden sind. An der Misere Dr. Karl Böhms nach der Wiedereröffnung der Staatsoper tragen sie ein gerüttelt Maß von Schuld. Und Staatssekretär Dr. Bock gibt bekannt, daß die Eröffnung der Oper spätestens im Frühjahr 1955, eventuell schon zu Weihnachten 1954, stattfinden werde, und alle wissen, daß die Eröffnung mit „Don Giovanni" vor sich gehen wird.

Daß das Datum der Eröffnung falsch war, braucht man nicht so tragisch nehmen, und die Oper ist dann mit „Fidelio" eröffnet worden, und eben diesen „Fidelio" hat Karajan im Frühjahr 1953 konzertant aufgeführt, wozu ein Kritiker des „Neuen Österreich" notiert:

„Die Aufführung bedeutet einen kaum zu überbietenden Gipfel der

Festwochen und einen Ehrenplatz in der Geschichte des Musikvereins. Der dreimal ausverkaufte Saal dankte ergriffen und enthusiastisch."

Die Alliierten verfügen die Aufhebung der Demarkationslinien in ganz Österreich. Sie scheinen also den Pessimismus der „Times" nicht zu teilen.

Im Sommer 1953 wird der Nachwuchssänger Eberhard Wächter an die Volksoper engagiert. Furtwängler dirigiert „Don Giovanni" in Salzburg, Karajan in München, und Egon Hilbert kommt endlich darauf, daß die italienische Oper etwas vernachlässigt worden ist. Er verpflichtet den römischen Dirigenten Franco Capuana.

Karajan? — Nie gehört!

Aus Salzburg wird die Uraufführung „Der Prozeß" von Gottfried von Einem von allen österreichischen und zahlreichen ausländischen Sendern übertragen.

Der Untergang des österreichischen Films kündigt sich in einer latenten Provinzialisierung der Themen an.

Nun ist dieser Film stets etwas abhängig vom deutschen Verleih gewesen, und Gertrude Obcyna schreibt damals über den deutschen Film: „Filmtitel duften wohl nicht so lieblich wie die sprichwörtlichen Blumen, aber wenn man sie für jene sprechen läßt, die sie uns bescheren, so kann man leicht die Nase voll bekommen." An Warnungen hat's also damals nicht gefehlt, und eine Chance wurde vertan.

Am 2. Oktober 1953 verfügt der Unterrichtsminister, daß Egon Hilbert „bis zur Erledigung einer gegen ihn eingeleiteten Disziplinaruntersuchung außer Dienst gestellt" wird. Er führt aus, daß Hilbert vier Journalisten nach Wiesbaden, Brüssel und Berlin eingeladen hat und die Theatergeschäfte, insbesondere was die finanzielle Gebarung betrifft, überhaupt sehr eigenwillig geführt hat.

Der Gesamtbetriebsrat der Bundestheater — repräsentiert von den Herren Vondrak, Volters und Wernigk — ist zum Bundeskanzler gezogen. Denn in Österreich wird immer an den Bundeskanzler appelliert, wenn es um jemanden geht, der die Oper leitet — und das hat Hilbert zweifellos getan.

Furtwängler und Dr. Herbert Graf haben sich für Hilbert eingesetzt, worauf das Ministerium verkündete: „Es ist nicht uninteressant, daß der Musikkritiker einer Wiener Zeitung (die jetzt eine besondere Kampagne für Sektionschef Hilbert entfesselt hat) nicht nur als Gast mit der Oper nach Paris gefahren ist, sondern auch das Engagement seiner Frau und seines Sohnes bei Sektionschef Hilbert durchgesetzt hat."

Außerdem erscheint dem Minister bemerkenwert, daß in allen Aussendungen der Mitglieder der Bundestheater von den Direktoren der Bühnen überhaupt nicht die Rede ist.

Kanzler Raab verspricht eine rasche Klärung der Affäre, und am 9. Oktober wird die Suspendierung Hilberts aufgehoben.

Aber am 28. Oktober tritt Hilbert überraschend zurück. Wobei das Ministerium Wert darauf legt, daß sich der Leiter der Bundestheaterverwaltung künftighin administrativen Aufgaben zuwendet und die künstlerische Leitung den Direktionen überläßt. Mit einem weiteren Angriff auf Hilbert läßt sich der Minister Zeit. Er ist Vorarlberger. Am 31. Oktober ernennt er Ernst Marboe, den Leiter der Kulturabteilung des Bundespressedienstes, zum Nachfolger Hilberts.

Über die „Maskenball"-Premiere im Oktober 1953 schreibt eine Wiener Zeitung: „Eine Regie schien nicht vorhanden, jeder Regieassistent hätte den erstarrten Konventionalismus der Inszenierung weniger fühlen lassen als Alexander Schum." Nur redet sich's eben leichter mit einem Schum als mit Gustaf Gründgens.

Im November treten in der Staatsoper eine Fülle wirklich prominenter Sänger auf, die Sowjets stornieren die Zensur aller RAVAG-Sendungen, und aus Paris gibt es eine United-Press-Meldung, die einer Freudschen Fehlleistung entspricht:

Karajan und die Wiener Philharmoniker wurden in den Pariser Zeitungen mit Lob überschüttet, meldet die Nachrichtenagentur.

Gemeint waren die Wiener Symphoniker, obwohl eine Zusammenarbeit der Philharmoniker mit Karajan längst fällig gewesen wäre.

Nun geht Unterrichtsminister Kolb zur Attacke über. Er spricht von den Sitzungen der Direktoren der Bundestheater mit Egon Hilbert in seinem Büro, bei denen es „nicht immer nett zugegangen ist", was anscheinend Hilbert dazu veranlaßt hat, diesen Sitzungen später unentschuldigt fernzubleiben.

Wäre Hilbert ein Regisseur oder Dirigent gewesen, könnte man dieses Verhalten fast als heroisch glossieren.

Wie sich aber ein gestandener Beamter vorgestellt hat, daß sich das ein Minister auf die Dauer gefallen läßt, ist unvorstellbar.

Auch die Eitelkeit Hilberts ist dem Minister auf die Nerven gefallen. Er belegt das mit einem Beispiel aus der Volksoper. Dort hat eine Vorstellung von „Boccaccio" mit einem kleinen Film begonnen, dessen Vorspann gelautet hat: „Sektionschef Dr. Hilbert zeigt . . ."

Der Unterrichtsminister muß überhaupt ein mutiger Mann gewesen sein, denn er hat sich mit dem Betriebsrat angelegt. Da heißt es: „Es war ja bekannt, daß sich zum Beispiel der Betriebsratsobmann bei mir bitter über seinen Chef, insbesondere über sein unsoziales Benehmen, beklagt und anderen gegenüber erklärt hat, genügend Material zu besitzen, um ihm — wie er sich ausdrückte — das Genick zu brechen, aber dann die genau gegenteilige Haltung eingenommen hat."

Der Betriebsratsobmann der Wiener Staatsoper war immer ein wichtiger Mann. Und je schwächer der Direktor war, desto einflußreicher ist der Betriebsratsobmann gewesen. Betrachtet man Hilbert als den eigentlichen Operndirektor dieser Zeit, so hatte es der Betriebsratsobmann sicher nicht ganz leicht.

Am Schluß seiner Ausführungen wird der Unterrichtsminister deutlich: „Der neue Leiter hat nicht die Aufgabe, ein neuer Hilbert zu werden." Das Defizit der Oper steigt, und am Jahresende notiert der „Wiener Kurier", daß es seit Beginn der Saison noch keine einzige Premiere gegeben hat. Man begnügt sich mit falschen Premieren, die „Neueinstudierungen" genannt werden. Das heißt, man frischt eine alte Aufführung etwas auf. Das hat's damals gegeben, das gibt's immer noch. Und eigentlich sollte es so etwas gar nicht geben.

Zu Beginn des Jahres 1954 fragt die „Weltpresse": „Wird Karl Böhm Operndirektor in Wien?" Das Blatt ist der Ansicht, man könne keinen Musiker finden, der für diesen Posten geeigneter wäre. Die Gedanken von Clemens Krauss kann man sich mühelos vorstellen. Und Böhm wird es später genauso gehen. Mit einem Unterschied: Böhm war wirklich Direktor geworden.

Mitte Januar 1954 kommt dann endlich eine Premiere heraus: „Don Carlos". Regie: Witt. Am Pult: Hollreiser. Max Graf schreibt: „Das Haus war ausverkauft. Da Verdi der Meinung war, daß Kassenrapporte für eine Oper ausschlaggebend seien, wäre er an diesem Abend mit seinem ‚Don Carlos' zufrieden gewesen."

In Berlin hat man wieder einmal über den Österreichischen Staatsvertrag verhandelt. Die wirtschaftliche Lage Österreichs war nicht gerade rosig: 300.000 Arbeitslose. Im Jahre 1952 waren es „nur" 197.000 gewesen.

Ein Bezirksvorsteher beklagt sich bei der „Weltpresse" über die ungerechte Ausgabe von Stehplatzkarten vor der Kasseneröffnung. Er vermutet, daß die „Verwandten und Bekannten von Billeteuren und Polizisten" dabei bevorzugt werden. Stammgäste haben sich schon vor dem Krieg mit den Billeteuren arrangieren können, ohne mit ihnen verwandt zu sein. Vielleicht war das dem Bezirksvorsteher entgangen.

Karl Böhm stand also ante portas des Alten Hauses und verkündete in einem Rundfunkinterview, daß man dieses Haus mit „Don Giovanni“ eröffnen wird und man anläßlich der Wiedereröffnung Furtwängler, Karajan und de Sabata am Pult erleben werde.

Einige Wochen später haben Journalisten herausgefunden, daß Furtwängler einen Vertrag von Hilbert in der Tasche hatte, in dem stand, daß er die Eröffnungsvorstellung dirigieren sollte, daß de Sabata schwer erkrankt war und nichts von seinem Glück wußte und daß es keine Kontakte mit Karajan gegeben hat.

Für Clemens Krauss mag damals ein Satz Nestroys gegolten haben: „Nur ein geistloser Mensch kann den Harm übersehen, der überall durch unsere fadenscheinige Gemütlichkeit entsteht.“ Zwei Jahre später hat dieser Satz dann für Karl Böhm gegolten. Wobei gewisse österreichische Eigenheiten zu beachten sind. Der Fußballer Peter Grosser hat einmal in einem Fernsehinterview berichtet, daß seine deutschen Kollegen ihre Fouls von vorn und von der Seite begehen, während er in Österreich stets von hinten niedergetreten wird. Kaum hatte man Böhm von hinten niedergetreten, drückte man ihn herzlich an die Brust. Für Clemens Krauss hatte man zu dieser herzerfrischenden Geste keine Zeit mehr: Er starb im Mai 1954.

Die Wiedereröffnung der Oper wurde für September 1955 angekündigt, und Karl Böhm hatte sich dafür entschieden, nicht mit „Don Giovanni“, sondern mit „Fidelio“ zu eröffnen, was sich als ein Fehler herausstellen sollte.

Die Liebhaber von Opern tendieren in Wien dazu, das kulturelle Niveau an den Opernvorstellungen zu messen. Eine Kultur-Enquete der SPÖ kommt im April 1954 zu folgendem Schluß:

„Nicht glanzvolle Opernaufführungen oder Festspiele à la Salzburg sind ein Maß für das kulturelle Niveau eines Landes, sondern der geistige und materielle Lebensstandard der breiten Massen.

Um das kulturelle Niveau eines Landes ist es schlecht bestellt, wenn die Menschen zehnmal soviel für Genußmittel ausgeben als für gute Bücher oder für den Besuch von Theatern, Konzerten und Ausstellungen, wenn die Volksbildungshäuser leer und die Kinos selbst bei den erbärmlichsten Schundfilmen bis auf den letzten Platz gefüllt sind, wenn begabte und anerkannte Künstler sich als Hilfsarbeiter ihr Brot verdienen müssen.“

Haben die Universitätsprofessoren, die an dieser Enquete teilgenommen haben, übertrieben?

Im April 1954 gastiert Birgit Nilsson zum erstenmal in Wien. Sie wird vom Publikum rasch akzeptiert, die Kritiker sind da etwas vorsichtiger. Max Graf etwa schreibt über ihre Elsa („Lohengrin"): „Trotz so vieler Vorzüge wird man jedoch nicht recht erwärmt, und das Romantische und Dichterische der Gestalt, die märchenhaft wirken soll, bleibt in einem kühlen Licht."

Studiert man die Zeitungen dieser Jahre, stößt man immer wieder auf neue und halbneue Stars von Bühne, Film, Kabarett und Konzert, die bald danach aus der Berichterstattung verschwinden. Jeder wirkliche Star — auch die Nilsson — weiß, daß es leichter ist, hinaufzukommen, als sich oben zu behaupten. Aber wenn Max Graf im Mai des Jahres 1954 eine Ballettkritik mit den Worten „Ein großer Abend des Staatsopernballetts" überschreibt, sinniert man, weshalb Monate vor und nach dieser Kritik nichts oder nur höchst selten von den Tänzern berichtet wird.

Hingegen schreibt man in beachtlicher Aufmachung über einen Ehrenbeleidigungsprozeß des Dirigenten Anton Paulik, dem ein Sänger ein paar Watschen angetragen haben soll. Wobei er ihn angeblich „einen Lümmel und Fleischhacker" genannt hat. Der Sänger, ein Akademiker, erklärt sich einem Journalisten gegenüber bereit, den Wahrheitsbeweis für den Ausdruck „Lümmel" zu erbringen. Für kurze Zeit gerät er ins Rampenlicht, dann ist er wieder vergessen. Und für kurze Zeit gewinnen Außenstehende den Eindruck, daß man sich ansonsten an den Bundestheatern mit weißen Handschuhen anfaßt. Unvergeßlich ist mir die prominente Sängerin, die vor der Oper einen Kollegen trifft: „Servus, wie geht's dir denn? Wir haben uns ja schon lange nicht gesehen. Hast du Krebs? Alt genug wärst du ja!"

Im Juni dieses Jahres trifft Heinz Tietjen in Wien ein, um mit Dr. Böhm die Eröffnungsvorstellung des Hauses am Ring zu besprechen. Tietjen sollte Regie führen, und leider hat er das auch getan. Gleich darauf legt Krips die Leitung seines Londoner Orchesters zurück, und da heißt es in der „Weltpresse": „Vielleicht wäre jetzt der psychologische Moment gekommen, den tüchtigen Mann für Wien und sein großes Opernhaus zurückzugewinnen, da sich unser neuer Opernchef hauptsächlich auf Reisen befinden wird und Wien einen ersten Mozart-Dirigenten dringend brauchen könnte."

Man muß die Zeiten, da die Oper im Theater an der Wien gespielt hat, sorgfältig studieren. Nicht nur deshalb, weil da viel von einer Legende abbröckelt. Sondern weil vieles, was sich später ereignet hat, erst dabei verständlich wird. Böhm und Rott sollten die Saison 1954/55 dazu benützen, um die Wiedereröffnung von Burg und Oper vorzubereiten. Welcher Publizist hat damals dafür Verständnis gehabt, daß der Burgtheaterdirektor ankündigt, er werde in Rom den „Rosenkavalier" inszenieren, und daß von Böhm berichtet wird, daß er in Neapel dirigieren soll? Verträge, die vor ihrer Berufung abgeschlossen worden sind, betonen die beiden. Als ob man nicht aus einer solchen Verpflichtung heraus könnte! Und wenn es sich noch um führende Opernhäuser gehandelt hätte! Weder Rom noch Neapel haben dazu gehört. Die Zeiten, in denen man in Wien durch derlei Gastspiele beeindruckt worden war, sind vorbei. Die Betroffenen aber verstehen das nicht. Noch nicht. Und jetzt, noch ehe sie ihr Amt antreten, stauen sich erste Vorurteile. Emotion aber hat bei der Beurteilung von Künstlern und Theaterdirektoren immer schon eine bedeutende Rolle gespielt. In Wien.

Die Oper setzt das Datum für die Wiedereröffnung des Alten Hauses fest, während sich bald herausstellt, daß das Datum für die Burgtheatereröffnung (September 1955) falsch ist. Die Operndirektion engagiert Leonie Rysanek und Erika Köth. Man wundert sich, daß es rund um die Oper so ruhig ist. Das konnte nicht von Dauer sein.

Tatsächlich: Die neue Saison beginnt mit gewaltigem Theaterdonner. Am ersten Tag seiner Direktion erklärt Karl Böhm: „Ich werde demissionieren, und keine Macht der Welt kann mich bewegen, diesen Entschluß rückgängig zu machen." Endlich kommt die Staatsoper wieder zu Schlagzeilen auf Seite eins.

Was war geschehen? Die APA meldet, daß Volksoperndirektor Juch einen Vorvertrag als stellvertretender Direktor der Staatsoper unterzeichnet hat. Dazu schreibt der „Bild-Telegraf":

„Wie wir ergänzend aus dem Unterrichtsministerium erfahren, soll die Bestellung von Dr. Seefehlner zum Konsulenten der Staatsoper eine Vereinbarung zwischen Direktor Böhm und Ministerialrat Marboe gewesen sein. Unterrichtsminister Dr. Kolb erklärte, daß ihn die Bekanntgabe dieses Arrangements sehr überrascht habe. Die Beteiligten selbst, Dr. Juch und Dr. Seefehlner, wußten jedenfalls gestern noch nichts von der bevorstehenden Veränderung. Dr. Seefehlner erklärte sogar, daß er bereits gestern seine Arbeit für die Wiener Staatsoper aufgenommen hat."

Jetzt ist wieder der Minister am Zug. Er dementiert die Meldung der APA, worauf diese eine neue Meldung ankündigt. Was den Minister dazu veranlaßt, sein Dementi zurückzuziehen. Und die Öffentlichkeit vermutet Spannungen zwischen Kolb und Marboe. Nun hatte es ja schon Spannungen zwischen dem Minister und dem Vorgänger Marboes gegeben. Aber der neue Chef der Bundestheaterverwaltung hat ein Atout im Köcher: einen berühmten Dirigenten. Noch dazu einen, der am ersten Tag seines Wirkens gleich demissioniert. Auch wenn er nach ein paar Stunden diese Demission zurückzieht. Man merkt es schon: Die Amtszeit des Dr. Kolb geht zu Ende.

Im September 1954 möchte der Staat, daß die Stadt Wien die Volksoper übernimmt, die ihr ja gehört. Die Journalisten wittern, die Stadt könne aus diesem Haus ein Kino machen — damals galt ja ein Kino als gutes Geschäft, während ein Opernhaus bekanntlich subventioniert wird —, und Hans Weigel griff zur Feder: „Indem sie die dramatische Kunst nach rein kaufmännischen Gesichtspunkten betrachtet, gibt die Stadt Wien ihre Bankrotterklärung an und rangiert nun tief unter St. Pölten und Baden. In der Theatergeschichte wird sie künftig unter dem Namen Wien bei Baden zu finden sein."

Der Bund möchte, daß sich die Stadt ebenso für Theater engagiert wie Linz und Graz. Die Stadtväter, denen man vorwirft, daß sie von den Theatern zu allem noch Vergnügungssteuer kassieren, bleiben ungerührt. Also entschließt sich der Bund nach einer kleinen Atempause, die Volksoper weiterhin zu subventionieren. Ob der geplante Transfer des Volksoperndirektors damit zusammenhängt, wird nicht geklärt. Vielleicht war der Minister ganz einfach gegen Böhm, den sein Kanzler seinerzeit Clemens Krauss vorgezogen hat. In Wien sind die Zusammenhänge von Entscheidungen auf dem Sektor der Kultur nicht immer transparent.

Die neuengagierte Leonie Rysanek hatte schon unter Hilbert einmal auf Engagement gastiert. Hilbert war sie nicht bekannt genug. Inzwischen hatte sie unter anderem in Bayreuth die Sieglinde („Walküre") erst unter Karajan, dann unter Knappertsbusch gesungen. Ihr letztes, kurzes Gastspiel war eine konzertante „Walküre" mit Karajan gewesen. Nun kam sie nach Wien und nahm eine „Walküre" auf Schallplatten auf, die Furtwängler dirigiert hat. Und an der Oper debütierte sie im „Fliegenden Holländer" und — wie könnte es anders sein — in der „Walküre".

Über andere Sänger berichtet eine Zeitung unter dem Titel „Neues von unseren Wanderstars". Die Zeiten haben sich endgültig normalisiert. Man muß wieder im Ausland gefragt sein, um in Wien etwas zu gelten. Dabei sollte man meinen, daß jemand Geltung hat, der im ersten Opernhaus der Welt engagiert ist. Von dieser Rangordnung spricht jede Direktion. Glaubt sie selbst gar nicht daran?

Wenn andere eine Reise tun ... sagt sich der neue Operndirektor. Erst übersiedelt sein Büro in das Haus am Ring, dann zieht er mit dem Leiter des Betriebsbüros nach Genf, wo die beiden „Don Giovanni" herausbringen. Der Chef des Betriebsbüros inszeniert.

Unterdessen hat Leonie Rysanek einen durchschlagenden Erfolg im Theater an der Wien. „Ein Haupttreffer der Oper", „Sensationeller Erfolg" lauten die Schlagzeilen. Zeitungsleser fragen besorgt: „Wo bleiben die Opernkarten, wenn Set Svanholm in Wien gastiert?" Bald sind auch die „Rysanek-Vorstellungen" ausverkauft. Wo die Karten bleiben, wenn es großen Andrang an den Kassen gibt, erfahren die besorgten Leser allerdings nicht. Außenpolitisch ist man auf einmal pessimistisch: „Staatsvertrag — wenig Hoffnung" heißt es da. Das Burgtheater gibt bekannt, daß man mit „Egmont" eröffnen werde — was sich dann als falsch herausstellt.

Und Karajan präsentiert im Musikverein eine konzertante „Carmen". Darüber schreibt Karl Löbl: „Man erlebte eine derart grandiose musikalische Wiedergabe, daß man der Wiener Staatsoper nur raten kann, dieses Werk einige Zeit nicht anzusetzen, da auch die beste Aufführung den Vergleich nicht aushalten würde."

Die Staatsoper hält sich nicht an diesen Rat und bringt „Carmen" mit Klobucar, Höngen und Gostic. Während Karajan die Simionato und Gedda zur Verfügung hatte. In beiden Vorstellungen allerdings war Hilde Güden die Micaela.

Nun wird der Ruf „Wann kommt Karajan an die Oper?" in verschiedenen Gazetten laut. Vor allem fragt man, ob er wirklich bei dem Opernfest anläßlich der Wiedereröffnung am Ring dirigieren wird. In Abwesenheit Böhms riskiert Marboe eine Aussendung, in der die Opernfreunde erfahren, daß Böhm diesbezüglich drei Briefe an Karajan gerichtet hat: Am 12. April, am 20. Mai und am 20. Juni. Im allgemeinen schreibt man einem Prominenten dann, wenn man ihn nicht verpflichten will. Die Neuverpflichtung von Stars erfolgt nicht per Post. Es stimmt, daß die beiden Dirigenten damals viel gereist sind. Aber eine Stunde hätten sie schon für ein Gespräch Zeit gefunden, sollte man meinen.

Außerdem ist Marboe ein Versehen passiert: Einen Monat vor dem ersten, in der Aussendung angegebenen Brief hat Böhm in einem Rundfunkinterview versichert, daß Karajan für die Eröffnungsfeierlichkeiten engagiert worden ist. Niemand weiß, was wirklich gespielt worden ist, und Karajan teilt Marboe mit, daß dieser nicht vor 1956 mit ihm rechnen kann. Wie wahr. Denn 1956 ist er Opernchef geworden. Diese Vorkommnisse während der Vorbereitung für das große Opernfest sind deshalb wichtig, weil sonst kein Mensch versteht, was Böhm nach der feierlichen Wiedereröffnung passiert ist. Hätte man statt Rainer Herbert von Karajan als Dirigenten der „Meistersinger“ verpflichten können, wäre der Erfolg des Eröffnungsfestes unvergleichlich größer gewesen. Sicher hat Karajan seine Besetzung selbst wählen wollen, man hat auch vermutet, daß er selbst inszenieren wollte und eine entsprechende Probenanzahl verlangt hat. Aber nachdem er solange im Musikverein gewirkt hat und ihm die Oper versperrt gewesen ist, sind diese Ansprüche durchaus verständlich.

Es gibt also wieder einmal den gewohnten Wirbel um die Oper, und diesmal demissioniert der Unterrichtsminister. Die Namen eventueller Nachfolger werden an der Gerüchtebörse gehandelt, und es sind nicht nur kompetente Männer darunter. Also schreibt Gerd Bacher:

„Der erste Minister hat die Unterrichtssprache, der zweite den Wirbel in der Bundestheaterverwaltung geschaffen. Mit welcher Sorgfalt dieses Ressort bedacht wird, zeigt auch die Tatsache, daß man einen Handelsminister zum Kulturminister gemacht hat.

Auch geben wir zu bedenken: Wenn wir uns in Österreich keinen Minister ohne Portefeuille leisten können, so noch weniger einen Minister ohne Kenntnisse.“

Man hat dann tatsächlich einen Mann aus dem Unterrichtsministerium zum Minister gemacht: Dr. Heinrich Drimmel.

Im November transferiert man die Salzburger „Penelope“ Liebermanns an die Oper, und ein hochbegabter, junger Dirigent erhält eine Chance: Michael Gielen. Böhm gibt bei einer Pressekonferenz das Programm für die Vorstellungen nach der Operneröffnung bekannt. Für die erste Vorstellung haben schon 15.000 Leute Karten bestellt. Und Hilbert, Mitglied des Direktoriums der Salzburger Festspiele, wird zum Leiter des Österreichischen Kulturinstituts in Rom ernannt.

Am 30. November 1954 stirbt Wilhelm Furtwängler. Sein Tod wird sowohl im Wiener als auch im Berliner Musikleben als schmerzlich empfunden. Die Wiener Philharmoniker reagieren rasch — aber viel zu spät. Im Dezember begibt sich eine Abordnung des Orchesters nach Rom, um mit Herbert von Karajan zu verhandeln. Das Klima bei diesen Gesprächen dürfte ziemlich kühl gewesen sein. Vor 1956 habe er keine freien Termine, ließ Karajan die Musiker wissen. Und kurz danach schloß er eine Wintertournee mit den Berliner Philharmonikern ab. Hätte Karajan nicht immer im Musikverein statt im Theater an der Wien und nicht immer mit den Symphonikern gearbeitet, wäre vieles anders gekommen. Sogar ohne den Tod Furtwänglers hätte das dem ersten Orchester des Landes auffallen müssen. Aber so war es damals: Man war für Furtwängler oder Karajan.

In Rom arbeiteten im Dezember 1954 unabhängig, völlig unabhängig voneinander, zwei Männer, die ein paar Jahre später ihre Fehden an der Wiener Staatsoper austragen sollten: Karajan und Hilbert.

Und schon kurz nach seiner Übersiedlung ins römische Exil sind die ersten Meldungen über musikalische Aktivitäten Hilberts nach Wien gedrungen. Anscheinend kommt man von Rom leichter nach Wien zurück als von Salzburg.

Natürlich mußte man sich am Burgtheater ebenso auf die Wiedereröffnung vorbereiten wie an der Oper. Wenngleich die Burg noch immer kein Datum für diese Feierlichkeit hatte. Nur etwas wußte man: Vor der Oper sollte aufgemacht werden. Nach einer mißglückten Weihnachtspremiere von Kleists „Käthchen von Heilbronn" hat Hans Weigel einen seiner gefürchteten Sätze geschrieben, die ihm die Feindschaft gar mancher Burgschauspieler eingetragen haben: „Mit vier von diesen Schauspielern kann man das neuerbaute Burgtheater eröffnen. Der Rest rechtfertigt nur die Schließung des Ronachers" (des Ausweichquartiers der Burg).

Am Ende des Jahres passierte Marboe eine Kurzschlußhandlung, die nur dadurch zu verstehen ist, daß man an den Bundestheatern meistens alle Journalisten aussperren möchte. Marboe ließ der Presse mitteilen, daß er für sie keine Premierenkarten für „Don Pasquale" zu Silvester hätte, die Kritiker sollten doch in die Generalprobe kommen. Weniger als ein Jahr vor der Wiedereröffnung der Staatsoper war das ein ebenso spektakulärer wie unverständlicher Lapsus.

Bei der Generalprobe bat dann Direktor Salmhofer die Journalisten flehentlich, erst über die zweite Vorstellung zu berichten. Ein paar Jahre später forderte dann Raoul Aslan in einer Gerichtsverhandlung, daß Kritiken nur mehr von Schauspielern verfaßt werden. Er dürfte vielen seiner Kollegen aus der Seele gesprochen haben.

Nun, Herbert Schneiber überschreibt seine „Don Pasquale"-Kritik mit den Worten: „Warum sollte nur ein Unglück allein kommen?" Und nach der nächsten Premiere schreibt er: „Salmhofers Werbekleid, Don Pasquale und André Chenier ... das ist die magere Premierenbilanz dieser Saison." Die Staatsoperndirektion hat dann im Mai noch eine „Draufgabe" im Redoutensaal gegeben. Dort war ja Salmhofer nicht so unmittelbar Direktor wie im Haus an der Wien. Denn eigentlich hatte man jetzt zwei Direktoren: einen, der sich auf die erste Saison am Ring vorbereitete, und einen, der die letzte Saison im Theater an der Wien über die Runden bringen mußte.

Aber in den ersten Monaten des Jahres 1955 ist es ruhiger geworden.

Man holt Atem. Bringt auf der Seite eins Bilder von Karajan, der mit den Berliner Philharmonikern in den USA triumphiert. Nicht ohne Hintergedanken. Solche Dinge geschehen in Wien nur selten ohne einen Hintergedanken. Weil man ja hierorts nicht nur für, sondern auch gegen jemanden applaudiert. Der Betroffene weiß sogleich Bescheid.

Von Zeit zu Zeit liest man: „Staatsopernwoche ohne Sensationen." Es fehlen vor allem die großen Dirigenten.

Ansonsten befaßt sich die Publizistik mehr mit der Opernkreuzung als mit der Oper. Durch einen Umbau, den die Gemeinde im März in Angriff nimmt, entstehen Verkehrsstauungen, die den Wienern gewaltig erscheinen, weil damals der Straßenverkehr im Vergleich zu anderen westlichen Hauptstädten eher karg anmutet. Später, als der Umbau vollendet war, hat die Unterführung nicht nur Nikita Chruschtschew, sondern auch den Wienern gefallen.

Die Tabak-Regie bringt Zigaretten namens „Opera" und „Rosenkavalier" auf den Markt.

Und der Kampf um die Karten für die erste Vorstellung im neuen Alten Haus entbrennt in aller Heftigkeit.

Am 31. März lädt man die internationale Presse ein, das fast fertige Haus zu besichtigen. Damals vernimmt man kaum Stimmen, die kritisieren, daß man die Oper nicht wieder so aufgebaut hat, wie sie einmal war. Das beim großen Brand unversehrte Schwind-Foyer zeugt für die frühere Gestaltung, und in den Jahren nach der Eröffnung hat sich die Zahl der Leute vermehrt, die finden, man wäre gut beraten gewesen, hätte man die Oper im alten Stil wiederaufgebaut. Damals aber galt dieser Stil als „überladen", und Architekt Boltenstern wurde allseits gerühmt, weil ihm eine Synthese des Alten mit dem Neuen gelungen sei.

Bevor sich Karl Böhm auf eine große Tournee mit den Philharmonikern begab — die Philharmoniker und der Stephansdom werden hierzulande nicht angegriffen —, brachte er im Redoutensaal eine stürmisch bejubelte Premiere von der „Hochzeit des Figaro" heraus. Als Cherubin debütierte eine Sängerin, die längst in die Wiener Operngeschichte eingegangen ist: Christa Ludwig.

Jahre später habe ich bei einer Live-Sendung erfahren, daß sie sich gar nicht daran erinnert hat, in welcher Oper und in welchem Haus sie zum erstenmal in Wien aufgetreten ist. Und damit kommen wir zu einem höchst seltsamen Phänomen. Der Abfassung dieses Buches sind unzählige Gespräche mit Menschen vorangegangen, die an der Staatsoper engagiert sind oder waren. Da habe ich mit Sängern gesprochen, die — wie Christa Ludwig — nicht mehr gewußt haben, wie ihr Debüt stattgefunden hat. Das Datum der Theaterschließung im Krieg wurde gar manches Mal ebenso falsch angegeben wie das Datum, an dem die Oper wiedereröffnet wurde. Kramt man dann in seinem eigenen Leben, kommt man drauf, daß es einem wahrscheinlich nicht viel besser geht. Die Erinnerung löscht nicht nur unangenehme Erlebnisse.

Natürlich bin ich auch auf Gesprächspartner gestoßen, die diplomatische Gedächtnislücken aufweisen. Das merkt man rasch. Und wer die Statuten des Hauses kennt, wundert sich auch nicht weiter.

Beschäftigt man sich also in der Berichterstattung mehr und mehr mit der bevorstehenden Operneröffnung, so ist seit Monaten das politische Thema Nummer eins, der Österreichische Staatsvertrag, verschwunden. Dieses Thema ist in die Kabaretts gerutscht. Man glaubt nicht mehr daran, also hat man es — was in Wien keineswegs verwundert — völlig verdrängt. Noch im März hat eine Wiener Zeitung in Balkenlettern geschrieben: „Molotow vor dem Rücktritt." Ohne zu wissen, daß Wien bald Bekanntschaft mit ebendiesem Molotow machen wird.

Im April vernimmt man dann, daß eine österreichische Regierungsdelegation nach Moskau eingeladen worden ist. Die Reaktionen der Öffentlichkeit sind eher skeptisch. Enttäuschte Menschen geraten nicht so rasch in Euphorie.

Am 11. April fliegt also die Regierungsdelegation nach Moskau. Mit den Besprechungen im Kreml beginnt eine neue Etappe in Österreichs Geschichte, und der Abzug der Besatzungstruppen war ein Ereignis, das auch für die Staatsoper nicht ohne Bedeutung sein sollte.

DIE STAATSOPER WIRD EXPORTIERT

Das erste Ländermatch der österreichischen Fußballnationalmannschaft nach dem Krieg hat schon im Jahre 1945 in Wien stattgefunden. Unsere Gäste waren die Franzosen. Das erste Auslandsgastspiel der Wiener Staatsoper hat in Frankreich stattgefunden. Und das war beileibe kein Zufall.

Die Franzosen waren kurz nach Kriegsende der Ansicht, daß man Kriegsverbrecher der verdienten Strafe zuführen soll. Sie unterstrichen aber auch, daß es letzten Endes Sache der Österreicher sei, festzustellen, wer ein Nutznießer des Dritten Reiches war, so wie sie sich auch prinzipiell nicht gerne in die Nachforschungen darüber einmischten, ob jemand Parteigenosse war und warum er der NSDAP beigetreten war.

Da der Alliierte Rat Verbote einstimmig aussprechen mußte, haben sie sich bei politischen Affären nicht ausgeschlossen. Aber die französischen Behörden waren der Ansicht, daß solche Verbote erstens nicht sonderlich zielführend sind und zweitens nichts mit den Interessen Frankreichs zu tun haben.

Dazu kommt noch etwas: Die Lage in Frankreich selbst — Kollaborateure, Nazis auf der einen Seite und Widerstandskämpfer auf der anderen — war kompliziert genug. Erst viele Jahre nach dem Krieg ist geschrieben worden, wem damals Unrecht geschehen ist, wer Verbrechen begangen hat, über die nie berichtet worden ist.

Und gar bei den Künstlern! Sacha Guitry ist eingesperrt worden. Pierre Fresnay wurde verboten, wobei ein scharfer Konkurrent auf künstlerischem Gebiet die Hand im Spiel hatte, usw. In diesem Zusammenhang vergißt man oft die Eitelkeit gefeierter Künstler. Guitry zum Beispiel war bestimmt kein Nationalsozialist. Aber es hat ihm geschmeichelt, wenn sich deutsche Generale um ihn gekümmert haben. Ebenso hätte er mit norwegischen oder südafrikanischen Generalen gesellschaftlich verkehrt. Nun war ja damals Krieg zwischen Frankreich und dem Deutschen Reich. Aber für viele war der Krieg mit dem Waffenstillstand zu Ende. Und für andere, die im Krieg mehr verdient haben als vorher (und nachher), war der Übergang in die Zeit der Befreiung des Landes glatt und reibungslos, weil sie nicht wie gefeierte Künstler im Rampenlicht standen. Anderen wieder hat man viel übler mitgespielt als den Stars von Bühne und Leinwand.

Nein, die Franzosen wußten Bescheid, und sie zeigten wenig Lust, in Österreich subtile Formen der Entnazifizierung vorzunehmen. Diese Lust hatten sie bei der Bewältigung ihrer eigenen Nachkriegsprobleme verloren.

Es ist mehr als bezeichnend, daß ein Interview mit dem ehemaligen französischen Beauftragten für Judenfragen, der zum Tod verurteilt worden war und nun vergnügt in Spanien lebt, einen wahren Aufruhr im Land verursacht hatte. Im Jahre 1978. Man hatte sich zuwenig mit diesen Vorkommnissen befaßt, der Nachholbedarf kam fast über Nacht. Hohe und höchste Politiker haben sich eingeschaltet. Wie immer man die französische Haltung beurteilen mag: Letzten Endes ist es verständlich, wenn Frankreich geglaubt hat, die Österreicher wissen besser als sie selbst, wen sie von der Bühne holen sollen.

Sie haben also die Staatsoper eingeladen — weniger als zwei Jahre nach Kriegsende, vielleicht hätten sie das schon früher getan, wären die Reiseprobleme damals leichter zu bewältigen gewesen. Das erste Auftreten hat in Nizza stattgefunden („Don Giovanni"), und es war nicht nur ein echter Erfolg, die Mitglieder der Oper sind auch überall, wo sie hingekommen sind, freundlich aufgenommen worden, sie waren tadellos untergebracht und haben gegessen, was sie schon lange vermißt haben.

Im Herbst 1947 hat man die Oper vier Wochen zugesperrt, und auf ging's nach Großbritannien. Die Philharmoniker haben in Schottland mit Konzerten begonnen, die Oper ist in London aufgetreten. Das war sicherlich eines der bemerkenswertesten Gastspiele, das die Oper je gegeben hat. Erst einmal meldet die „Times" am 17. September 1947, daß am „gestrigen Tag der Kriegszustand mit Österreich aufgehoben wurde". Und das hat einen ganz besonderen Grund: An diesem Tag hat nämlich die erste Vorstellung der Staatsoper stattgefunden. Die Briten sind in solchen Sachen sehr gewissenhaft: Man hatte zwar die Oper eines Landes eingeladen, mit dem man sich noch im Krieg befand, aber der Premierminister kann doch nicht unter diesen Umständen eine Opernvorstellung besuchen!

Ein nichtenglischer Zahnarzt hat mir erzählt, daß am 17. September zwei Männer bei ihm erschienen, die ihm sein Kanu und sein Fahrrad gebracht haben. Ausländern war es im Krieg strikt verboten, Kanus und Fahrräder zu besitzen. Sie mußten, als eine Invasion gedroht hat, beide Sportgeräte abgeben. Der Zahnarzt hatte das längst vergessen und war amüsiert, weil man von ihm eine genaue Prüfung verlangt hat, ob sich Kanu und Fahrrad in tadellosem Zustand befinden.

Was er nur bestätigen konnte. Er hat längst ein Auto gehabt und hat rasch verkauft, was ihm da in die Wohnung gebracht worden ist.

Jedenfalls ist die Staatsoper als Motiv für die Beendigung eines Kriegszustandes in der internationalen Politik etwas höchst Ungewöhnliches. Man könnte sagen, daß es gar keinen Anlaß gibt, der österreichischer wäre.

Die Musikergewerkschaft war schon damals weniger freundlich als das Foreign Office und zeigte sich von dem feierlichen Anlaß keineswegs beeindruckt. Die APA meldete: „Die Vereinigung britischer Musiker beabsichtigt, ihre Bemühungen, ein Auftreten der Philharmoniker bei den Opernübertragungen zu verhindern, weiter fortzusetzen."

In Wiener Zeitungen erschien die Meldung, daß das Staatsopernensemble auf dem Victoria-Bahnhof „von den prominentesten Persönlichkeiten der österreichischen Kolonie festlich empfangen wurde". Außer zwei Herren der Botschaft habe ich zwar niemanden bemerkt, aber vielleicht habe ich jemanden übersehen.

Denn es hat ja bei dieser Ankunft viel zu sehen gegeben: Die Mitglieder der Oper sind in einer Reihe aufgestellt und dann abgezählt worden, und der Redakteur der Nachrichtenagentur Reuter ist aus dem Staunen nicht herausgekommen und hat mich gefragt, ob das bei der Wiener Oper immer so zugeht. Ich konnte ihm mit gutem Gewissen versichern, daß es sich dabei um einen vorübergehenden Zustand handelt.

Die Sänger wurden in drei schlechten Hotels untergebracht und haben einen Teil des Tages damit verbracht, ihre Koffer in einem der anderen Hotels zu suchen. Man hatte auch die Koffer — ohne Rücksicht auf ihre Besitzer — abgezählt und dann vom Bahnhof abtransportiert. Österreichs ehemaliger Außenminister Dr. Tončić hat mir erzählt, wie man ihn in London als Generalsekretär des Europarates empfangen hat: Auf dem Flughafen wurde er über einen „Roten Teppich" in einen VIP-Raum geführt, dort hat man kurz auf sein Wohl angestoßen, dann hat ein Mann seinen Koffer genommen und diesen zu dem Autobus getragen, der die Fluggäste in den Air Terminal führt. Da hat Tončić gewußt, was die Engländer vom Europarat halten.

Der Wiener Staatsoper hat man am Londoner Bahnhof gezeigt, was man von einer Stadt hält, die von vier Mächten besetzt ist. Aber vielleicht hätte sich die Botschaft um einen besseren Empfang kümmern können.

Man war ja gewarnt: Österreichs Außenminister Gruber war auch nur von zwei subalternen Beamten des Foreign Office empfangen worden, als er zu Staatsvertragsverhandlungen nach London gekommen war. Es ist ganz nützlich, sich an solche Vorkommnisse zu erinnern: Das Prestige der Staatsoper war damals mindestens so groß wie heute. Aber das Prestige Österreichs ist inzwischen wesentlich gestiegen. Dazu kommt, daß bei der Ankunft der Oper der Kriegszustand noch nicht aufgehoben war, was vielleicht etliche Schwierigkeiten beim Protokoll des Außenamtes zur Folge hatte.

Einer Aufführung hat man mit großer Erwartung, aber auch mit Hangen und Bangen entgegengesehen: der „Salome". Denn der Komponist war selbst nach London gekommen.

Richard Strauss war einige Jahre Präsident der Reichsmusikkammer gewesen. Er war während des Krieges als führender deutscher Komponist in Deutschland geblieben. Aber auch der Dirigent, Clemens Krauss, war nicht immer ganz frei von nationalsozialistischen Sympathien gewesen.

Alle Sorge war unbegründet. Als Richard Strauss seine Loge betrat, erhob sich das Publikum wie ein Mann von seinen Plätzen. Selten in meinem Leben hat mich die Geste eines Opernpublikums mehr beeindruckt. Man hat einem musikalischen Genie seine Reverenz erwiesen. Was man von seiner politischen Haltung dachte, stand nicht zur Debatte.

Nicht überall ist Strauss so behandelt worden wie in London. Und noch heute suchen eifrige Musikforscher mit dem Mikroskop in seinem Leben. Vielleicht könnte man sich an Bruno Walter halten, dem niemand Sympathien für das Dritte Reich nachsagen kann. Er hat sogar während des Krieges Musik von Strauss dirigiert und einmal gesagt: „Ich werde dem Mann nie mehr die Hand geben. Aber seine Musik bleibt liebenswert." Und seine Musik hat ihn auch überlebt.

Bei dieser „Salome" hat das Londoner Opernpublikum Bekanntschaft mit einer phänomenalen Sängerin gemacht: mit Ljuba Welitsch.

Im Krieg hat Matacic eine Neuinszenierung von „Salome" im Opernhaus der Stadt Wien herausgebracht. Das war der Name für die Volksoper. Der Komponist war bei jeder Probe und hat der Welitsch mit seinen Ratschlägen Sicherheit gegeben. Ihr Erfolg war triumphal. Im Februar 1946 ist Ljuba Welitsch von der Bayrischen Staatsoper

Max Lorenz
(oben links)

Wolfgang Schneiderhan
(oben rechts)

Irmgard Seefried
(unten)

Direktor Salmhofer begibt sich auf Tournee: mit Sena Jurinac, Hilde Konetzni, Elisabeth Schwarzkopf und Erich Kunz

a Welitsch als „Salome“

Clemens Krauss
(oben links)

Richard Strauss
(oben rechts)

Die englische Königin
unterhält sich mit
Erich Kunz (rechts)

nach Wien zurückgekehrt, wo sie ja studiert hatte. Ihr Anfangsgehalt hat 500 Schilling betragen. 150 Schilling hat sie für Steuern und soziale Abgaben verloren. „Aber lang ist das nicht gegangen. Sie haben meine Gage schon erhöhen müssen. Ob sie wollten oder nicht." Schon kurze Zeit nach dem Gastspiel der Staatsoper hat Ljuba Welitsch allein in London gastiert, als Chrysothemis in „Elektra" von Richard Strauss. Der beste Beweis dafür, wie sehr sie das Opernpublikum und die Leiter der Oper beeindruckt hat.

Nicht alle Voraussetzungen für den Erfolg dieser „Salome" waren günstig. Hans Hotter ist in London erkrankt. Man hat Marko Rothmüller einfliegen müssen. Aber die Welitsch, Krauss und das Orchester haben für einen Erfolg gebürgt. Und die Anwesenheit des Komponisten ist vom Publikum als ein Ereignis gewertet worden, das dazu beigetragen hat, daß die „Salome" der entscheidendste Erfolg des Londoner Gastspiels gewesen ist.

Eine Meldung, die damals aus London in die Wiener Redaktionen geflattert ist, kann nicht übersehen werden. Der „Wiener Kurier" meldet am 29. September: „Ministerialrat Dr. Hilbert ist es gelungen, die gegenwärtig in London weilende berühmte Sopranistin Erna Berger für die Staatsoper zu verpflichten." Hilbert hatte den Operndirektor Salmhofer an die Wand gespielt. Sein Charakter hat sich nicht geändert, als er es später mit anderen Partnern zu tun hatte. Bei seiner Verpflichtung in die Direktion der Wiener Staatsoper wäre das zu bedenken gewesen.

Die Engländer, in kontinentalen Belangen nie besonders beschlagen, haben damals so gut wie nichts von Österreich gewußt. Paul Schöffler gab einer Londoner Tageszeitung ein Interview, in dem er erzählte, daß er sich wegen seiner englischen Frau aus dem Nazideutschland nach Wien abgesetzt hatte. Dort wirkte er bis zur Schließung der Oper, dann wurde er zum Volkssturm eingezogen und war in einem Wald an der ungarischen Grenze stationiert, als die Sowjets in Österreich einfielen. Schöffler hißte beim Anblick der ersten Rotarmisten ein weißes Taschentuch, die Russen blieben verdutzt stehen, und plötzlich rief einer strahlend: „Artista." Paul Schöffler war erkannt worden. Man konnte nicht überprüfen, wieviel bei dieser Geschichte von Schöffler stammt und wieviel der Reporter erfunden hatte. Der Umstand, daß man es riskieren konnte, diese haarsträubende Geschichte englischen Zeitungslesern vorzusetzen, spricht für sich.

Es ist unmöglich, auf alle Gastspiele der Staatsoper einzugehen. Allein in der Saison 1948/49 gab sie: vier Vorstellungen in Mailand, sieben in Florenz, drei in Rom, sieben in Paris, drei in Amsterdam, zwei in Den Haag und zwei in Wiener Neustadt, berichtet die Presse.

Und während dieser Zeit mußte man in Wien auf die meisten Spitzenkräfte verzichten. Es ist verständlich, daß Sänger und Musiker wieder reisen wollten, daß Dirigenten lieber mit dem Staatsopernorchester unterwegs waren, als irgendein anderes Orchester zu dirigieren. Aus Einsparungsgründen hat das Orchester die Sänger nicht immer begleiten können. Jedenfalls scheint es, als hätte man damals des Guten etwas zuviel getan.

Auffallend ist, daß von manchen Gastspielen dieser Zeit in den Wiener Zeitungen kaum Notiz genommen worden ist. Da ist die Staatsoper im März mit „Entführung aus dem Serail“ und der „Hochzeit des Figaro“ in Paris gewesen. Böhm und Krips haben dirigiert, und das Gastspiel ist ein beachtlicher Erfolg gewesen. In einer Wiener Zeitung hat man nur ein Bild von Krips mit ein paar Sängern gefunden, das ebenso aus Wien stammen konnte. Was vielleicht auch der Fall gewesen ist. Erst am 27. Dezember ist man in diesem Blatt in einem Rückblick auf die Pariser Theatersaison näher auf das Gastspiel eingegangen. Vielleicht wollte man die Wiener nicht darauf aufmerksam machen, daß die Staatsoper wieder im Ausland ist. Vielleicht aber war es nur einer der vielen Organisationsfehler, auf die man fast überall bei diesen Auslandsreisen gestoßen ist und deren Wurzeln nicht immer bei der Operndirektion zu suchen waren.

Da hat Hilbert in der österreichischen Botschaft in Paris eine Pressekonferenz gegeben, zu der kein einziger Franzose erschienen ist. Beleidigt hat Hilbert an seinem ursprünglichen Plan festgehalten: Jeder seiner Sätze mußte ins Französische übersetzt werden. Das Deprimierende dieses Auftritts hat seine unfreiwillige Komik überdeckt.

Bei der Weltausstellung in Brüssel hatte man Erich Kunz und seine Frau in einem Stundenhotel untergebracht. Vor Beginn der „Figaro“-Probe ist Kunz vor den Vorhang getreten und hat dem erstaunten Dirigenten und Operndirektor Karajan erklärt, daß er abreise, wenn er nicht sofort in einem anderen Hotel untergebracht werde.

Karajan wollte die Angelegenheit nach der Probe erledigen, aber darauf hat sich sein Figaro nicht eingelassen. Seiner Demarche war Erfolg beschieden. — Die Musiker haben damals in einem Hotel logiert, das noch nicht fertiggestellt war. Ein Konzertmeister über diesen Brüsseler Aufenthalt: „Es war so kalt, daß manche von uns im Mantel geschlafen haben.“

Nun ist das Talent, zu planen und zu organisieren, nicht die hervorstechendste österreichische Charaktereigenschaft. Aber bei offiziellen Gastspielen sollte es eine gewisse Grenze für Fehlplanungen geben. Besonders unmusische Ausländer — und deren gibt es viele — beurteilen ein Operninstitut nicht nur nach den musikalischen Darbietungen. Bei solchen Anlässen verläßt man sich nur allzugern auf Menschen, die nichts oder nur wenig mit der Staatsoper zu tun haben, die sich aber in der betreffenden Stadt „auskennen".

Karajan wollte in Brüssel kein Johann-Strauß-Konzert leiten. Durch hohe und höchste Interventionen hat man ihn dazu gezwungen. Das Konzert, das auch von der Eurovision übertragen wurde, hat vierzig Minuten gedauert, und der Radetzky-Marsch hat wie ein Parademarsch der Bersaglieri geklungen. Über das anschließende Diner hat mir Karl Böhm erzählt: „Der Figl hat mir gesagt: ‚Mir scheint, heut hat er uns pflanzt, der Karajan.' Und wenn's der Figl einmal merkt, dann ist's ernst."

Böhm hat in Brüssel mit einem Werk triumphiert, dessen Komponist ihm besonders nahegestanden war: mit der „Salome". Noch in seinem künstlerischen Vermächtnis, das Richard Strauss dem Dirigenten geschickt hat, spürt man die enge Bindung von Strauss an Wien und seine Oper. Anläßlich seines 85. Geburtstages ist Strauss zwar zum Ehrenmitglied der Wiener Staatsoper ernannt worden, aber man hat sich in den ersten Jahren nach dem Krieg in Wien doch ziemlich schwergetan mit ihm.

In seinem Geburtstagsartikel schreibt Max Graf:

„Er gehörte, wenn man von dem Augenblick absieht, wo er sich dem verbrecherischesten Nationalismus zur Verfügung stellte, zu den großen Europäern der neuen Zeit, für die — wie für Heine, Nietzsche, Romain Rolland, Zola, Hofmannsthal — Europa eine geistige Einheit war." Man spürt die Unsicherheit des Verfassers.

Es ist ja auch keineswegs so, daß die Machthaber des Dritten Reiches besonders freundschaftliche Gefühle für Strauss empfunden haben.

Goebbels hat ihn einmal „einen dekadenten Narkotiker" genannt, „den wir leider brauchen". — Und nach dem Krieg hat man ihm vor allem im Ausland vorgeworfen, daß er nicht emigriert ist. Hätte Hitler das außenpolitische Kapitel von „Mein Kampf" gelesen, in dem er den Hohenzollern vorwirft, gleichzeitig mit West und Ost Krieg geführt zu haben, dann hätte er sich mit der Sowjetunion verbündet und den Krieg gewonnen. Worauf ein Emigrant namens Richard Strauss in seiner Heimat verboten worden wäre. Nach dem Einfall deutscher Truppen in die Sowjetunion aber war es für eine moralische Emigration etwas zu spät. Nur konnte man damals solche ketzerische Gedanken gar nicht äußern. Vielleicht kann man das nicht einmal heute.

So wird es immer ein Für und Wider geben, ob ein Komponist politisch denken soll, ob ihm seine Heimat wichtiger sein soll als die Verbrechen des regierenden Regimes, ob er Privilegien eben dieses Regimes annehmen oder gar verlangen kann.

Auch darf man sich's nicht leichtmachen und sagen: Strauss hat's gut, seine Musik hat ihn überlebt. Denn er hat in seinen letzten Lebensjahren sehr unter den Vorwürfen gelitten, die man gegen ihn erhoben hat.

Bei einer Weltausstellung soll man präsent sein, heißt es. Wenn man also mit Werken von Mozart, Richard Strauss und Johann Strauß anrücken kann, wenn man die beiden führenden Dirigenten der Zeit, Böhm und Karajan, mitbringen kann und ein erstklassiges Sängerensemble für das Gastspiel zur Verfügung hat, ist die Reise nach Brüssel legitim, obwohl man nirgends so leicht unbemerkt bleiben kann wie bei einer Weltausstellung.

Nicht nur Klassiker, sagen manche bei solchen Anlässen. Das Gegenargument: Wer spielt schon Mozart so gut wie die Wiener, wenn diese in erster Besetzung auftauchen? Moderne Werke hingegen können an anderen Opernhäusern ebensogut herausgebracht werden.

Als Vergleich kann der sowjetische Pavillon in Brüssel gelten. Dort hatte man eine Fülle von Maschinen unter einem Bild von Lenin zur Schau gestellt. Die einzelnen Delegationen sind vor der Eröffnung der Ausstellung durch jeden Pavillon geführt worden. „Autriche" war natürlich eines der ersten Länder, das einer solchen Führung teilhaftig geworden ist. Quizmaster Rudolf Hornegg hat der österreichischen Delegation angehört und sich bei der deutschsprechenden Führerin angelegentlich erkundigt, wer denn der Herr auf dem großen Bild sei, das über den Maschinen thront.

„Lenin."

„Ein Konstrukteur?"

„Sie wissen doch, wer Lenin ist?"

„Ich habe den Namen noch nie gehört."

Als tags darauf dic Belgier drankamen, hat eines ihrer Mitglieder nach der Führung durch die Ausstellung berichtet: „Bei den Russen war's unerträglich. Eine Frau hat uns eine halbe Stunde erklärt, wer Lenin war."

Wahrscheinlich hat sich's nach und nach herumgesprochen, wie man Auslandsgastspiele vorbereiten kann. Ganz sicher ist das nicht. Anläßlich einer Dienstreise bin ich kurz vor dem Beginn eines Burgtheater-Gastspiels nach Paris gekommen. Dort hat man im Österreichischen Kulturinstitut ein Galadiner für 30 Personen veranstaltet, und ein Straßburger Universitätsprofessor hat einen langen Vortrag über Grillparzer gehalten, bei dem er bewiesen hat, daß er mindestens soviel über den österreichischen Dichter wußte, wie die anwesenden Gäste.

Ein kleiner Fernsehfilm, den die Franzosen kostenlos vom Österreichischen Fernsehen bekommen hätten, wäre von ein paar Millionen Menschen gesehen worden. Und das Kulturinstitut hätte deshalb ja nicht auf das kostbare Diner verzichten müssen.

Bei einer anderen Weltausstellung, in Montreal, war die Organisation bestimmt nicht besser als in Brüssel. Nach der Rückkehr aus Kanada hat Erich Kunz als Zirkusdirektor in der „Verkauften Braut" extemporiert: „Wir kommen an in Kanada ... und leider war kana da." Der stürmische Applaus, der diesen Sätzen folgte, zeugt dafür, daß das Opernpublikum im Bilde war. Ein Flug nach Kanada ist ziemlich anstrengend, und im Hotel hat sich dann herausgestellt, daß die Zimmer für die Staatsopernmitglieder noch nicht frei waren. Die Russen waren nicht rechtzeitig abgereist. Nach einer schier endlosen Wartezeit in einer überfüllten Hotelhalle konnte man die unaufgeräumten Zimmer beziehen, die laut Erich Kunz in einem Zustand waren, den sich auch weitgereiste Leute kaum vorstellen können.

Dabei hat man in Kanada schon vor Beginn der Weltausstellung etwas für Österreich getan. Die Verwaltung der kanadischen Strafanstalten ist an die österreichische Botschaft herangetreten und hat für studienwillige Sträflinge Filmmaterial über die Alpenrepublik beantragt. Presseberichten zufolge hat die Botschaft wöchentlich fünf Filme für die Gefängnisse vorbereitet.

Da kein Dementi des Außenministeriums erfolgt ist, wird das schon stimmen. Und die Verwaltung der Gefängnisse hat sich dann schriftlich bedankt und betont, daß die Strafgefangenen von der „hervorragenden Qualität der Filme spürbar beeindruckt waren". Allerdings konnte nicht verfolgt werden, ob die Gefangenen nach ihrer Entlassung die Reise nach Österreich angetreten haben.

Auch für jene Kanadier, die sich damals auf freiem Fuß befunden haben, ist einiges geschehen. Im österreichischen Pavillon hat man Quizspiele veranstaltet, bei denen beachtliche Warenpreise zu gewinnen waren. Eine der Fragen lautete (es hat immer nur drei Fragen gegeben): „Auf welchem Kontinent liegt Österreich?" Dem Vernehmen nach haben sich 80 Prozent der Besucher an diesen Spielen beteiligt, und 98 Prozent haben die Frage richtig beantwortet. Na also. — Waren die 16 Millionen, die diese Reise gekostet hat, gut investiert?

Kann man also bei einer Weltausstellung sagen: Österreich darf nicht fehlen und soll das Beste hinschicken, das es vorweisen kann, sind andere Gastspiele noch problematischer. Das beginnt damit, daß in den westlichen Millionenstädten Oper nur für einen ganz kleinen Kreis von Menschen wichtig ist, daß sich also die Öffentlichkeit einer solchen Metropole kaum oder nur wenig für ein Operngastspiel interessiert und daß man lieber die Massenmedien benützen sollte als die Fluglinien. Wenn es kein Austausch ist, leidet das Publikum in Wien unter einer solchen Reise, und der Aufwand steht in keinerlei Verhältnis zur Wirkung. Man könnte das für Reisen verwendete Geld als Anfangskapital zur Errichtung österreichischer Musikschulen im Ausland verwenden und damit eine weitaus größere und auch dauerhafte Wirkung erzielen.

Immer wieder haben mich Künstler, Journalisten und Diplomaten bei meinen Reisen darauf verwiesen. Aber solche Wünsche stoßen in Wien auf taube Ohren.

Ein Funktionär der Wiener Philharmoniker hat mir auf die Frage, weshalb es denn keine Frauen in seinem Orchester gibt, geantwortet: „Weil das bei uns nie anders gewesen ist.“ Wahrscheinlich hat man auch deshalb keine Musikschulen errichtet. Wozu kommt, daß die österreichischen Kulturpolitiker höchst selten über eine merkbare musische Veranlagung verfügt haben.

Bedient man sich der Medien, sollte man sich auch darum kümmern, wie es um den Export der Oper bestellt ist. Die Live-Übertragung von „Fidelio“ unter Bernstein zum Beispiel ist in Frankreich an einem sommerlichen Feiertag um 15 Uhr ausgestrahlt worden. Wodurch die Sendung ihrer Wirkung beraubt worden ist. Wer hat das schon in Wien wahrgenommen?

Die Opernpreise sind auch nicht sonderlich gastfreundlich. Ein finnischer Theaterdirektor hat mir erzählt, daß er eine Urlaubsreise nach Wien und Paris unternommen hat. Auf Paris hat er sich wegen der Sprechstücke, auf Wien wegen der Oper gefreut. Bei seinen Opernbesuchen hat er so viel Geld ausgegeben, daß er nur deshalb nach Paris weiterreisen konnte, weil ihm ein Cousin in der Seinemetropole seinen ganzen Aufenthalt bezahlt hat. Zum Glück hatte er das Rückreisebillett schon in der Tasche.

In den Oststaaten ist alles anders. Kommt eine renommierte ausländische Truppe hinter den Eisernen Vorhang, ist man sich trotz fehlender Berichterstattung in den Medien eines enormen Interesses gewiß.

Und damit kommen wir zu dem unglückseligsten Gastspiel der Wiener Staatsoper. Es hat im Jahre 1971 in Moskau stattgefunden, Direktor Reif-Gintl war sichtlich überfordert. So wollte er zum Beispiel mit dem „Wozzek“ in die Hauptstadt der Sowjetunion. Die Russen hätten gern statt dessen den „Rosenkavalier“ gehört, und er hat — leider — nachgegeben.

Wer kann sich „Boris Godunow“ in der Stadthalle vorstellen?

Dabei wäre eine solche Vorstellung noch ein Genuß gegenüber einem „Rosenkavalier“, der in einem monumentalen Kulturpalast aufgeführt worden ist. Für die Sänger hat man Mikrophone auf die Bühne gestellt. Sänger vom Format einer Christa Ludwig, einer Rysanek, eines Walter Berry wurden sinnlosen und deprimierenden Strapazen ausgesetzt.

Der Moskauer „Figaro“ ist nach Aussagen mehrerer Moskauer Musikliebhaber wesentlich interessanter gewesen als der „Original“-Figaro, der aus Wien gekommen war. Zahlreichen Interventionen reiselustiger Sänger war Reif-Gintl nicht gewachsen, und Karl Böhm hat sich geweigert, diese Vorstellungen zu dirigieren.

Böhm ist es auch zu verdanken, wenn die Oper mit einem blauen Auge davongekommen ist. Er hat die erste „Tristan“-Vorstellung und die „Neunte“ von Beethoven dirigiert. „Tristan und Isolde“ hatten die Moskauer noch nicht auf der Bühne erlebt, eineinhalb Stunden vor Beginn der Vorstellung hatten sich ein paar hundert meist junge Leute vor dem Theater versammelt. Sie haben dann das Theater gestürmt, einige konnten vom Orchester, den Sängern und unserem Fernsehteam untergebracht werden. Wir hatten eine junge Musikenthusiastin in der Fernsehloge verstaut. Nach dem ersten Akt hat sie sich mit strahlenden Augen zu mir gewendet und sagte: „Ist das schön!“

Dieses Publikum sollte man nicht enttäuschen. Damals haben innerhalb von vier Tagen Richter, Menuhin und Gillels in Moskau gastiert; die Stadt hat ein fabelhaftes Musik- und Ballettpublikum.

Im Gegensatz zur Reisefreudigkeit der Sänger war das Interesse der Musiker für diese Exkursion einigermaßen gedämpft. Bei einer kurzen Verständigungsprobe hat Böhm sofort mehrere Musiker herausgehört, die „Tristan“ noch nie gespielt haben. Einer dieser jungen Männer hat mir erzählt, daß sie sich verzweifelt gewehrt haben. Vergebens. Weil die in Frage kommenden Herren kein Interesse für einen Flug nach Moskau hatten. Das Orchester hat auch den Verdruß des Dirigenten bemerkt. Bei seiner Abreise waren Chor und Orchester in der Hotelhalle und haben ihn mit einer „spontanen“ Ovation wieder versöhnt.

Etwas sollte man nicht vergessen: Ein Monsterunternehmen dieser

Art bringt für viele Mitglieder des Hauses unvorstellbare Strapazen mit sich. Das technische Personal hat die längste Zeit nur die Theater und das Hotel gesehen. In der Nacht mußte abgebaut werden. Es sind Arbeitszeiten herausgekommen, bei denen die Gesetzgeber eine Gänsehaut bekommen hätten. Die meisten Mitglieder der Oper haben erst nach den Vorstellungen im Hotel essen können. Falls noch genügend Portionen vorhanden waren. Dazu hat man ihnen lauwarme Getränke serviert. Und wahrscheinlich nimmt man all diese Mühsal leichter auf sich, wenn man genau weiß, wofür man das tut.

Absolviert man einen Höflichkeitsbesuch? Sehr teuer und ungeheuer anstrengend. Oder ist man der Ansicht, daß man dabei die musikalische Visitenkarte eines Landes abgeben will, das einen großen Ruf zu verlieren hat? In Moskau hat ein solches Unternehmen ganz andere Gewichte als zum Beispiel in Paris, wo sich jeder Musikfreund ohnedies über die Wiener Oper informiert. So wollten zum Beispiel die russischen Journalisten von uns wissen, weshalb so viele „ausländische" Sänger bei den Vorstellungen eingesetzt waren. Das heißt, daß nicht einmal die Kulturredakteure viel über die Staatsoper gewußt haben.

Sieben Musiklehrer sind aus der DDR angereist. Österreich hatte damals keine diplomatischen Beziehungen zu diesem Land. Aber in die Sowjetunion konnten sie reisen. Natürlich ohne zu Karten gekommen zu sein. Die haben ihnen dann unsere Sänger verschafft. Junge Moskauer haben den Sängern und Dirigenten Blumen aufs Zimmer gebracht. Wie sie dahin vorgedrungen sind, ist nicht so leicht zu beantworten. Wahrscheinlich haben sie Bestechungsgeld flüssiggemacht. Moskau ist eine Stadt, in der man eine Bühne umgebaut hat, damit Felsenstein die „Carmen" inszeniert. Hier wurde eine große Chance vertan: durch Sorglosigkeit und Unkenntnis der Gegebenheiten.

Man sollte sich also überlegen, wo man gastiert. Der Möglichkeiten sind viele. Einmal sind die Philharmoniker über den Nordpol nach Japan geflogen. In Bodö, nördlich des Polarkreises, hat's eine Zwischenlandung gegeben. Und auf dem kleinen Flugplatz hat ein Quartett des Orchesters ein kurzes Konzert veranstaltet. Journalisten aus ganz Nordnorwegen waren gekommen, der norwegische Rundfunk hat eine Reportage mit dem Flughafenkonzert gesendet. Und für diese Menschen im hohen Norden hat der Aufenthalt des Orchesters ein Erlebnis bedeutet, an das sie sich noch nach Jahren erinnert haben, wie ich bei späteren Besuchen in diesem Teil Norwegens feststellen konnte. Daß sich diese Begegnung in einer Stadt ereignet hat, die im Krieg zerstört worden ist, vertieft ihre Bedeutung.

Es gibt einen ganz bestimmten Grund, weshalb auf diese Begegnung im hohen Norden hinzuweisen ist. Die skandinavische Fluggesellschaft — die auch sieben österreichische Journalisten mitgenommen hat — war für die Organisation verantwortlich. Sie hat unsere norwegischen Kollegen nach Bodö geflogen, und sie hat genau gewußt, weshalb sie Menschen, die drei Monate im Jahr in völliger Finsternis und großer Einsamkeit hausen, zu den Philharmonikern geführt hat. Bei einem Galakonzert in Oslo hätte sie das kaum getan. Das wäre auch ohne nachhaltige Wirkung geblieben.

Bei den Auftritten in einem Massenmedium haben die Philharmoniker das große Los gezogen. An jedem Neujahrstag gastieren sie in Millionen von Haushalten. In Ost und West. Erst einmal ist der Sendetermin ideal. Die Leute, müde vom Feiern, bleiben meist zu Hause. Auch musikalische Menschen plädieren an einem solchen Zeitpunkt eher für Johann Strauß als für Johann Sebastian Bach. Dazu kommt, daß die Leute Johann Strauß kennen und man ihn in den meisten Ländern nicht annähernd so gut spielen kann wie in Wien. In Frankreich habe ich an Offenbach denken müssen, wenn ich Strauß gehört habe. Und Anton Paulik hat mir in London gesagt: „Ich habe immer das Gefühl, die Musiker spielen Lehár, wenn ich mit ihnen eine Strauß-Operette probe."

Natürlich birgt die enorme Popularität dieser Sendung auch Gefahren in sich. Im allgemeinen geben die Philharmoniker nicht allzugern Strauß-Konzerte im Ausland, weil sie nicht als Walzerorchester gelten wollen. Aber die Schallplatte, der Rundfunk und das Fernsehen haben dieses Risiko eingedämmt, weil man sie ja bei ihrer Darbietung der „seriösen" Musik bewundern kann.

Im Jahre 1950 hat Franz Stoss, Direktor des Wiener Bürgertheaters, in einem Zeitungsartikel Kritik an der Kritik geübt und einen Journalisten zitiert, für den Johann und Josef Strauß „schale Limonade waren, die uns nichts mehr bedeutet". Äußerungen dieser Art wird kaum jemand ernst nehmen. Trotzdem wird die Musik der Strauß-Dynastie in ihrer Bedeutung immer noch unterschätzt. Und bei der Aufführung von Strauß-Operetten hat man in den letzten Jahren auch in Wien gewisse Schwierigkeiten gehabt.

Am Beispiel des Neujahrskonzertes sieht man, daß ein glücklicher Auftritt in einem Massenmedium, für den auch andere Länder Interesse zeigen, wirksamer sein kann als ein Dutzend Gastspiele. Dazu kommt, daß ein kleines Land eine Stunde lang in ganz Europa präsent ist. Die Dauer dieser Übertragung ist nicht ohne Bedeutung. Monstersendungen werden wohl nur von Musikfreunden konsumiert, deren Zahl von Musikern gelegentlich überschätzt wird.

Wenigstens an einem Tag im Jahr wird die Bedeutung des Österreichischen Fernsehens für östliche Nachbarländer im Lande selbst nicht unterbewertet. Wenigstens an einem Tag im Jahr genießen auch unmusikalische Österreicher die Philharmoniker.

Greifen wir willkürlich eine der zahlreichen Gastspielreisen der Staatsoper heraus: Im März 1951 hat man Paris und Brüssel besucht. In Paris ist zweimal „Fidelio“ und einmal „Figaro“ präsentiert worden. Dazu kamen zwei philharmonische Konzerte. Dirigiert haben: Karl Böhm und Clemens Krauss. Hilbert hatte inzwischen erkannt, daß man bei solchen Tourneen das Echo der heimischen Presse nicht außer acht lassen soll und hat etliche Siegesmeldungen nach Österreichs Hauptstadt abgeschickt. Ich habe die Vorstellungen miterlebt und durchaus den Eindruck gehabt, daß sie erfolgreich verlaufen sind.

Wesentlich war, was die beiden einflußreichsten Blätter von Paris darüber geschrieben haben. Der „Figaro“ bemängelt erst einmal, daß die Aufführung von „Fidelio“ in deutscher Sprache erfolgt. Dann findet der Rezensent, daß gerade diese Oper die Erinnerung an die jüngste Vergangenheit wachrufe, was durchaus nicht erfreulich ist. „Le Monde“ hat den ersten Akt schrecklich gefunden und meint, daß die Aufführung durch die III. Leonoren-Ouvertüre einigermaßen rehabilitiert worden sei.

Nun kann man den Erfolg eines Gastspiels nicht programmieren. Man sollte nur überlegen, wohin man fährt. Sicher war die Pariser Oper damals in einem jämmerlichen Zustand. Nur hat die Oper im Leben dieser Stadt ja nie eine besondere Rolle gespielt. Immerhin: man könnte glauben, daß gerade in einer solchen Stadt ein Wiener Gastspiel durchaus zu vertreten ist. Aber aus den kümmerlichen Argumenten der beiden Kritiker spricht damals etwas anderes: Die Staatsoper ist in einem Zeitraum von vier Jahren dreimal nach Frankreich gekommen. Und das ist ganz einfach zuviel. Gleich nach dem Krieg war das Erscheinen der Staatsoper nicht nur eine künstlerische Darbietung eines berühmten Institutes ... es war eine unübersehbare politische Geste. Das hat nicht nur das französische Publikum, das haben auch die Journalisten begriffen. Gesamtgastspiele dieser Art sind nicht nur dem Geltungsdrang Hilberts entgegengekommen, die Mitglieder der Oper sind damals wie heute gern nach Paris gereist. Der Nutzen des eben erwähnten Gastspiels hingegen ist mehr als zweifelhaft gewesen.

In Brüssel und ein paar Monate später in Wiesbaden (mit der „Zauberflöte") ist's dann besser gegangen. Immerhin war die Oper in Paris erfolgreicher als Außenminister Gruber, der wieder einmal hinter dem Staatsvertrag hergejagt ist (wobei der Minister schuldlos war, was man vom Leiter der Bundestheaterverwaltung keineswegs behaupten kann).

Inzwischen wird man es sich auch schon abgewöhnt haben, in Wien bedeutungsvoll zu melden, daß die „Gattin des französischen Staatspräsidenten der Eröffnungsvorstellung beigewohnt hat". Weil sich der mißtrauische Leser in solchen Fällen fragt, weshalb der Präsident nicht selbst erschienen ist. Dabei hätte Auriol damals etwas Ablenkung sicher gutgetan. Denn die Vierte Republik befand sich wieder einmal in einer Regierungskrise.

In Wien muß man damals Gastspiele mit völlig anderen Augen betrachtet haben als heute. Und das bezieht sich nicht nur auf die Operndirektion. Im April 1952 schreibt die „Weltpresse" gerührt: „Die Wiener Staatsoper hat seit dem Schweizer Gastspiel im Dezember keine Auslandsreise unternommen." Also ist es höchste Zeit, man packt die Koffer und begibt sich ... nach Paris, Brüssel und Wiesbaden. Immerhin hat man dazugelernt. Diesmal präsentiert man einen Mozart-Zyklus — „Entführung aus dem Serail", „Die Hochzeit des Figaro", „Die Zauberflöte", „Cosi fan tutte" und „Don Giovanni" und Alban Bergs „Wozzek", mit dem das Pariser Opernpublikum zum erstenmal konfrontiert wird.

Und wohin reist man im Jahre 1953? Man gastiert in Wiesbaden, Brüssel und Paris. Eine einfallslosere Planung kann man sich kaum mehr vorstellen. Hilbert ist von Wiesbaden entzückt und nennt die Stadt „Die Maiheimat der Wiener Staatsoper". Inzwischen spielt man in Wien „Aida", „Fidelio", „Carmen", den „Fliegenden Holländer"..., also große Opern. Was die eigentliche Heimat der Wiener Staatsoper zu all dem gesagt haben mag? Die Tournee dauert wieder drei Wochen, und man wird zum erstenmal seit 25 Jahren in die Pariser Oper geladen, bringt eine Erstaufführung der „Liebe der Danae" von Richard Strauss, spielt andere Opern von Strauss und Werke von Mozart. Es dirigieren die beiden seriösen Anwärter auf den Posten des nächsten Operndirektors: Karl Böhm und Clemens Krauss. Also ist man wirklich mit der ersten Garnitur auf Reisen gegangen. Und man hat auch einige österreichische Kritiker eingeladen. Was der Minister später gegen Hilbert ins Treffen führen wird. Dabei hat Hilbert völlig recht gehabt, wenn er sich für eine Berichterstattung in der Heimat interessiert hat, die sich nicht auf Auszüge ausländischer Kritiken stützt. Und wenn das Interesse der Chefredaktionen zu gering ist, hilft er eben ein wenig nach. Der Minister hat darin wohl so etwas wie einen Bestechungsversuch gesehen, was den Rezensenten gegenüber einigermaßen beleidigend ist.

Wie dem auch sei: Die Oper hat in den Wiener Zeitungen „eine gute Presse“ bekommen. Aber die Euphorie hat nicht lange angehalten. Im Juni schreibt das „Neue Österreich“ über eine Vorstellung von „Cosi fan tutte“: „So wäre die Aufführung eine reine Freude, wären nicht nur die so unmozartischen, freudlosen Bühnenbilder, die aus der Not der ersten Nachkriegszeit eine pretentiöse Tugend machen, und die Regie . . ., zu beiden werden wir mit Marzelline sagen: Jetzt, morgen und immer . . . nein, nein!“

Wie eine Inszenierung, die für Wien nicht ausreicht, in drei Ländern gut genug sein soll, bleibt das Geheimnis des Kritikers. Er wird das Niveau in diesen Ländern nicht sehr hoch eingeschätzt haben. Sollte er die Tournee als Entwicklungshilfe betrachtet haben? Hoffentlich war die Direktion nicht von ähnlichen Gedanken erfüllt.

Insgeheim hofft man, daß irgend jemandem dieser stereotype Frühlingsfahrplan endlich einmal auf die Nerven geht. Und im Jahre 1954 ist es dann soweit: Die Oper gastiert nur in Brüssel und Wiesbaden, „da ein Pariser Gastspiel nicht zustande gekommen ist“. Durch den Ausfall von Paris müßte es damals den Mitgliedern der Staatsoper zum Bewußtsein gekommen sein, wie grotesk diese Frühlingsplanung ist. Und ein Jahr später hatte man doch andere Sorgen: Man stand vor der Wiedereröffnung des Hauses am Ring.

Kaum waren die Salzburger Festspiele zu Ende, begab sich ein Ensemble der Staatsoper nach London. Der neue Direktor stand am Pult, die englischen Reaktionen waren höchst erfreulich, aber zu Hause hat man nun diese Exkursionen mit anderen Augen betrachtet. Was vorauszusehen war. Auf einmal liest man: „Erfolg in London bringt Fiasko in Wien. Keine Kräfte für Wiener Opernaufführungen.“ Und Karl Löbl findet, daß während der drei Wochen, in denen die Staatsoper in London gastiert hat, „die Wiener Aufführungen auf das Niveau drittklassiger Provinzbühnen herabgesunken sind“. Nun mag es schon sein, daß der junge Karl Löbl etwas kraß formuliert hat. Immerhin braucht sich ein Institut von Weltrang nicht immer wieder durch Tourneen selbst zu bestätigen. Die Bestätigung müßte eigentlich im Stammhaus zu suchen und zu finden sein.

In der Direktion wiederum wird man den Umschwung nicht verstanden haben, waren doch bis dahin alle einig, daß sich die Oper wieder und wieder auf Lorbeersuche ins Ausland begeben muß. — Etwas hätte man immerhin bedenken müssen: Je mehr die Stars des Hauses gereist sind, desto kritischer wurde man bei Gesamtgastspielen. Dazu kommt, daß das Londoner Gastspiel unter unglückseligen Voraussetzungen stattgefunden hat. Ein neuer Direktor tritt sein Amt an, demissioniert, zieht seine Demission zurück, packt seine Koffer und begibt sich in Gesellschaft seiner besten Sänger nach Großbritannien. Natürlich war diese Reise längst geplant, das ändert kaum etwas an ihrer Optik.

Unmittelbar nach der Rückkehr aus London hat man im Musikverein mit Schallplattenaufnahmen zu „Walküre" begonnen. Sollten einige Musiker manchmal am Abend in der Oper müde gewesen sein? — Noch heute gibt es viele, die von den glorreichen Zeiten im Theater an der Wien schwärmen. Man soll sie erinnern, wie's damals wirklich war.

Die Gegenfrage lautet: Was hätte Böhm tun sollen? Es hätte eine passende Gelegenheit zur Absage gegeben, als die Londoner plötzlich neue Dekorationen für alle drei Opern verlangt haben. Was eigentlich eine Frechheit ist. Wenn man eine Dame zum Essen einlädt, sagt man ihr auch nicht: „Ziehen Sie sich anständig an!" Im nachhinein weiß man immer alles besser. Und vielleicht hätte man in Wien gar kein Verständnis für eine Absage gehabt. Schließlich residierten die Briten als Besatzungsmacht in Österreich, und niemand hat gewußt, wann sie — und die drei anderen — abziehen werden.

Die Bitterkeit Böhms nach seinem Abgang als Operndirektor hat sich stets auf die Pressekampagne im Winter und die Vorkommnisse im Frühjahr 1956 bezogen. Im Rückspiegel sieht es so aus, als ob die Wurzeln für die fatalen Ereignisse des Frühjahrs 1956 in der Saison 1954/55 zu suchen sind.

Immerhin hat man dazugelernt: Eine Einladung für die Wiesbadener Maifestspiele 1955 ist abgesagt worden. — Dabei wäre es ganz einfach: Man muß sich für die Zeit eines Gastspiels etwas Attraktives für die Wiener Opernbesucher einfallen lassen. Vielleicht wären derartige Pläne in den ersten Nachkriegsjahren aus finanziellen Gründen gescheitert. Jetzt wäre alles leichter gewesen. Im übrigen besitzt die Staatsoper eine große Ballettcompagnie, deren Leitung damals die noch heute hochgepriesene Erika Hanka innehatte. Wenigstens vor Auslandsreisen hätte man sich daran erinnern können.

Später hat man aus diesen Fehlern gelernt und darauf geachtet, was zu Hause passiert, wenn man in fremden Landen musiziert.

DR. BÖHM UND DIE WIEDERERÖFFNUNG DER WIENER STAATSOPER

Am 15. April 1955 haben die Wiener Zeitungen gemeldet: „Einigung in Moskau.“ Und Bundeskanzler Raab hat aus Moskau bei Radio Wien angerufen: „Schickts uns wen zum Flughafen. Wir ham den Staatsvertrag!“

Obwohl aus diesen Worten abgrundtiefes Mißtrauen des Kanzlers gegen die damalige Leitung des Rundfunks hervorging, war es eines der erfreulichsten Telefonate, das je ein Kanzler mit der Argentinierstraße geführt hat.

Am 2. Mai beginnt in Wien eine Botschafterkonferenz, in der die endgültige Fassung des Vertrags festgelegt werden soll. Noch am 11. Mai meldet der „Neue Kurier“ in großer Aufmachung: „Botschafterkonferenz festgefahren“, eine Meldung, die das Mißtrauen der Bevölkerung bestätigt. Aber schon zwei Tage später liest man: „Alle Glokken werden läuten“, und am 15. Mai wird am Vormittag der Vertrag im Schloß Belvedere unterzeichnet, am Abend wird ein Staatsempfang im Schloß Schönbrunn gegeben, in dessen Rahmen auch Mitglieder der Staatsoper auftreten. Auch Dr. Böhm und die Musiker waren rechtzeitig von ihrer Tournee durch Frankreich, Spanien und Portugal zurückgekehrt.

Ausländische Gäste pflegen die Oper zu besuchen. Damals hat ein Opernbesuch einen Lebensabschnitt eines Politikers verändert. Molotow hat am Tag nach der Unterzeichnung des Staatsvertrags die Oper besucht. Er wollte sich den „Troubadour“ ansehen. Die verantwortlichen Herren waren ängstlich. Schließlich wird in Opernhäusern auch gebuht und „pfui“ gerufen. Das Licht sollte also in dem Augenblick verlöschen, in dem Molotow in seiner Loge Platz genommen hat. Zu spät — man hatte den prominenten Gast erkannt, und er wurde mit minutenlangem Applaus bedacht. Ob sich die Opernbesucher darüber gefreut haben, daß die Russen endlich abziehen, oder ob man in festlicher Stimmung einfach seiner Freude darüber Ausdruck gab, daß ein mächtiger Mann in die Oper kommt — wer vermag das zu sagen?

Jahre danach hat mir der damalige Vizekanzler, Dr. Bruno Pittermann, erzählt, welch nachhaltige Wirkungen dieser Opernbesuch hatte. Molotow selbst hatte ihm darüber berichtet. Er war in die Verbannung nach Ulan Bator geschickt worden, und dort hat er sich nicht gerade wohl gefühlt. Schließlich hat seine Frau beschlossen, nach Moskau zu reisen und Chruschtschew um eine Übersiedlung zu bitten. Aber wohin wollte der ehemalige Außenminister? Er wußte es selbst nicht. Da hatte seine Frau die rettende Idee: „Wien hat dir doch so gut gefallen. Denke an den Abend in der Oper!"

Damals hatte Molotow nämlich die erste spontane Ovation seines Lebens bekommen. Osteuropas fähnchenschwingende Menschen, die man aus Fabriken und Schulen abkommandiert hatte, hat er selbst nicht ernstgenommen.

Molotow war einverstanden, und auch in Moskau hat man grünes Licht gegeben, falls er sich mit einer Pseudofunktion begnügt. Molotow ist also nach Wien übersiedelt, hat oft Konzerte besucht und ist besonders gern im Prater spazierengegangen. Die Wiener haben ihn erkannt und freundlich gegrüßt, wußten aber nicht, wie man ihn ansprechen soll. Minister war er längst nicht mehr, aber er ist von weit her gekommen und war eine historische Persönlichkeit. Also haben sie den Hut gezogen und gesagt: „Guten Abend, Herr von Molotow." Nicht alle, aber viele haben ihn so gegrüßt, und ihm hat's wirklich Spaß gemacht. Und also wurde ein leidenschaftlicher Verfechter des Leninismus, ein Mann, der sich erbittert gegen den österreichischen Staatsvertrag gewehrt hatte, an seinem Lebensabend in Wien geadelt. Als mittelbare Folge eines spontanen Opernbesuchs.

Um die Oper hat man sich nach Abschluß des Staatsvertrags nicht mehr gekümmert — was beiden Direktoren ganz gelegen kam. Nein, jetzt hatte man andere Probleme: Den Zusammenschluß der Rundfunksender, ein Bundesheer, die Gründung einer Fluggesellschaft, und da gab es genügend Stoff, der die Gemüter erhitzen konnte. Pro und kontra meldeten sich die Wiener zu Wort.

Ein prominenter deutscher Rundfunkmann hat im Juni eine Sendung in Wien aufgenommen und mir gesagt: „Sie glauben doch nicht im Ernst, daß die Russen wirklich im Herbst abziehen? Weshalb sollten sie denn das tun?" Wie viele Menschen in der russischen Zone mögen seine Zweifel geteilt haben?

Also hatte man keine Zeit, über die Oper zu polemisieren. Man hat gelesen, daß Salmhofer ab 1. September Direktor der Volksoper wird. Juch war nach Düsseldorf berufen worden. Worüber sich nicht nur Salmhofer gefreut hat. Er war sicher einer der seltsamsten Direktoren der Staatsoper gewesen. Im Jahre 1945 hat er in den Zeiten bitterster Not dieses Amt übernommen! Weniger als ein Jahr später ist er dann von dem ungeheuer dynamischen Hilbert an die Wand gedrückt worden. Und kaum war Hilbert fort, ist der berühmte Dr. Böhm gekommen. Der ungemein liebenswürdige Salmhofer ist jedenfalls der einzige Operndirektor, der nie in der Oper residiert hat. Denn als Böhm in das Haus am Ring übersiedelte, zog er an den Gürtel. Er ist nur in den Räumen der zerstörten Oper dem Personal vorgestellt worden.

Das Theater an der Wien ist geschlossen worden, und bald haben wilde Gerüchte über das Schicksal dieses Hauses kursiert: Es wird abgerissen, eine Garage, ein Kino kommt hinein, und schließlich hat Kulturstadtrat Hans Mandl nach erbitterten Interventionen und Protesten aus der Bevölkerung und von Vereinigungen dieses Haus gerettet und es restaurieren lassen. Leicht hat er's nicht gehabt. Bei der Bekanntgabe des Kostenvoranschlags hat ihm einer seiner Kollegen gesagt: „Für das Geld hätt' ich eine neue Unterführung unter dem Ring bauen können."

Eine — wahrscheinlich unbeabsichtigte — Wiedergutmachung: Die erste Opernvorstellung im renovierten Haus „Die Zauberflöte", hat Karajan dirigiert, den man bis zur Schließung des Theaters nicht ans Dirigentenpult gelassen hatte.

Hilbert hätte die Direktion des Theaters bekommen sollen, erschien aber nicht zur entscheidenden Sitzung, weil er Staatsopernluft gewittert hatte. Dann führte Rolf Kutschera das Haus als Musicaltheater, nachdem die letzten Volksopernversuche in diesem Genre nicht allzu erfolgreich gewesen waren. Was dazu führte, daß Marcel Prawy emsiger als je zuvor sein Ziel anstrebte, in die Staatsoper zu übersiedeln. Seefehlner war inzwischen nach Berlin gegangen, sein Nachfolger im Konzerthaus war der Theaterkritiker und Autor Peter Weiser. Einmal war ich mit ihm an der Garderobe des Theaters in der Josefstadt, als er plötzlich erschrocken auf eine junge Dame starrte. Er hatte sie in seiner letzten Kritik schrecklich verrissen und sah sie nun in Begleitung seines Herausgebers wieder. „Jetzt wird's Zeit, daß ich was anderes mache", hat er mit damals gesagt.

Chefredakteur Hugo Portisch hat einmal ein schlechtes Foto einer Schauspielerin in seiner Zeitung gefunden und das auch seinem Kulturredakteur mitgeteilt. Zwei Tage später erblickte er auf der Kulturseite einen umfangreichen Artikel über einen im Kulturleben Wiens einflußreichen Mann. „Ist das nötig gewesen?“ hat er gefragt. Die Antwort seines Kulturredakteurs hat ihn einigermaßen überrascht: „Aber Chef, das haben wir doch nur für Sie gemacht. Sie sind für die Schauspielerin, von der ein schlechtes Foto drin war, und der Mann, über den wir heute schreiben, hat doch diese Schauspielerin unter seine Fittiche genommen.“

Da Portisch weder die Schauspielerin noch ihren Mäzen kannte und an beiden nicht das geringste Interesse hatte, beschloß er, sich nicht mehr mit der Kulturseite seiner Zeitung zu beschäftigen. Die Kulturlandschaft Wiens ist zu klein. Kein Wunder, daß die Menschen, die sich darin bewegen, gelegentlich über ausgestreckte Beine fallen. Dabei kann es vorkommen, daß diese Beine gar nicht absichtlich in die Landschaft gestreckt worden sind.

Die Volksoper soll einige Werke übernehmen, die am Ring nicht mehr gespielt werden, Böhm verhandelt mit Wieland Wagner und Dietrich Fischer-Dieskau, Filmverleihe laden Kritiker einiger Zeitungen nicht mehr ein, weil diese zu negativ über ihre Schundfilme berichtet haben, der Kampf um die Abonnements im alten Neuen Haus beginnt, und die Zeitungen publizieren seitenlange Artikel über die Auswirkungen des Staatsvertrags. Ab 21. Juli hat Österreich wieder ein Bundesheer, Gerd Bacher notiert: „Neutralität schließt Charakter nicht aus.“

Einige Schlagzeilen vom Sommer 1955:

„Sowjets jagen Deserteure“

„Beschlagnahmte Wohnungen werden zurückgegeben“

„Heimkehrer bei Stockerau: Er war von seiner eigenen Schwester denunziert worden“

Eine Art Restverkauf an Besatzungsskandalen findet statt.

Die Österreicher erlernen die Neutralität, was nicht allen gleich leicht fällt. Ein Interview mit drei jungen Grafen im Café Sacher ist dem Staatssekretär Dr. Kreisky noch lange in der Kehle steckengeblieben. Einer von ihnen hatte unter anderem gesagt: „Wir sind sehr für den neutralen Status. Denn jetzt können wir mit dem Bundesheer endlich Südtirol und Slowenien heimholen. Und vielleicht kriegen wir auch noch ein Stück von der Slowakei.“

Ein Buchhändler: „Erst sollen die Abgeordneten lernen, was Neutralität ist, dann kommen wir dran.“

Ein Fiaker am Stephansplatz: „Am besten is, wir san neutral bis obi. Dann kann nix passieren.“

Auch im Theaterleben hat sich noch nicht alles eingependelt. Ein Leserbrief eines Volkstheater-Abonnenten: „Meine Karte im Parkett kostet S 2,50. Der Fahrpreis der Straßenbahn jedoch beträgt S 3,80."

In den Sphären der Kunst verhandelt man in Salzburg mit Karajan, der bei den Festspielen als Furtwängler-Opfer betrachtet wird und das wohl zu schätzen weiß. Sein Zyklus im Musikverein ist ausverkauft. Und von Böhm wird berichtet, daß er gleich nach dem Eröffnungszyklus beim Hessischen Rundfunk arbeiten wird. Im September verkündet der „Bild-Telegraf": „Wie wir aus der Direktion der Staatsoper erfahren, sind alle in Wien kursierenden Gerüchte, wonach Staatsoperndirektor Böhm demissionieren wolle, aus der Luft gegriffen."

Seefehlner wird vom Konsulenten zum Vizedirektor der Staatsoper und verläßt das Konzerthaus.

Am 14. September gibt die alliierte Militärpolizei („Die vier im Jeep") ihre Abschiedsvorstellung. Der letzte russische General weint beim Abschied von Österreich auf dem Bahnhof von Baden, und der Bundespressechef läßt ihn von den Fotografen abschirmen. Demokratische Gepflogenheiten lernt man nicht über Nacht.

Opernfreunde spezieller Art stehlen aus dem fast fertigen Opernhaus Beleuchtungskörper, Türklinken und Wandverkleidungen von Logen. Und das Theater an der Wien schließt am 2. Oktober mit einer „Zauberflöte" seine Pforten. Es singen: Irmgard Seefried, Erika Köth und Erich Kunz.

In der Presse wird das Programm des Orchesters zu Beginn der Opern-Coronation bekanntgemacht:

4. November: Generalprobe zu „Don Giovanni", anschließend Abonnementkonzert mit Bruno Walter.

5. November, 11 Uhr: Festakt in der Oper. 19 Uhr „Fidelio", anschließend Philharmonikerball.

6. November, 11 Uhr: Konzert mit Bruno Walter, abends „Don Giovanni".

Man ist voll von Lust an der Arbeit, und Karl Böhm plant für den Frühsommer 1956 ein Mozart-Festival in Genf, was die Wiener Festwochen und die Salzburger Festspiele auf den Plan ruft. Böhm sagt Genf ab, und zwei Blätter melden, daß er daraufhin Schadenersatz von den Salzburger Festspielen fordert. Kein Wunder, daß im Herbst 1955 die Opernberichterstattung wieder in den Vordergrund rückt.

Am 31. Oktober, 67 Stunden vor Beginn der Kartenausgabe, stellen sich die ersten Stehplatzbesucher an. Drei Söhne des Leiters der Bundestheaterverwaltung befinden sich unter ihnen. Dr. Böhm spendiert Würstel mit Senf für die Stehplatz-Enthusiasten, und schließlich gibt man die Karten etwas früher aus.

Was das Publikum für die Eröffnungsvorstellung betrifft, meldet ein Blatt: „Was Rang und Namen hat auf dieser Welt, hat schon abgesagt." Das ist reichlich übertrieben, denn von Lotte Lehmann zu Minister Foster Dulles über Bruno Walter, Kokoschka, Wolfgang Wagner, den Komponisten Menotti, Schostakowitsch, Egk, Orff und Liebermann, von Ford bis zur Familie Firestone ist genug Prominenz gekommen. Nur darf man nicht vergessen, daß dieses Fest geplant wurde, ehe man vom Abzug der Besatzungstruppen gewußt hat. Vielleicht hätte man den einen oder anderen prominenten Gast noch im nachhinein einladen können. Aber die wichtigsten Gäste waren ohnehin erschienen: Zehntausende Wiener sind an dem feuchten Abend des 5. November gekommen und haben die Rundfunkübertragung auf den Straßen und Plätzen rings um die Oper angehört. Als Dr. Böhm nach der Vorstellung das Haus verließ, zogen die Männer schweigend den Hut.

Für Böhm war der 5. November sicher der Höhepunkt seiner Laufbahn. Er war seinerzeit dabei, als die Oper brannte, und hat beim Löschmeister erwirkt, daß sich die Feuerwehr nicht nur auf das Bühnenhaus konzentriert. Er wollte, daß man die Oper später nicht „irgendwie" restauriert, und ist stolz, daß er durch seine Initiative wenigstens das Schwind-Foyer gerettet hat.

Als ich die riesige Menge sah, die zur Eröffnungsvorstellung vor die Oper gekommen war, kam mir ein ketzerischer Gedanke. Der Filmregisseur Max Ophüls hatte mir erzählt, wie er Mitte der dreißiger Jahre mit seinem Produzenten zu seiner ersten Pariser Filmpremiere gekommen war. Rund um das Kino zog sich eine endlose Menschenschlange. Ophüls war gerührt. „Nur wegen meines Filmes?" fragte er den Produzenten.

„Unsinn", hat dieser geantwortet. „In Marseille ist ein politisches Attentat verübt worden, die Leute kommen wegen der Wochenschau."

So sind die Wiener sicher nicht gekommen, um „Fidelio" zu hören. Das hätten sie auch zu Hause tun können. Sie wollten dabeisein, wenn die Oper eröffnet wird. Und zweifellos hat der Abzug der Besatzungstruppen erheblich zur allgemeinen Hochstimmung beigetragen. Man war wieder Herr im Haus. Siebzehn Jahre lang hatten die anderen anschaffen können. Und das ist eine lange Zeit.

Es ist auch nur ein maßgebender Politiker der ehemaligen Besatzungsmächte erschienen: Der amerikanische Außenminister John Foster Dulles. Angeblich in einer höchst politischen Mission. Ich stand mit Louise Martini im Schwind-Foyer, um in der Pause von „Fidelio" einige der wichtigsten Gäste zu interviewen. Kurz vor Beginn der Pause ist ein Herr vom Außenministerium gekommen, um uns zu warnen: Die Pause war um 20 Minuten verlängert worden. Der Außenminister wollte ausführlich mit Bundespräsident Körner konferieren. Die Österreicher seien aus amerikanischer Sicht zu freundlich mit den Russen, meinte der Herr vom Ballhausplatz. Daß man ein solches Gespräch in der Oper führt, ist sehr wienerisch. Was gesprochen worden ist, hat man nicht verlautbart.

Das amüsanteste Abenteuer mit einer Operneröffnungskarte hatte der berühmte Bühnenbildner Wakhevich. Er hatte gerade in Barcelona gearbeitet, und es war ihm nur nach Überwindung größter Schwierigkeiten gelungen, eine Karte für den „Fidelio" zu ergattern. Auf dem Flughafen von Barcelona traf er einen alten Bekannten, den er jahrelang nicht gesehen hatte. Die beiden zogen sich an die Bar zurück, und als Wakhevich auf die Uhr sah — war das Flugzeug bereits abgeflogen.

Der Premierenzyklus anläßlich der Operneröffnung brachte einige glanzvolle Vorstellungen und einige Vorstellungen, auf die man leicht verzichtet hätte. Böhm triumphierte mit „Don Giovanni", der „Frau ohne Schatten" und mit „Wozzeck". Und besonders eindrucksvoll war der „Rosenkavalier" unter Knappertsbusch, eine Sternstunde der Oper. „Wie schade, daß der Papa diese Aufführung nicht erlebt hat", sagte der Sohn von Richard Strauss. Eine Konstellation dieser Art kann nicht programmiert werden. Was den gefährlichen Reiz dieser Kunstgattung ausmacht.

Der „Fidelio" unter Böhm war ein Achtungserfolg, getrübt durch die schale Regie Tietjens und den Umstand, daß der großartige Anton Dermota kein dramatischer Tenor war. Auf die von Kubelik geleitete „Aida" und die „Meistersinger" unter Fritz Reiner hätte man gern verzichtet. Über den Triumph des Balletts berichte ich an anderer Stelle.

Die Schwierigkeiten, die Böhm am Ende der Saison hatte, hängen eng damit zusammen, daß man sich vielleicht zuviel erwartet hatte. Natürlich kann man nicht verlangen, daß bei einer solchen Anhäufung von Premieren alles Gold ist. Aber mit Dirigenten, die mehr Gewicht hatten als Reiner und Kubelik, hätte der Erfolg noch strahlender sein können.

Das Haus hat alle prominenten Gäste sehr beeindruckt, mit einer Einschränkung: Der eiserne Vorhang Eisenmengers paßt nicht hinein. Schostakowitsch hat das ganz präzise formuliert: „Er sieht aus wie die Seifenetikette einer Parfümerie." Bedenkt man, daß der Komponist aus Moskau angereist ist, wiegt die Kritik noch schwerer. Obwohl er nicht von einer Moskauer Parfümerie gesprochen hat. Dabei hatte sich Chagall bereit erklärt, den Vorhang gratis zu gestalten. Eine durchaus österreichische Intrige hat ihn daran gehindert. Die Besucher der Oper werden ersucht, den Zuschauerraum erst zu betreten, wenn der „Eiserne“ schon hochgezogen worden ist.

Das schönste Premierenerlebnis hatte ich bei „Don Giovanni“. Auch diese Vorstellung ist auf die Plätze rund um die Oper übertragen worden. Ich stand mitten in einer riesigen Menschenmenge, die mit ungeteilter Aufmerksamkeit diese hervorragende Vorstellung verfolgt hat. Musikalisch sind die Wiener immer schon gewesen. Dazu kommt, daß man auf dem Ring die Inszenierung nicht verfolgen konnte, also ein ungetrübtes Vergnügen empfand. Schuh sollte diese Oper inszenieren, mußte aber wegen einer Erkrankung absagen, und so hat Josef Wirt in gewohnter Weise Regie geführt. Die meisten Probleme der acht Festpremieren resultierten ja aus ihrer szenischen Gestaltung.

Bei der Operneröffnung hat die Laufbahn einer fotografierenden Künstlerin begonnen, die bald in der Oper so heimisch geworden ist, daß man sie während einer Vorstellung auch in den Kulissen und im Orchester hat arbeiten lassen. Nur wer die Oper kennt, weiß, welche Auszeichnung das bedeutet. Von Barbara Pflaum veröffentlichen wir auch in diesem Buch eine Reihe von Bildern. Und es ist aufschlußreich, daß ihr Stil schon bei ihren ersten Arbeiten deutlich erkennbar ist.

Mitten in das herbstlich-festliche Wien kam der bundesdeutsche Außenminister von Brentano, um die Verstimmung zu beseitigen, die bei Adenauer wegen einiger Formulierungen im Staatsvertrag entstanden war. Brentano war bestimmt der rechte Mann dafür. Er war ein sensibler, gebildeter Minister, der auch den nötigen Takt für heikle Missionen aller Art besessen hat.

Seine Landung in Wien ist nicht ohne Komplikationen vor sich gegangen. Die Lufthansa hatte sich bei der Flugzeit verrechnet, und schon 45 Minuten vor der festgesetzten Zeit war die Maschine landebereit. Heute wäre das ganz einfach: Der Minister würde landen und auf seinen Kollegen warten. Damals wollte Brentano aus begreiflichen Gründen nicht vor dem österreichischen Außenminister in Schwechat eintreffen. Und Figl war noch in seinem Büro am Ballhausplatz, als die Maschine Brentanos landebereit war. Brentano gab also den Auftrag, bis zur festgesetzten Zeit um den Flughafen zu kreisen. Dabei ist ein Malheur passiert. Die Heizung hat plötzlich ausgesetzt, und Brentano hat mir erzählt, daß er 40 Minuten lang intensive Gymnastik betrieben hat, um nicht über österreichischem Hoheitsgebiet zu erfrieren.

Die Eröffnungsfeierlichkeiten waren also vorbei, und die Sorgen des

Alltags haben begonnen. Erst einmal hat man eine Neueinstudierung des „Troubadours“ abgesagt. Dann hat man einen neueinstudierten „Tristan“ herausgebracht, über den Karl Löbl geschrieben hat: „Ein bemerkenswerter Erfolg der Staatsoper. Eine Neueinstudierung ohne Studium.“

Hierauf mußte man den „Troubadour“ neuerlich verschieben, weil Frau Martinis und Herr Lambert ihre Rollen angeblich nicht in einwandfreiem Deutsch beherrscht haben. Und nach und nach begann die Kritik gegen den abwesenden Operndirektor. Schließlich artete sie in eine regelrechte Pressekampagne aus.

Karl Böhm hat viele Jahre später in einem Rundfunkinterview gesagt: „Wir haben kein ausreichendes Repertoire gehabt. Die Stars der Eröffnungsperiode waren verschwunden. Es war mein Fehler, daß ich vorher nicht daran gedacht hatte.“

Wahrscheinlich haben noch andere Umstände zu dieser plötzlichen Kampagne beigetragen. Erst einmal war die Euphorie nach dem Staatsvertrag und der Wiedereröffnung der beiden großen Bundestheater verschwunden. Ein Opernhaus spielt nicht im luftleeren Raum. Die Atmosphäre eines Landes, einer Stadt beeinflußt die Atmosphäre rund um die Oper. Dazu kamen gewisse Unzulänglichkeiten während und nach der Eröffnungsfeier. Ministerialrat Marboe hat sich damals lange mit mir darüber unterhalten, was man gegen die störenden Ausstattungen aus dem Theater an der Wien unternehmen kann. Diese Dekorationen haben auf das Publikum gewirkt wie ein armer, schlecht angezogener Mann, der bei einem vermögenden und noblen Vetter zu Gast ist.

Lange genug haben die Kritiker gewarnt. Daß diese Warnungen in den Wind geschlagen worden sind, ist nicht die Schuld von Marboe oder Dr. Böhm gewesen. Aber sie hatten nun mit ihren Auswirkungen zu kämpfen. Hinzu kommt, daß der Operndirektor nicht im Lande gewesen ist. Und das war natürlich ein entscheidender Fehler.

Als man ihm zum zweitenmal die Direktion der Wiener Staatsoper angeboten hat, akzeptierte Böhm unter der Bedingung, daß er drei Monate im Jahr auf Reisen gehen kann. Daran hat er sich auch gehalten, und die Vorwürfe, die von seiner vorgesetzten Behörde gegen ihn erhoben worden sind, entbehren jeder juristischen Grundlage. Übrigens konnte niemand erwarten, daß sein Nachfolger Karajan länger in Wien bleibt als er. Nur ist Dr. Böhm im falschen Augenblick abgereist.

Zudem bedeutet die Saison 1954/55 ein Unglück für Dr. Karl Böhm. Er sollte die Wiedereröffnung der Staatsoper vorbereiten. Das ist eine Tätigkeit, die von der Öffentlichkeit kaum wahrgenommen wird. Im

Theater an der Wien hat damals ein anderer Direktor residiert. Dr. Böhm wollte also sein erstes Jahr als Direktor nicht mit den Vorstellungen im Theater an der Wien allzu eng verknüpfen. Vermutlich wäre das auch nicht sehr opportun gewesen. Nur hätte er weniger reisen sollen.

Und damit kommen wir zu einer Einstellung des Direktors, die nur aus den Verhältnissen unmittelbar nach Kriegsende zu verstehen ist. Nach seiner Rückkehr aus Amerika hat er auf dem Flughafen Karl Löbl ein schon legendär gewordenes Interview gegeben, in dem er betont hat, daß er seine internationale Karriere nicht der Wiener Oper opfern will.

Gewiß: Sein Ärger über die Presseberichte, die während seiner Abwesenheit geschrieben worden sind, und die Müdigkeit nach der langen Flugreise haben da mitgespielt. Zudem waren pointierte Formulierungen nie die Stärke des Dirigenten gewesen.

Aber es spielt noch etwas anderes mit. Ein Umstand, den man nicht unterschätzen sollte. Man hat Böhm zwei Jahre lang verboten. Er konnte damals weder reisen noch arbeiten. Die Nachkriegsverbote prominenter Dirigenten sind willkürlich erfolgt und konnten eben deshalb von diesen nicht verdaut werden. Clemens Krauss hat die Wiener Oper in den tristen dreißiger Jahren über Nacht in Stich gelassen und sich in die Reichshauptstadt Berlin abgesetzt. Von Furtwängler konnten die Alliierten behaupten, daß er der repräsentative Dirigent des Dritten Reichs gewesen war.

Bei Böhm und Karajan sind die Verbote reichlich problematisch gewesen. Böhm war nicht einmal Mitglied der NSDAP, und bei Knappertsbusch, der sich stets lauthals gegen die Machthaber des Dritten Reichs geäußert hatte, war ein Verbot geradezu grotesk.

Es besteht kaum ein Zweifel, daß die beiden Jahre nach dem Zweiten Weltkrieg ihre Auswirkungen auf Böhm und Karajan gehabt haben. Sie wollten sich nicht nur neue Städte und Länder erobern, sie haben den Österreichern zeigen wollen, daß man sie anderswo schätzt, daß sie längst nicht mehr darauf angewiesen sind, in Wien und Salzburg zu dirigieren.

Böhm hat sein Interview am Flughafen zum falschen Zeitpunkt gegeben. Und er hat damit maßgebende Politiker restlos verärgert. Kurz darauf mußte ich mit Finanzminister Kamitz und Staatssekretär Bock Interviews aufnehmen, die nichts mit den Problemen der Staatsoper zu tun hatten. Beide Regierungsmitglieder zeigten sich geradezu erbittert. „Die beiden Direktionsbüros der Oper haben soviel gekostet, wie sämtliche Büros des Burgtheaters“, hat mir Kamitz damals gesagt. Man hatte also für den Wiederaufbau der Staatsoper große Opfer gebracht, und wahrscheinlich hätte man ein Jahr später Dr. Böhm seine Äußerungen nicht mehr übelgenommen. Die Mißstimmung hat sich bei verschiedenen einflußreichen Menschen aus ganz verschiedenen Komponenten zusammengesetzt.

Man hätte Dr. Böhm rechtzeitig beraten müssen. Er ist leicht zugänglich und gegenüber schlagkräftigen Argumenten durchaus beeinflußbar. Die beiden Menschen, denen die Funktion eines Ratgebers zugekommen wäre, waren neu in ihrem Amt. Seefehlner hatte noch nie mit der Oper zu tun gehabt und Marboe ist aus dem Bundespressedienst gekommen. Er hat zweifellos die Auswirkungen, die sich aus der Abwesenheit des Direktors ergeben haben, unterschätzt.

Der österreichischeste aller Dirigenten hat zweimal eine unglückselige Beziehung zur Direktion der Wiener Staatsoper gehabt. Sicher waren die Eröffnungsfeierlichkeiten eine große Chance für ihn. Aber erst hatte er im Jahr 1943 die Direktion übernommen, und schon ein Jahr später ist die Oper geschlossen worden. Nach seinem zweiten Amtsantritt war die Situation ziemlich verzwickt. Was konnte, was sollte er im Theater an der Wien wirklich machen?

Seine stärksten Waffen hatte er im Frühjahr bei einer „Figaro“-Premiere im Redoutensaal ausgespielt. Hätte er mehr am Pult des Theaters an der Wien stehen sollen? Niemand mag darauf eine gültige Antwort zu geben.

Auch darf man nicht vergessen, daß Minister Dr. Kolb eigentlich Clemens Krauss für das Amt des Operndirektors vorgesehen hat. Und Krauss hat zweifellos viele Anhänger im Wiener Musikleben besessen. Der Nachfolger Kolbs hatte es mit einem Operndirektor zu tun, den er nicht ernannt hatte und der nach offenen Zwistigkeiten im Schoße der Regierung bestellt worden ist. Die Umstände waren damals stärker als Böhm, und seine Verbitterung gegenüber der Staatsoper ist erst viele Jahre später gewichen.

Bei der Weltausstellung in Brüssel hat er mich zum Abendessen eingeladen und stundenlang darüber debattiert, ob er überhaupt noch an der Staatsoper dirigieren soll.

Bei seinem Erscheinen am Pult nach seiner Rückkehr aus den Vereinigten Staaten ist Dr. Böhm am 1. März 1956 von einem schrillen Pfeifkonzert empfangen worden. Unterrichtsminister Dr. Drimmel hat später behauptet, er hätte Beweise in der Hand, daß dieses Pfeifkonzert systematisch vorbereitet war. Vieles spricht dafür. Beim Aktuellen Dienst des Rundfunks ist angerufen worden, daß man einen Reporter in die Oper schicken soll, weil sich „vor der Vorstellung einiges abspielen wird“. Mein Kollege Max Eissler ist auch dann, bewaffnet mit einem Mikrophon, in die Oper gezogen und hat die Demonstration aufgenommen. Und Marboe war höchst interessiert daran, woher wir denn erfahren haben, daß gegen Dr. Böhm demonstriert wird. Überraschende anonyme Anrufer sind nicht so leicht zu identifizieren.

Nach dieser, für ihn völlig unerwarteten Demonstration hat Böhm die Nerven verloren und dem Vertreter einer amerikanischen Nachrichtenagentur ein Interview gegeben, in dem er festgestellt hat, daß an der Staatsoper der Pöbel herrscht. Dieses Interview ist in den Wiener Zeitungen in großer Aufmachung publiziert worden, und ich bin sofort mit einem Toningenieur in die Direktion der Staatsoper gezogen, um ein Dementi des Direktors aufzunehmen. Dabei habe ich einen treffenden Beweis für die „Solidarität“ des Stabes von Dr. Böhm geliefert bekommen. Die ganze Direktion war wie ausgestorben. Niemand wollte sich mehr zeigen, alle hatten Angst und sind in Deckung gegangen. Und ich habe dann den Chef des Bundespressedienstes angerufen. Er hat sich mit den Wiener Chefredakteuren in Verbindung gesetzt, Böhm erklärte, daß er von dem Vertreter der Nachrichtenagentur mißverstanden worden sei, und so ist dann die ganze Angelegenheit wenigstens so weit geregelt worden, daß der Dirigent weiterhin am Pult der Staatsoper stehen konnte.

Die Frau Dr. Böhms hat über all diesen Aufregungen einen schweren Herzanfall erlitten, und Böhm selbst war maßlos deprimiert, weil er von den zuständigen Stellen in keiner Weise verteidigt worden war. Sicher hätten einige Erklärungen zuständiger Stellen die Pressekampagne gegen Böhm etwas eindämmen können. Oder man hätte ihm öffentlich von seiner Reise abraten müssen. Denn es besteht kein Zweifel, daß ein Dirigent von der Kapazität Karl Böhms die Misere nach den Eröffnungsvorstellungen gemildert hätte. Wenn er am Pult gestanden wäre.

Noch im März 1956 hat Ministerialrat Marboe eine Pressekonferenz einberufen. Und da hat es sich gezeigt, daß Dr. Böhm auch ohne seinen Dirigentenstab imstande war, das Steuer herumzureißen.

Nach und nach hat die Stimmung bei den Journalisten umgeschlagen, und am Schluß hat Hans Weigel den Vorschlag gemacht, daß sich Marboe mit Dr. Böhm zurückzieht, um sich — ungestört — mit ihm zu einigen. Mit diesem Vorschlag hatte er den Leiter der Bundestheaterverwaltung in eine nicht geringe Verlegenheit gebracht. Wahrscheinlich konnte sich Marboe mit Böhm nicht mehr einigen, weil er schon einen Nachfolger in Aussicht genommen hatte. Jedenfalls war er sichtlich erleichtert, als der Vorsitzende der Pressekonferenz behauptet hat, daß man in den Nebenräumen nicht verhandeln kann, weil es zu kalt ist. Es ist erstaunlich, mit welchen Argumenten man einen Direktor vertreiben kann. Vorausgesetzt, diese falschen Argumente werden im richtigen Augenblick vorgebracht.

Böhm hat in einem Buch, das von Hans Weigel publiziert worden ist, die Fragen Karl Löbls als „Fangfragen“ bezeichnet. Das ist eine ungerechte Beschuldigung. Oscar Wilde meint: „Fragen sind nie indiskret. Antworten bisweilen.“ Auch in diesem Buch, daß zwölf Jahre nach dem Ende der Direktion Böhm veröffentlicht worden ist, sagt Böhm, daß ihm das Pfeifkonzert vor dem „Fidelio“ „noch heute in den Ohren klingt“, daß er es nie vergessen und auch nie überwinden wird.

Unwillkürlich erinnere ich mich an eine andere geplante Demonstration. Als es ruchbar wurde, daß Clemens Krauss die Wiener Oper verlassen und nach Berlin übersiedeln will, hat der Stehplatz beschlossen, bei seinem Erscheinen am Pult gehörig zu demonstrieren. Zu dieser Demonstration ist es nicht gekommen, weil Krauss heimlich still und leise die Wienerstadt verlassen hatte und an seiner Stelle ein völlig schuldloser zweiter Dirigent ans Pult gekommen ist.

Die Stimmung für oder gegen einen Operndirektor kann man in Wien steuern, sie kann aber auch umschlagen, ohne in irgendeiner Weise gesteuert worden zu sein. Dr. Böhm selbst weiß keine Erklärung dafür, wie es gekommen ist, daß er später zu einem ausgesprochenen Liebling des österreichischen Musikpublikums geworden ist.

Wien ist eine Stadt, in der man von einem Dirigenten (oder einem Direktor) nicht sagt: „Er ist ein hervorragender Mozart-Interpret“, sondern man sagt: „Ich mag ihn.“ Oder man mag ihn eben nicht. Die Emotion regiert hier stärker als anderswo. Man muß sich damit abfinden, weil dieser Zustand ohnedies nicht zu ändern ist.

Wahrscheinlich ist es auch ungerecht, Marboe anzulasten, daß er sich nicht mehr für seinen Direktor eingesetzt hat. Man bedenke die Vorgeschichte: Hilbert hat sich so lange und so intensiv in die Direktionsgeschäfte eingemischt, daß der damalige Minister deutlich betont hat, daß sich sein Nachfolger nur um administrative Dinge zu kümmern habe. Wo nun die Administration aufhört und das Künstlerische beginnt, ist nicht so leicht festzustellen. Marboe hat sehr rasch gelernt, sich mit den Gegebenheiten abzufinden. Die Silvesterblamage mit den ausgeladenen Journalisten war ihm Warnung genug. Derlei ist ihm nicht mehr passiert. Und von seinen Verhandlungen mit Karajan haben nicht einmal seine engsten Freunde erfahren.

Dazu kommt etwas, das man heutzutage nur allzuleicht vergißt. Damals, kurz nach ihrer Wiedereröffnung, stand die Staatsoper im Brennpunkt des öffentlichen Interesses. Bei einer Straßenbefragung in der Operngasse, die der Österreichische Rundfunk durchgeführt hat, ergab sich eine gewaltige Verkehrsstauung, und jeder hat mitreden wollen. Jeder hat gewußt, wie lange Dr. Böhm im Ausland war, wo er dirigiert hat. Damals hat mir ein Universitätsprofessor einen erbosten Brief geschrieben, weil auch eine Obstfrau vom Naschmarkt zu Wort gekommen ist. Sie hat aber mindestens genauso gut Bescheid gewußt wie die meisten Professoren. Und niemand wäre auf die Idee gekommen, etwa unter der Direktion Reif-Gintl eine ähnliche Befragung durchzuführen, die unvermeidlich zu einem Fiasko geführt hätte.

Das Interesse für ein Opernhaus hat etwas sehr Schmeichelhaftes für dessen Direktor, aber es birgt Gefahren in sich, denen er einfach nicht entgehen kann. Das haben sowohl Marboe als auch Unterrichtsminister Dr. Drimmel einkalkuliert. Vielleicht hätten die beiden trotzdem etwas ändern können, und vielleicht hätte Marboe es auch riskiert, wenn er nicht mit Karajan ein Atout in der Hand gehabt hätte, auf das er nicht so leicht verzichten wollte.

Obwohl also Dr. Böhm zweimal die Direktion der Staatsoper innehatte, läßt sich nicht so ohne weiteres behaupten, ob er ein guter Direktor wäre. Wahrscheinlich wäre er es geworden, wenn man ihm genügend Zeit gelassen hätte. Nicht nur deshalb, weil er einer der besten Dirigenten ist, die man jemals am Pult der Staatsoper erlebt hat, sondern auch deshalb, weil er ein untrügliches Talent zur Aufspürung und Entdeckung von Sängern hat.

Im Herbst 1978 habe ich staunend gelesen, daß zum erstenmal eine Staatsopernpremiere live übertragen worden ist. Die erste Staatsopernpremiere ist am 5. November 1955 im Fernsehen ausgestrahlt worden, aber damals hat's in Österreich kaum Fernseher gegeben, und außerdem war das österreichische Fernsehen nicht so weit, wichtige Übertragungen adäquat ins Haus zu liefern. Es ist müßig, zu sinnieren, was geschehen wäre, wenn die Premieren Dr. Böhms im Herbst 1955 von einem Millionenpublikum in ganz Europa gesehen worden wären — er ist zu einer Zeit ins Direktionsbüro der Wiener Staatsoper eingezogen, als der Krieg für das Deutsche Reich und die damit verbundene Ostmark schon verloren war. Er hat damals mustergültige Aufführungen zustande gebracht, deren Echo höchst gedämpft war, weil die Menschen in den deutschsprachigen Ländern ganz andere Sorgen hatten, als sich mit Opernaufführungen zu beschäftigen. Zudem war ein Jahr eine recht kurze Zeit. Dann haben ihm viele Leute verübelt, daß er nicht in Wien war, als die Oper wenige Tage vor Kriegsende wieder zu spielen begonnen hat. Und zwei Jahre ist er dann völlig aus seinem Dirigentenberuf herausgerissen worden, und als er wieder Direktor wurde, war die Abschiedssaison im Theater an der Wien ein Hindernis, mit dem auch ein anderer nicht so leicht fertig geworden wäre. Dazu kommt, daß es damals noch riskant war, die Wiener Staatsoper überhaupt zu leiten. Egal unter welchen Bedingungen.

Hans Weigel war einer der ganz wenigen Journalisten, die auch im Winter 1956 Dr. Böhm loyal gegenüberstanden. Allerdings hatte er mehr mit dem Theater zu tun als mit der Oper. Obwohl er auch auf dem Gebiet des Musiktheaters nicht ohne Einfluß war. Als die Geschütze der Wiener Journalisten auf den in Amerika befindlichen Böhm gerichtet waren, hatte er sich intensiv mit dem Burgtheaterdirektor Adolf Rott beschäftigt und seufzte: „Dieser Böhm wird mir noch meinen ganzen Rott verderben."

Viele haben es schon vergessen: Karl Böhm ist ein ausgezeichneter Administrator gewesen. Er hat die Premieren anläßlich der Wiedereröffnung der Oper ohne eine Panne abgewickelt. Und das will bei diesem Mammutprogramm wirklich etwas heißen.

Die Sängerstars der vierziger und fünfziger Jahre sind sich darüber einig gewesen: Böhm und Krips haben am meisten von Stimmen verstanden, wobei bei Krips noch dazukam, daß er den Sängern technische Ratschläge geben konnte. Ob ihm seine Schwiegermutter, eine ausgezeichnete Gesangslehrerin, genügend Vorkenntnisse auf diesem Gebiet beigebracht hat? Jedenfalls hatte er davon profitiert, daß er im Krieg sein Leben durch Korrepetieren gefristet hat.

Böhm hat eine Reihe erstklassiger Sänger an die Oper verpflichtet und einige von ihnen für Wien entdeckt. Irmgard Seefried hatte er nach Dresden verpflichtet. Als sie ihr Engagement antreten sollte, war Dr. Böhm schon in Wien Direktor und wollte sie unbedingt nach Wien holen. Eigentlich war die Seefried seinem Dresdner Nachfolger im Wort und hat deshalb etwas gezögert, ein Wiener Engagement anzunehmen. Worauf ihr Dr. Böhm gesagt hat: „Sie singen im Mai die Eva in den ‚Meistersingern', haben Sie diese Rolle schon gesungen?" Als die Seefried verneinte, hat er hinzugefügt: „Dann gehn S' nach Haus' und fangen S' an zu lernen." Auf recht ähnliche Art hat er auch Christa Ludwig und Sena Jurinac engagiert.

Dr. Böhm will über diese Zeiten nicht mehr reden. Trotzdem erscheint es wichtig, festzuhalten, was damals geschehen ist. „Die Wiener

Oper ist immer eine Dirigentenoper gewesen", behaupten viele, die es eigentlich wissen sollten. Was also ist anders, wenn ein Dirigent die Staatsoper leitet? Man demonstriert leichter, wenn er am Pult erscheint, als gegen einen Mann, der irgendwo in einem Büro sitzt. Die äußeren Umstände aber ändern sich deswegen nicht. Und mehr und mehr beginnen sich diese in den großen Opernhäusern der Welt zu ähneln. „Früher war's besser", sagen alle, die früher da waren. Was aber war so, daß man es später nicht wiedererstehen lassen könnte? Um nur ein Beispiel zu nennen: Die Vierzigstundenwoche und ihre Teuerungen hätte man früher ebenso schwer verkraftet. Egal unter welcher Direktion.

Mitte Juni 1956 hat sich Marboe der Presse gestellt und Böhms Nachfolger präsentiert: Herbert von Karajan. Wie rasch bekommt man einen Mann dieses Formats, und wie schnell kann er sich freimachen, konnte man fragen. Aber man hat's nicht getan. Weil alles froh war, daß nun endlich klare Verhältnisse geschaffen worden sind. Böhm wird es sicher aber trotzdem gefragt haben. Er hat nicht wissen können, wie Karajan acht Jahre später behandelt worden ist. Es ändert sich nicht so schnell etwas, wenn jemand in der Direktion der Staatsoper sitzt.

Sowohl Böhm wie Karajan waren sehr energische Direktoren. Durch ihr künstlerisches Prestige haben sie auch die Autorität besessen, die man auf dem Posten eines Direktors haben sollte. Oder benötigt man sie gar nicht? Christoph von Dohnány ist überzeugt, daß die Oper mit den gewaltigen Subventionen auch dann lebt, wenn kein Mann von großem Format an ihrer Spitze steht. Denn da ist ja das herrliche Orchester, da sind die mittleren Führungsstäbe, die kaum wechseln, wenn der Direktor geht. Da ist ein geschultes Personal, das wohl weiß, was man an einer Oper macht.

Am besten aber haben's immer die Gäste gehabt. Wer Böhm nahestand, hat nach seinem Abschied aus der Direktion gesagt: „Hätte man ihn länger dort belassen, er hätte sich höchst königlich bewährt." Wahrscheinlicher ist, daß seine Position von Jahr zu Jahr gewachsen wäre, hätte er nur einmal pro Saison eine Neuinszenierung betreut und wäre danach wieder weggeflogen. Und niemand hätte verstanden, weshalb es denn der Oper nicht gelingt, diesen exzeptionellen Dirigenten enger an das Haus zu binden.

Schließlich hätten alle begriffen, daß er eine internationale Karriere nicht der Wiener Oper opfern möchte. Von Karajan hat der Volksmund erzählt, daß er zum Flughafen Schwechat kommt und dort gefragt wird, wohin er fliegt. „Egal, wohin", habe der Maestro geantwortet. „Ich habe überall zu tun." Leider war er gerade Chef der Wiener Staatsoper. Und wohin soll ein Direktor fliegen, der weder dirigiert noch Regie führt, noch singt? Ganz genau weiß man das nicht, weil es nicht bekannt wird, ob und wann er sich auf Reisen begibt. Davon abzuleiten, daß er deshalb ein besserer Direktor ist, kann gefährlich werden. Nicht ob ein Direktor im Büro sitzt, zählt. Vielmehr, wer dort Platz genommen hat.

Darauf sind die maßgebenden Politiker auch noch gekommen. Später. Zu spät? Nun, die Minister wechseln ebenso wie die Direktoren. Enttäuscht der Direktor, distanzieren sie sich kummervoll von ihm. In diesem Fall ist nicht bekannt, ob sie mitverantworten, was sie mitverschuldet haben. Am besten dran ist der Minister, der seinen Posten wechselt, solange der Operndirektor als erfolgreich gilt.

Der Zeitungsherausgeber Dr. Ludwig Polsterer hat einmal mitten in einer Krise der Großen Koalition die Vermutung geäußert, man könnte die Krise sofort lösen, wenn man den scheidenden Ministern ihre Autonummern beläßt.

In der Oper ist das anders. Prominente Künstler brauchen für die Zeit ihrer Inlandstätigkeit keine niedrige Autonummer, und den anderen Exdirektoren hilft nicht einmal die VIP-Nummer.

Der Zusammenstoß zwischen künstlerischen Aktivitäten und staatlicher Bürokratie führt allüberall zu einem Dilemma, das kaum lösbar ist. Unter diesen Umständen fragt man sich, weshalb so viele Menschen Operndirektoren werden möchten.

An deutschen Sprechbühnen hat man versucht, die Mitbestimmung der Angestellten bei der Wahl eines Direktors einzuführen. An einem großen Opernhaus ist deshalb kein Kulturpolitiker auf die Idee gekommen, weil er ohnedies weiß, daß dann der Betriebsratsobmann gewählt werden würde.

Eine gemeinsame Direktionswunschliste für Chor, Orchester, Ballett, technisches Personal, für Gesangssolisten, Dirigenten und Regisseure bleibt eine Utopie. Also müssen in Österreich der Unterrichtsminister und der Bundeskanzler entscheiden. Der Minister tut das ganz offiziell. Der Kanzler bleibt im Schatten. Unter Beschuß gerät dann der Mann ihrer Wahl.

Bei der Wiederverpflichtung Karajans hat Wiens Bürgermeister Gratz scharf geschossen und die Kapitulation der Republik Österreich beklagt.

Die Granate ist auf den Ballhausplatz (Bundeskanzleramt) abgefeuert worden, aber am Minoritenplatz (Unterrichtsministerium) explodiert. Es entstand kein Personenschaden. Daraufhin hat Graz Herrn von Karajan zum Ehrenbürger der Stadt Wien ernannt.

Auch Dr. Böhm wurde aller österreichischen Ehrungen teilhaftig. Als er nicht mehr Operndirektor war.

Raum des Theaters an der Wien, der gelegentlich auch als Chorgarderobe benutzt wurde

ovember 1955:
Staatsoper wird
„Fidelio“
dereröffnet

Opernball

wiedererbaute Staatsoper wird durch einen eisernen Vorhang verunziert

Karl Böhm mit „seinen" Wiener Philharmonikern

Im Sommerquartier
der Staatsoper:
Anneliese Rothen-
berger und Michael
Heltau bei den
Salzburger Festspiele
(links)

„Lulu" mit Anja Silja
und Hans Hotter
(unten)

Wieland Wagner mit
Jess Thomas (rechts)

Dr. Egon Hilbert

KARAJAN IN WIEN

Bei seiner ersten Pressekonferenz nach der Ernennung zum Künstlerischen Leiter der Wiener Staatsoper zeigte sich Herbert von Karajan unsicher und nervös. Dazu haben verschiedene Faktoren beigetragen: Er hatte noch nie ein großes Opernhaus geleitet.

Das Motiv für das Ende der Direktion Karl Böhms war im Hinblick auf dessen Nachfolger höchst ungeschickt gewählt: Man hatte Böhm vorgehalten, daß er laut Vertrag drei Monate pro Saison von Wien abwesend sein darf.

Der Umstand, daß Karajan vor kurzem Chef der Berliner Philharmoniker geworden war, konnte nicht die ungetrübte Freude des Wiener Orchesters erregen.

Dazu sind die Erfahrungen gekommen, die Karajan unmittelbar nach dem Krieg in Wien gesammelt hat. Vielleicht ist er sich dieses Umstandes gar nicht recht bewußt gewesen, aber die ihn Umgebenden haben mir damals gesagt, daß der Maestro im Ausland viel gelöster auftritt als hier.

Verwundert liest man Wiener Zeitungen der Karajan-Ära. Schlagzeilen auf Seite eins; ganze Seiten der Kulturredaktionen sind dem Maestro gewidmet. Aus einem italienischen Souffleur wird eine Staatsaffäre. Der künstlerische Leiter Karajan ist in der Öffentlichkeit immer präsent. Und auch Menschen, die das Wiener Opernhaus noch nie von innen gesehen haben, debattieren hitzig über die Staatsoper und deren Leiter.

Zu Beginn seiner Tätigkeit hat er führende italienische Opernstars nach Wien geholt, damit auch das Gagenniveau angehoben, weil er davon überzeugt war, daß Wien gegenüber den großen Opernhäusern nur dann konkurrenzfähig bleiben kann, wenn die Sänger bei ihren Wiener Auftritten keine finanziellen Nachteile auf sich nehmen müssen.

Die italienischen Opern ziehen das Publikum an, wenn sie gut besetzt und geleitet sind. Dazu kommt, daß sie dem Maestro ganz besonders gut liegen. Es ist kaum als Zufall zu bezeichnen, daß er seine Direktion mit einem Gastspiel der Mailänder Scala — in der Hauptrolle hörte man Maria Callas — gewissermaßen vorbereitet hat.

Im Krieg und unmittelbar danach hat er nicht viel reisen können. Er hat selbst zugegeben, daß er das dann nachgeholt hat, daß er Echo und Bestätigung in fremden Städten und Ländern gesucht hat, daß er auch Erfahrungen sammeln wollte. Der Beginn seiner Direktion ist noch in diese Zeit gefallen, vielleicht war es für ihn schwer, seine ganze Aufmerksamkeit auf Wien zu konzentrieren.

Dem Praktiker Karajan war natürlich aufgefallen, daß man in den großen Operhäusern fast immer wieder dieselben Sänger findet. Sein Plan, diese Sänger in einer einzigen Inszenierung auch an andere Häuser weiterzureichen, klingt bestechend, konnte aber nicht in die Wirklichkeit umgesetzt werden. Dazu wäre eine viel angenehmere und ehrlichere Zusammenarbeit der verschiedenen Direktoren nötig gewesen.

Obwohl sein Arbeitspensum damals enorm gewesen ist, war er in seinen Dispositionen immer darauf bedacht, so rationell wie möglich vorzugehen.

André von Mattoni, seine rechte Hand, hat mir einmal erzählt: „Wenn der Chef längere Zeit in Wien war und dann abreist, glauben die Wiener, er ist schon in Mailand. Die Mailänder denken, er ist noch in Wien. Und er ruht sich ein paar Tage in St. Moritz aus."

Karajan konnte nicht damit rechnen, daß das wiedererbaute Opernhaus an sich weiterhin eine Attraktion für die Besucher darstellt. Er mußte darauf ausgehen, das Publikum durch Neuinszenierungen und gute Repertoirevorstellungen ins Haus zu bringen.

Der Widerstand, den er in einem Teil der Presse gefunden hat, war — wenn überhaupt — nur schwer zu erklären. Die Konzerttätigkeit Karajans war viele Jahre hindurch in Wien enthusiastisch aufgenommen worden.

Daß er Opern ebenso gut dirigieren kann, steht außer Zweifel. Die Subventionsgeber sollten sich darüber freuen, daß ein so hoch subventioniertes Institut in aller Munde ist. Man hat damals feststellen können, daß die Opernfreunde entweder pro oder kontra Karajan waren.

Karajan selbst hat das in einem Interview so erklärt: „Hier in Wien ist der Umstand wichtig, daß man entweder für oder gegen jemanden ist. Sie können nicht zwei Sachen zur selben Zeit lieben. Die Person, die Gurkensalat liebt, muß Schlagobers hassen. In anderen Städten ist das anders. Aber in Wien ist die Struktur immer so gewesen.

Vor vielen Jahren kam ein Bekannter von mir in Wien an, von dem man wußte, daß er ein großer Musikliebhaber ist. Am Bahnhof haben ihn zwei Leute erwartet, ihn in die Stadt gebracht und gefragt: ‚Sind Sie eigentlich für Karajan oder für Furtwängler?' Er hat erklärt: ‚Ich höre die Konzerte des einen genauso gern wie die des anderen.' Und das haben sie einfach nicht verstehen können."

Die Kontroversen zwischen den beiden großen Dirigenten waren längst beendet. Karajan war Furtwänglers Nachfolger als Chef der Berliner Philharmoniker. Also muß man sich fragen, welche Alternative die Gegner des Dirigenten eigentlich gesehen haben. Und findet darauf keine Antwort.

Als man später daranging, Opernaufführungen im Fernsehen zu riskieren, hatte man anscheinend völlig vergessen, daß Karajan das schon längst gemacht hatte. Nur hatte er in seiner Wiener Zeit zweifellos ein gestörtes Verhältnis zum Fernsehen. Aber das war nicht allein seine Schuld.

Innerhalb kurzer Zeit hatte er zwei Opernvorstellungen für das Fernsehen freigegeben, und nicht nur er war von dem Ergebnis enttäuscht.

Karajan, der bei seiner Arbeit mühelos Kontakt zu Sängern, Chören und Orchestern findet, ist kontaktarm, wenn er nicht auf einer Bühne oder auf einem Konzertpodium wirkt.

Weshalb sollte man ihm daraus einen Vorwurf machen?

Der Opernchef Karajan hat „Skandale" hervorgerufen, die dem Dirigenten Karajan später in demselben Haus durchaus erspart geblieben sind. Im Jahre 1978 hat der nervöse Tenor Bonisolli bei der Hauptprobe zum „Troubadour" die Bühne verlassen, die Eurovisionsaufführung mußte verschoben werden, Placido Domingo ist eingesprungen, hat die Stretta transponiert gesungen und „geschmissen". Es hat nur flaue Reaktionen darauf gegeben, während in seiner Direktionszeit viel nichtigere Anlässe zu tagelangen Debatten in den Medien und im Publikum geführt haben.

Das ist auch der Grund, weshalb man sich auch heute recht lebhaft an eine Vorstellung erinnert, die wegen des italienischen Maestro Suggeritore Romano abgesagt werden mußte, an die Krachs, die er mit Hilbert hatte, und an seine Rücktrittsdrohungen, als an die Arbeit, die er von 1956 bis 1964 an der Wiener Staatsoper geleistet hat.

Paul Flora ist der Überzeugung, daß nur Menschen populär werden können, die man gut karikieren kann. Karajan ist nicht nur ein Lieblingsobjekt der Karikaturisten gewesen, er ist damals auch durch alle nur möglichen Programme kleinerer und größerer Kabarettbühnen ge-

geistert. Er war auch dann in Wien präsent, wenn er gerade irgendwo gastiert hat. Jeder hat ihn gekannt, er ist allzeit unter die Lupe genommen worden.

An der Affäre Romano läßt sich am besten erkennen, wie damals aus einer Mücke ein Elefant geworden ist. Die italienischen Sänger haben einen Maestro Suggeritore gefordert, Karajan hat das bewilligt. Der Betriebsrat war dagegen. Und als Karajan und Hilbert nicht von ihrem Engagement abrücken wollten, hat man das Publikum nach Hause geschickt. In ausländischen Augen hat dieser Vorgang etwa so ausgesehen, wie es in der „Stuttgarter Zeitung" zu lesen stand: „Letzten Endes ist es ein Streit um Worte. Im deutschen Sprachraum ist eine solche Funktion nicht gebräuchlich, in Italien dagegen selbstverständlich. Die von dort kommenden Gastsänger sollen ausdrücklich den Wunsch geäußert haben, nur mit einem solchen Subdirigenten zu arbeiten. Wien ist von einem Tag zum anderen in eine Opernkrise hineingeschlittert, beide Fronten versteifen sich, beide betonen, jedes Prestigeproblem sei ihnen fern. Beide aber glauben sich im Recht. Soll ein Institut wie die Wiener Oper an der Wahl des Souffleurs scheitern?"

Abgesehen davon, daß der Verwaltungsgerichtshof ein paar Monate später Karajan recht gegeben hat, ist die ganze Affäre überhaupt nur deshalb möglich gewesen, weil sich das österreichische Publikum damals weitgehend für die Oper passioniert hat. In der Retrospektive ist sie völlig unverständlich. Und eine Sängerin hat mir gesagt: „In Salzburg haben wir uns mit dem Wiener Souffleur arrangiert und kein Hahn hat danach gekräht, daß wir einen Maestro Suggeritore im Festspielhaus haben."

Seine Fehler hat der Salzburger Karajan nicht am Dirigentenpult gemacht. Den ersten Opernball, der in der Eurovision übertragen worden ist, hat er sich in Berlin am Bildschirm angesehen. Ganz abgesehen davon, daß es beim Opernball schwer genug ist, Fernseher zwischen Kiruna und Malaga für die Gäste zu interessieren und also der attraktive Maestro dringendst für diese Sendung benötigt worden ist, gehört der Hausherr an einem solchen Abend, der von Millionen Menschen mitverfolgt wird, in die Oper. Daß ihm Bälle zuwider sind, kann man nicht ins Kalkül ziehen. Der Bundespräsident muß vom Chef der Oper empfangen werden.

Im Lauf der Zeit sind Karajan die Verwaltungsarbeit und der zermürbende Bürokrieg über den Kopf gewachsen. Im Jahre 1962 war durch materielle Forderungen des technischen Personals ein Konflikt zwischen der Staatsoper und der Bundestheaterverwaltung ausgebrochen. Karajan demissionierte im Februar 1962 zum erstenmal, das Personal der Staatsoper veranstaltete aus Sympathie für Karajan einen Sitzstreik, und die Leitung der Bundestheaterverwaltung wechselte.

Auf Wunsch des künstlerischen Leiters hat man den Stuttgarter Generalintendanten Walter Erich Schäfer in die Operndirektion geholt. Schäfer ist ein Mann, den die Wiener nie verstanden haben, also ging er ein Jahr später wieder nach Stuttgart zurück, und das Verhängnis nahm seinen Lauf. Sein Name war Dr. Egon Hilbert.

Aber schon lange vor der Wahl Hilberts machten sich am Horizont dunkle Wolken bemerkbar. Im Jahre 1962 hatte man ein zweites Orchester zu den Salzburger Festspielen geholt. Otto Strasser schreibt darüber in seinem Buch „Dafür wird man noch bezahlt“: „Unsere Position in Salzburg drohte weiterhin geschwächt zu werden. So sehen wir dem Sommer 1962 mit Besorgnis entgegen. Nicht wegen der Berliner Philharmoniker an sich, sondern wegen der Tatsache, daß sowohl Karajan als auch Böhm Konzerte mit ihnen und keines mit uns dirigieren sollten. Da für uns überdies nur fünf Konzerte vorgesehen waren, für die Berliner hingegen sechs, waren wir auch zahlenmäßig im Nachteil. Schon als wir im Herbst 1961 von dieser Programmplanung Kenntnis erhielten, meldeten wir sofort beim Direktor der Salzburger Festspiele, Dr. Nekola, unsere Bedenken an, jedoch ohne Erfolg. Ich war sehr bedrückt, denn obwohl schließlich auch Böhm keines unserer Konzerte in Salzburg dirigierte, richtete sich die Kritik in unseren Reihen ausdrücklich gegen Karajan, und das mußte, so befürchtete ich, zu einer Verschlechterung unserer Beziehungen führen.“

In der Wiener Staatsoper kann man sich's mit allen verderben, nur nicht mit dem Orchester.

Bei schwachen Direktoren kommt noch der Betriebsrat dazu, aber Karajan war kein schwacher Direktor. Bleiben wir also beim Orchester und bei Otto Strasser, der geschrieben hat:

„Anfang 1964 entschloß er (Karajan) sich jedoch, mit der Deutschen Grammophongesellschaft einen Exklusivvertrag abzuschließen, und da die Philharmoniker seit Jahren exklusiv an die Firma Decca gebunden waren, wurde die Zusammenarbeit, auf die er Wert legte, zumindest für den Augenblick unmöglich.“

Und vom letzten Monat des Opernchefs Karajan, dem Juni 1964, berichtet Strasser: „Die aufrichtige Loyalitätserklärung, die Karajan von uns erwartete, konnte ich jedoch nicht durchsetzen... Wir suchten ihn im Hotel Imperial auf und gaben eine mehr oder weniger farblose Erklärung ab.“

Natürlich besteht kein Zweifel, daß das Orchester den Abgang Karajans verhindern konnte.

Wer den stets aufrichtigen Otto Strasser liest, weiß, warum dies nicht geschehen ist.

In der Fernsehsendung „Ihr Auftritt, bitte!" wollte ich zusammen mit Karl Löbl einen letzten Versuch unternehmen, Karajan an der Wiener Oper zu halten.

Ich bin zu dem damals starken Mann der ÖVP, dem Vizekanzler Hermann Withalm, gegangen, habe ihm die Situation erklärt, und Withalm hat mir garantiert, daß ein Direktor geholt wird, für den sich Karajan entschieden hat.

Zusammen mit Karl Löbl bin ich also ins Hotel Imperial gegangen, und Karajan hat einen einzigen Namen genannt: Albert Moser.

Dieser Mann war Generalsekretär der Staatsoper gewesen. Galt für den Ausfall einer Vorstellung als verantworlich, weil man vergessen hatte, Wolfgang Windgassen zu dieser Vorstellung zu holen und hat auf Intervention Karajans dann die Direktion der Wiener Volksoper bekommen.

Karajan hat mich selbst mit Moser verbunden, der mir erklärte: „Solange Hilbert in der Oper ist, betrete ich dieses Haus nicht mehr."

Damit waren unsere Möglichkeiten erschöpft und unser Dialog vor den Fernsehkameras eigentlich sinnlos geworden. Weil Karajan eine Schwäche für Leute hat, die sich in der Öffentlichkeit für ihn einsetzen und keine „farblosen Erklärungen abgeben", hat unser Dialog trotzdem stattgefunden, und wir sind auch prompt in fast allen österreichischen Zeitungen attackiert worden. Wobei „Mißbrauch der demokratischen Pressefreiheit" noch das mindeste war, was man mir vorgeworfen hat.

Karajan hatte die Nase voll und gab eine Erklärung ab, daß er Österreich verlasse; daraufhin habe ich den Salzburger Landeshauptmann Lechner angerufen und ihn schüchtern darauf aufmerksam gemacht, daß eine öffentlich abgegebene Loyalitätserklärung für den Maestro ihren Sinn kaum verfehlen würde.

Lechner hat ein Telegramm an Karajan geschickt, dieses publiziert, und Karajan ist wenigstens in Salzburg geblieben. Was die Salzburger kaum bereut haben.

Im Herbst 1957 ist der Leiter der Bundestheaterverwaltung Ministerialrat Marboe gestorben.

Marboe hatte Karajan geholt, hat sich gut mit ihm verstanden. Da er ein glänzender Diplomat war, hätte er bestimmt viele Hindernisse für den Opernchef aus dem Weg räumen können.

In den letzten Monaten der Wiener Tätigkeit Karajans wurde ein neuer Unterrichtsminister eingesetzt. Dr. Theodor Piffl-Perčević. Er schreibt anläßlich einer Äußerung von Bürgermeister Gratz über Karajan: „Man lasse Kapitulationen und Triumphe im Fremdwörterduden stehen. Freuen wir uns über jeden Künstler, der in rechtlich sauberer und angemessener Weise sich darum bemüht, bei uns wirken zu dürfen." Man wäre geneigt zu denken: Aha, jetzt war der Mann fünf Jahre Unterrichtsminister und hat immer noch nicht verstanden, worum es in der Staatsoper geht. Wenn nicht nach dem Erscheinen des Ministerbuchs Operndirektor Dr. Seefehlner in einer Pressekonferenz gesagt hätte, Nicolaus Harnoncourt habe nie sein Interesse dokumentiert, an der Staatsoper zu dirigieren, weshalb er nicht mit ihm verhandelt hätte.

Es muß also schon am Klima liegen, daß kompetente Leute ernstlich annehmen, berühmte Künstler haben sich in „angemessener Weise darum zu bemühen, bei uns wirken zu dürfen."

Vor Dolchstoßlegenden wird gewarnt. Der karajanische Opernalltag unterscheidet sich nicht von anderen. Ein Sonntagvormittag im Betriebsbüro der Wiener Staatsoper. Die Abendvorstellung: „Arabella" von Richard Strauss. Die Hauptdarstellerin ist in Wien, leider kennt der Diensthabende ihre Telefonnummer nicht. Da kann ich ihm aushelfen, er ruft an und ist beruhigt.

Frau Rothenberger hat in der Bundesrepublik Deutschland gesungen. Bei einem Telefonat mit ihrem Hotel erfährt der Herr vom Betriebsbüro, daß sie schon im Flugzeug nach Wien sitzt. Der Dirigent Keilberth wiederum wohnt in München und versichert, daß er „fast" schon auf dem Weg zum Flughafen sei. Und dann kommen die Probleme. Trotz zahlreicher Anrufe in verschiedensten Städten gelingt es dem Betriebsbüro nicht, festzustellen, wo sich Carlos Alexander, der Darsteller des Mandryka, aufhält.

Nun gibt es eine Regelung, nach der Vorstellungsänderungen um 13.00 Uhr im Österreichischen Rundfunk zu verlautbaren sind. Also ruft der Mann im Betriebsbüro den Leiter dieser Nervenzentrale, Hofrat Schneider an, der ihm verblüfft erwidert: „Warum sind sie denn gerade heute nervös? Der Alexander wird schon auftauchen." Womit er recht behalten hat.

So ist es zu Karajans Zeiten gewesen, und vorher und nachher war's auch nicht anders. Natürlich ist es Pech, wenn die wichtigsten Sänger in den Tagen vor der Vorstellung nicht in Wien gesungen haben und also alle anreisen. Aber manchmal ist's viel ärger.

Während der Direktion Reif-Gintl hat man auf dem Spielplan der Berliner Oper festgestellt, daß ein Star am Abend vor einer Vorstellung in Wien in Berlin gesungen hat. Eine Dame im Betriebsbüro ruft also am Morgen der Wiener Vorstellung in Berlin an und erfährt, daß der Sänger noch seelenruhig in Berlin sitzt. Nach dem Mittagessen wird er zum Flughafen fahren. Er hatte nämlich in der Nacht Fernsehaufnahmen und will sich etwas ausruhen. Nun ist es ein nebeliger Tag, man läßt also den Sänger vom Wiener Flughafen mit einer Polizeieskorte abholen und bekommt laufend von Wien-Schwechat Meldungen, wie es um den betreffenden Flug steht. 45 Minuten vor Beginn der Vorstellung ist dann der vielbeschäftigte Star in der Oper eingetroffen. Der Ersatz war schon bereit. Für die Partner des Stars und den Dirigenten sind solche Vorfälle nicht gerade niveaufördernd. Für den fliegenden Sänger auch nicht. Notabene gibt's eine Bestimmung, die vorsieht, daß ein Künstler 24 Stunden vor Beginn der Vorstellung in Wien zu sein hat.

Zwei Beispiele für unzählige. Diese Zustände haben dazu geführt, daß Karajan keine „Repertoirevorstellungen" dirigieren will. Verständlich, aber eigentlich ist's schade! Weil kein Dirigent so bereit war, den Sängern, die in Schwierigkeiten geraten sind, zu helfen, wie er. Weil keiner vorhergefühlt hat, wann es kritisch wird, so wie er das konnte. Und weil er im Bruchteil einer Sekunde ein „geschmissenes" C mit dem Orchester zugedeckt hat. Später hat auch er das nicht mehr gekonnt. Weil er es nur selten mit Sängern zu tun hatte, die eine Partie lange nicht mehr gesungen hatten oder in einer Oper einspringen mußten.

Karajan hat den Kampf gegen den Schlendrian fliegender Stars gar nicht erst aufgenommen, weil er ohnedies gewußt hat, daß man da nur scheitert. Er hat sich schon im Laufe seiner Wiener Tätigkeit bemüht, große Opernabende zu bieten, mit allen dafür nötigen Voraussetzungen. Das gewiß nicht karajanfreundliche „Neue Österreich" hat im Mai 1964 vermerkt: „Karajan brachte in Wien geradezu einmalige Vorstellungen zustande, die ihresgleichen auf der ganzen Welt nicht hatten." Daß man das nicht mit Sängern machen kann, die am Tag einer Vorstellung in verschiedenen Städten der Bundesrepublik gesucht werden, liegt auf der Hand.

Der Nachfolger Karajans wurde ständig von einer gewaltigen Angst geplagt, daß eines Abends der Vorhang nicht aufgehe. Denn natürlich gibt's eine kleine Katastrophe, wenn die Verständigung mit den reisenden Sängern nicht klappt. Im Mai 1963 wollte man die zwanzigjährige

Zugehörigkeit Irmgard Seefrieds zur Wiener Staatsoper in einer Aufführung der „Meistersinger von Nürnberg“ feiern. Darüber schreibt der „Kurier“: „Abgesehen davon, daß ursprünglich eigentlich der ‚Fliegende Holländer‘ vorgesehen war und in Wien nicht ständig anwesende Ensemblemitglieder erst sehr spät davon unterrichtet wurden, daß die ‚Meistersinger‘ gespielt werden; abgesehen davon, daß die Billeteure das Geld für die Programme nicht zurückgaben und die empörten Zuschauer an die Kasse verwiesen, wo, da dort die Eintrittsgelder retourniert wurden, endlose Schlangen standen; abgesehen davon hatte man in unverständlicher Sorglosigkeit keinen Ersatz bei der Hand. Freilich, die Stolzings sind nicht allzu dicht gesät. Aber in Wien gibt es derzeit einen: Rudolf Schock. Der jedoch lehnte die in letzter Minute eilends ergangene Einladung mit der berechtigten Begündung ab, er habe die Partie jahrelang nicht gesungen.“

Das hat recht arg ausgesehen, und dem Generalsekretär ist's an den Kragen gegangen. Für Menschen, die über die Zustände an einem großen Opernhaus Bescheid wissen, ist es aber fast ein Wunder, daß solche Dinge nicht öfter passiert sind. Und manchmal merkt das Publikum gar nicht, was da eigentlich geschieht und wie eine Aufführung zustande kommt.

René Kollo hat mir erzählt, daß ihn einmal sein Manager am frühen Morgen angerufen hat und ihn gefragt hat, ob er in Wien am Abend in „Butterfly“ einspringen kann. Der Tenor hatte eine durchzechte Nacht hinter sich und erinnerte sich erst später, daß man „Butterfly“ in Wien vielleicht in italienischer Sprache singt. Ein Rückruf bei seinem Impresario bestätigte seine Befürchtung. Er wollte absagen, sein Agent erwiderte: „Unmöglich. Wir haber gerade zugesagt.“

Kollo hatte den Linkerton erst einmal in italienischer Sprache gesungen, und das war lange her. Er besorgte sich also einen Auszug in italienischer Sprache und lernte auf der Reise die ersten beiden Akte. Zu mehr langte es einfach nicht mehr. Diese beiden Akte gingen auch klaglos über die Bühne, doch im dritten Akt, den er nur mehr phonetisch bewältigte, starrte ihn seine Partnerin fassungslos an.

Das spielte sich lange nach dem Zeitpunkt ab, da Karajan die Oper verlassen hatte.

Bei der „Butterfly“ war das Publikum genauso uninformiert wie die Butterfly. Und wie nimmt das Opernpublikum einen handfesten Skandal auf? Die durchaus seriöse „Süddeutsche Zeitung“ hat nach der geplatzten „Bohème“-Premiere geschrieben: „Die Wiener Opernfreunde — auch die, welche heimgeschickt wurden — sind selig. Denn was gibt es für sie An- und Aufregenderes als einen richtigen Wirbel um das Theater, einen Gesprächsstoff, mit dem es weder die Politik noch die Literatur noch die Freuden der Küche aufnehmen können."

Allerdings gilt das nur für eine Zeit, in der die Staatsoper nahe dem Zentrum des öffentlichen Interesses angesiedelt ist. Duglore Pizzini hat im Juni 1964 geschrieben: „Es geht hier nur noch unter anderem um Herbert von Karajan. Nur noch unter anderem um die Frage, ob die bessere Einsicht in letzter Sekunde siegen wird oder ob die gewerbsmäßigen Intriganten, Besserwisser, Direktionskandidaten und Hineinredner einen Triumph feiern werden, dessen sie sich dann in absehbarer Zeit wahrscheinlich nicht einmal mehr richtig freuen könnten. Denn mit dem Niveau der Oper ginge auch der Spaß am Intrigieren zurück." Ein paar Jahre später, nach dem Abgang Hilberts, war's dann wirklich soweit.

Gottfried Kraus hat im Jahre 1968 in einem Rundfunkkommentar gesagt: „Ist Karajan ein Wunder? Er ist zweifellos ein Phänomen, das in seiner Ausprägung für unsere Zeit charakteristisch ist. Ob Karajan selbst mit dieser Ausprägung ganz glücklich ist und ob das Urteil der Geschichte dem Dirigenten Karajan den gleichen Platz gönnen wird, den das große Publikum ihm heute einräumt, möge als offene Frage stehen bleiben. Adorno meint, daß das, was die Welt von Karajan zu sehen bekommt, seinem Rang und seiner Qualität als Musiker unrecht tut, indem Aspekte hervorgehoben werden, die für seine besten Qualitäten ganz und gar uncharakteristisch sind."

Die Armee von Österreichern, die nie die Wiener Oper besuchen, hat sich in der karajanischen Ära immer an Aspekte gehalten, die seiner Qualität als Musiker unrecht tun. Wenngleich sie nicht das gesucht haben, wovon Adorno schreibt.

Nicht nur die Wiener Opernfreunde waren damals über Opernskandale „selig", auch in der Presse hat man sich daran beteiligt. Man hat gesucht und gefunden, war aber weit und breit kein Skandal da, dann hat man einen erfunden. So hat Lothar Knessl, später Pressechef der Staatsoper, den Geburtstag Böhms mit dem von Frau Böhm verwechselt. Da man ihm zugetragen hatte, daß Karajan Geburtstagsblumen in das Berliner Hotel Böhms geschickt hat, ist er fündig geworden. Er hat in großer Aufmachung über eine Verschwörung der beiden führenden Dirigenten gegen Hilbert berichtet. Es war eine Riesenhetz! Und er konnte mit der Anteilnahme der Leser rechnen, auch wenn seine schillernde Seifenblase bald geplatzt ist; wen hat das gekümmert? „Geburtstagsgratulationen und Blumensträuße als äußeres Zeichen der Verschwörung ...", konnte man da lesen. Das waren noch Zeiten! Die Leser haben die grimmige Verschwörermiene Karajans vor sich gesehen, als er seinen Blumenstrauß an Böhm abgeschickt hat.

Wenn der Tebaldi die Nil-Arie mißglückt, interessiert sich ein ganz kleiner Kreis von Menschen für dieses Malheur. Wenn aber die beiden großen Dirigenten gegen den Wiener Operndirektor losziehen, freut sich auch der unmusikalischeste Leser. Voraussetzung dafür ist die Einbeziehung prominenter Persönlichkeiten. Kein Journalist wäre auf die Idee einer Verschwörung von Stein und Wallberg gegen Reif-Gintl gekommen. Meldungen dieser Art hätte man auch nicht auf Seite eins ankündigen können. In Wien und Umgebung ist das Interesse für starke künstlerische Persönlichkeiten Tradition.

Der Trennungsstrich zwischen künstlerischer Kritik und einer oft polemischen Berichterstattung rund um die Oper wird in Wien nicht immer gezogen. Als Karajan nach siebzehnjähriger Abwesenheit an die Oper zurückkehrte, machte ein ordinäres und mißglücktes Spottgedicht, das ein Beamter des Ministeriums für Unterricht und Kunst verfaßt hatte, die Runde. Auch Anhänger Karajans verteilten dieses Werk teils lustvoll, teils schmerzerfüllt, und der Autor wird kaum mit so viel Reklame für sein Gelegenheitsgedicht gerechnet haben.

Man hatte nicht einkalkuliert, daß ein völlig gewandelter Maestro an das Haus zurückgekehrt war, in das er von jeher gehört hätte. Karajan, der eine schwere Operation hinter sich hatte, hat Opernvorstellungen nur in Österreich geleitet und sich im übrigen noch mehr als früher auf das Wesentliche in seiner Arbeit konzentriert. Seine Reiselust war längst verschwunden, mehr als in den Zeiten seiner Direktion hatte er den Wert der Schallplatte erkannt, und seine Einstellung zum Fernsehen hatte sich völlig geändert.

Der Dirigent, ansonsten stets beherrscht und gesammelt, war vor seinem Wiederauftreten blaß und nervös wie ein Anfänger. Erst als er zum Pult ging und sich das Publikum im ganzen Haus erhob, legte sich die Spannung, und er wirkte gelöst und zufrieden. Aber ganz hat er sich nicht zu Hause gefühlt. Trotz des Erfolges, trotz der Kritiken, die ihn an seine Konzerttätigkeit in den Nachkriegsjahren erinnert haben mögen.

Ein Jahr später war er dann wieder „der alte", und auch die Nervosität rund um ihn hatte sich gelegt. Hatte er nicht in all den Jahren ohne jeden Skandal in Salzburg gearbeitet, in den letzten Jahren vor seiner Wiederkehr sogar zu Ostern, zu Pfingsten und im Sommer? Vielleicht hatte er bei seinem Wiederauftreten einen Skandal befürchtet, war doch der Verfasser des Spottgedichtes ein enger Berater des Unterrichtsministers gewesen. Und der Wiener Bürgermeister, der ihn bald darauf zum Ehrenbürger der Hauptstadt ernannt hat, war ihm auch nicht durch ausnehmend freundliche Äußerungen aufgefallen.

Nach dem Ausscheiden Karajans lebte auch in Wien die Diskussion auf, ob der Chef der Staatsoper ein Künstler oder ein Manager sein sollte. Christoph von Dohnany ist der Ansicht, daß ein Dirigent besseren Einblick in die künstlerische Arbeit eines Instituts gewinnt als ein Manager. Daß er weiß, was man erwarten und verlangen kann, wie weit man gehen kann, ohne den Bogen zu überspannen. Ähnliches gilt natürlich auch von einem Regisseur. Günther Rennert ist ein gutes Beispiel für einen erfolgreichen Opernchef, der an zwei großen Häusern auch Regie geführt hat.

Für seine Probenarbeit zu „Carmen" hatte man Franco Zeffirelli ein Büro der Direktion zur Verfügung gestellt. Dieses Büro schien für ihn eingerichtet zu sein. Wenn er es betreten hat, war ein Chef an der Arbeit, ist es sofort zum Direktionsbüro geworden. Die Auseinandersetzungen Manager—Dirigent—Regisseur werden immer in einer Sackgasse enden. Wesentlich ist, daß ein führendes Opernhaus von einer großen Persönlichkeit geleitet wird.

Gottfried von Einem und Hans Werner Henze werden anderer Ansicht sein. Sie wünschen sich Operndirektoren, mit denen man über eine neue Oper reden kann, von denen sie sich Ratschläge erwarten können, Wünsche zu Änderungen, Anregungen ... Einem nennt die meisten Operndirektoren „Dilettanten im schlechten Sinn". Und man kann seinen Unmut durchaus verstehen. Nur wird man es in absehbarer Zeit kaum ändern, daß lebende Komponisten wenig (zu wenig?) aufgeführt werden und sie deshalb nicht als Kriterium dafür gelten, wer in die Direktion einer Oper einziehen soll. Deshalb waren Böhm und Karajan ebenso am rechten Platz wie Bing und Liebermann.

In späteren Jahren haben sich die Direktoren der Staatsoper einer Krücke bedienen können: der Euro- und Intervision. Sie haben Karajan und Bernstein, Schenk und Zeffirelli als Galionsfiguren in den Äther ausstrahlen können. Und unwillkürlich fragt man sich, weshalb ein allen technischen Neuerungen so aufgeschlossener Mann wie der Salzburger Maestro den Wert der Television nicht früher erkannt hat. Natürlich hat er mit der Aufzeichnung zweier Opern schlechte Erfahrungen gemacht! Nur hat es damals einen genialen Regisseur beim österreichischen Fernsehen gegeben: Erich Neuberg. Mit dem hätte er reden können. Neuberg hat vor allem Theater- und Sportübertragungen geleitet, aber er hat auch eine viel beachtete Übertragung von „Cosi fan tutte“ aus Salzburg zustande gebracht.

Auf den richtigen Mann im Übertragungswagen ist es angekommen. Liebermann zum Beispiel hat lange vor Karajan erkannt, daß sich ein Opernchef des Fernsehens bedienen kann.

Er ist bei der Umsetzung der Oper auf den Bildschirm gescheitert. Das Mißtrauen Karajans gegenüber dem Medium Fernsehen hat ihm auch eine Salzburger Pleite eingebracht. Er wollte nicht, daß die Eröffnungsvorstellung des Großen Salzburger Festspielhauses — der „Rosenkavalier“ — in der Eurovision übertragen wird. Das Fernsehen war noch nicht soweit, hat er gesagt. Unter dem Druck der Öffentlichkeit hat er dann ein paar Szenen aufzeichnen lassen, sie mit der Live-Reportage gemischt, und das Produkt war unverdaulich.

Er ist einem fatalen Irrtum zum Opfer gefallen: Die Fernseher zwischen Lappland und Alicante wollten nicht eine perfekte „Rosenkavalier“-Aufführung sehen. Sie wollten miterleben, wie das Neue Festspielhaus eröffnet wird. Und dabei hätte man sich um Erich Neuberg bemühen müssen und nicht um einen Regisseur, dem eine Reportage so fremd war, daß er nichts aus dieser Sendung herausholen konnte. Eine geglückte Übertragung wäre damals ein großer Gewinn für die Oper im Fernsehen gewesen, wodurch nicht zuletzt die Wiener Oper und deren künstlerischer Leiter gewonnen hätten.

Und noch etwas: Natürlich hätte man auch vom jährlichen Opernball profitieren können. Nirgends steht geschrieben, daß diese Veranstaltung alljährlich nach einem langweiligen, starren Zeremoniell abrollen muß. Das Interesse der ausländischen Fernsehstationen war da. Nur haben sie wirklich nicht Jahr für Jahr dasselbe Fest für Fabrikanten, Bankdirektoren und Botschafter übernehmen können. Hat man die führenden Sänger der Welt zur Verfügung, kann man ja etwas völlig anderes aus dieser Veranstaltung machen. Und niemand hätte dazu mehr Autorität gehabt als Karajan. Sogar bedeutende Dirigenten hätten da in Erscheinung treten können. Nun kann man dem natürlich entgegenhalten, daß die Strahlkraft Karajans auch ohne Fernsehen weit über die Grenzen des Landes gereicht hat.

Trotzdem ist die Zahl der Menschen, die an Aufführungen der Wiener Oper herankommen, von großer Bedeutung. Ein kleines Land stellt der Oper ein exorbitantes Budget zur Verfügung. Es kann und konnte nicht ausbleiben, daß die Regierenden sich fragen, wie viele Menschen an den Darbietungen dieses Instituts teilnehmen können.

Durch die Schule Erich Neubergs wären in Österreich alle Voraussetzungen für ein internationales Fernseh-Opernunternehmen vorhanden gewesen. Man hat das viele Jahre nach Neubergs Tod gesehen, als die Mailänder Scala bei den Übertragungen von „Norma“ und „Don Carlos“ miserable Bildinszenierungen geboten hat, die dem Medium Oper eher geschadet als genützt haben.

Und was den Opernball betrifft: Die Dynastien Strauß und Lanner müssen schließlich nicht nur beim Neujahrskonzert in Erscheinung treten. Aber zu Karajans Wiener Zeit war man noch skeptisch gegenüber der Television. Bruno Walter zum Beispiel war der festen Überzeugung, daß sich nur kleine Opern für den Bildschirm eignen. Nicht der Fortschritt der Technik hat bewiesen, daß sich Bruno Walter geirrt hat, das Publikum ist aufgeschlossener geworden. Karajan erzählt gern, daß er nach dem Krieg einem Schallplattenproduzenten vorgeschlagen hat, „Figaros Hochzeit“ aufzunehmen. Worauf ihm dieser erwidert hat: „Und wer soll das kaufen?“ Zwanzig Jahre später hatte jede wichtige Plattenfirma ihren „Figaro“ aufgenommen. Eine ähnliche Entwicklung hat sich eben auch in anderen Bereichen vollzogen.

Im Dezember 1952 haben amerikanische Fernsehstationen „Carmen“ aus New York übertragen. Die Zuseherzahl ist auf 100.000 geschätzt worden. Man vergleiche damit die Einschaltziffern bei der Übertragung der Wiener „Carmen“ im Dezember 1978. Wobei man bedenken muß, daß es ja in den Vereinigten Staaten schon längst Fernsehen gegeben hat, als man in Österreich nur den Radioapparat zur Verfügung hatte.

Außerdem sind Platte und Bildschirmaufzeichnungen bleibende Zeugen des Stils, des Geschmacks einer Zeit. Und die Zeit, in der Karajan die Wiener Oper geleitet hat, war für dieses Institut von großer Bedeutung. Wieso ist es dann zu einem so unrühmlichen Ende seiner Direktion gekommen?

Sein besonders in Wien üppig wucherndes Mißtrauen hat dazu geführt, daß seine Umgangsformen etwas schroff gewirkt haben. Sein oft im Telegrammstil gehaltener Dialog mag diesen Eindruck verstärkt haben. Die für Kultur Verantwortlichen haben also nach und nach den Eindruck gewonnen, daß er keinen Widerspruch duldet. Also haben einige von ihnen zu allem „ja“ gesagt und sich dann bemüht, alles zu torpedieren, was sie gerade zugesagt hatten.

Karajan weiß um seine schlechte Menschenkenntnis. Die daraus resultierende Unsicherheit führt zu einer Aura der Unbeirrbarkeit. Der Präsident des Rechnungshofs hat mir einmal gesagt: „Wer außer Ihnen kann schon mit Karajan verhandeln!“ Es ist falsch, daß er sich nichts sagen läßt, daß er keinen Rat annimmt. Nur ist es schwer, Zugang zu ihm zu finden. Und er hat eine abgrundtiefe Abneigung gegen falsche und feige Menschen. Beide Typen sind in Österreich mühelos zu finden. Dazu kommt, daß Österreich zumeist von unmusikalischen Menschen regiert wird, was für ein Nahverhältnis zum Opernchef nicht eben zuträglich ist. Ein holländischer Journalist, der mitten in einem Interview mit Bundeskanzler Raab eine Spieluhr gehört hat, sagte nach ehrfürchtigem Schweigen: „Mozart." Worauf ihm der Kanzler erwidert hat: „Möglich. I hör immer nur Trommeln." Mit Trommlern spricht sich's leichter als mit Mozart-Interpreten. Vor allem, wenn man sich in einer gehobenen Stellung befindet. Und in Österreich. Karajan hat weniger Fehler gemacht als die anderen Operndirektoren der Zweiten Republik. Nur waren seine — auf schlechter Menschenkenntnis beruhenden — beiden Fehler entscheidend. Walter Erich Schäfer war ein ausgezeichneter Mann. Für die Residenzstadt Stuttgart, in der er die Staatstheater in fast patriarchalischer Weise geführt hat. Zu Wien hat er ebensowenig gepaßt, wie etwa ein Wolfgang Wagner hier reüssiert hätte. Nach einiger Zeit haben das Schäfer und sein Mitdirektor eingesehen. Nun war Schäfer ein ungemein loyaler Mann, dem es nie eingefallen wäre, gegen den Mann aufzutreten, der ihn geholt hat. Er ist ebenso leise gegangen, wie er gekommen war.

Wahrscheinlich hat aber dieser Fehlgriff Karajan noch unsicherer gemacht. Und so ist er vom leisen Schäfer auf den lauten Hilbert verfallen. Von einem ruhigen Mann, der alles zweimal überlegt hat, bevor er agierte, zu einem von hektischer Betriebsamkeit übersprudelnden Menschen, der noch dazu von einem intensiven Geltungsdrang beseelt war. Sophokles hat einmal gesagt: „Wer nicht dasselbe erfahren hat wie ich, soll mir keinen Rat geben." Der Maestro hatte anscheinend niemanden, der auch nur ähnliches erfahren hat. Vielleicht ist's für ihn auch schwerer als für andere. Eine bekannte Sängerin hat mir einmal erzählt: „Sie können sich gar nicht vorstellen, was sich da rund um den Maestro abspielt. Weltstars kommen nach einer Aufführung applaudierend auf ihn zu und hauchen, bravissimo, Maestro, bravissimo. Wie soll er denn nach einiger Zeit wissen, welches Lob ehrlich ist?"

Sieht man davon ab, daß sich darunter Sänger befinden, deren Begeisterung durchaus ehrlich ist, so arbeiten die anderen ja nicht hinter den Kulissen gegen ihn. Sie sind nur immer auf der Seite des Stärkeren, auf der Seite dessen, der den Ton angibt. Nach seinem Abgang aus Wien hat Karajan genau zwischen diesen beiden Gruppen unterscheiden können.

Die Erklärungen Karajans nach seinem Abgang aus Wien haben einigen Staub aufgewirbelt. Reduziert man sie auf ihren Kern, so ergibt sich, daß er die Hoffnung auf einen geordneten Repertoirebetrieb endgültig aufgegeben hat.

Als Praktiker hat er nicht nur gesehen, was rund um ihn vorgegangen ist, er hat auch die Auswirkungen dieser Zustände vorausgesehen. Also wollte er sich darauf konzentrieren, Premieren so gewissenhaft wie möglich vorzubereiten und die Wiederaufnahme von Vorstellungen zu leiten, bei denen jeder den anderen kannte, bei denen jeder wußte, woran er bei dem anderen war.

Im Dezember 1978 schilderte Marcel Prawy in einem Artikel die Probenarbeit zur Wiener „Carmen" unter Zeffirelli.

Da heißt es:

„Es gab lange Nachttelefonate mit Placido Domingo, der gerade in London ‚Die Afrikanerin' sang, die ich mit ihren Diskussionen über Rolle und Charakter, Stellungen und Barttracht, emotionelle Reaktionen und Auftrittsprobleme als vollgültige Proben bezeichnen muß. Ich fand solche Gespräche intensiver, produktiver, anregender, konzentrierter, inspirierter als viele der endlosen Bühnenproben, die ich bei anderen Gelegenheiten erlebt habe.

Ich werde die zehn Minuten nie vergessen, in denen Zeffirelli mit Domingo und seiner Partnerin die Schlußszene gearbeitet hat."

Nichts konnte die rasante Talfahrt internationaler Opernbühnen besser beschreiben. 14 Jahre vorher hat Otto Schenk die von ihm sehr geschätzte Gundula Janowitz als Micaela abgelehnt, weil sie nur vier Wochen hätte proben können und er auf einer sechswöchigen Probenzeit bestanden hat.

Jetzt probt man per Telefon, und der Hauptdarsteller hat innerhalb von fünf Wochen eine Premiere in London, eine Premiere in Wien, eine Premiere in München, und dann dirigiert er noch zum erstenmal die „Fledermaus" in Wien. „Zum Drüberstreuen", wie man in Wien zu sagen pflegt.

Währenddessen sitzen der Regisseur und der Dirigent — beide internationale Stars — sechs Wochen in Wien, aber auch das wird sich wahrscheinlich ändern. Wenn der Chefdramaturg einer Oper es gutheißt, daß der Regisseur mit seinen Hauptdarstellern telefonisch Regie führt, ist ja noch lange nicht gesagt, daß sich der Regisseur in Wien befinden muß.

Alldem hat Karajan entgehen wollen, und das ist ihm dadurch gelungen, daß er sich — was Opernaufführungen betrifft — auf die

Oster- und Sommerfestspiele von Salzburg konzentriert hat.

In den Festspielen hat er seine letzte Zuflucht gesehen, denn das Repertoiretheater hat keineswegs nur an der Wiener Oper gelitten.

Wenige Tage vor der „Carmen"-Premiere im Dezember 1978 hat Franco Zeffirelli gesagt:

„Von allen Theatern, die ich kenne, ist die Wiener Oper das seriöseste. Auch wenn es sich um ein Repertoiretheater handelt, in dem man alle vier Monate eine Premiere herausbringen muß und dann nicht genügend Zeit hat, um diese vorzubereiten. Das ist fatal und wird durch die Tatsache hervorgerufen, daß die Oper hier ihrem Publikum jeden Abend eine Aufführung bieten muß.

‚Don Giovanni' und ‚Bohème', die ich inszeniert habe, leiden unter der Schnelligkeit, mit der sie produziert werden mußten. Trotzdem: In London, New York und an der Scala sind die Zustände im Vergleich zu Wien eine Katastrophe, weil man nicht gewohnt ist, die Inszenierungen zu konservieren. Obwohl zum Beispiel meine ‚Bohème' noch existiert. Wenn man eine Aufführung nach langer Zeit wieder sieht, versetzt es einem einen Stoß ins Herz."

Zeffirelli weicht also zum Film aus. Karajan zum Konzert, zur Schallplatte, zum Fernsehen und zu Festspielaufführungen. Um italienische Opern optimal herauszubringen, hat er die wichtigsten Sänger nach Wien geholt: Die Tebaldi und die Simionato, Corelli, di Stefano, Ghiaurov, Gobbi, Bastianini, Siepi. Nur die Callas hat gefehlt. Sie wollte etwas mehr als die anderen — es hat sich um eine geringfügige Gagendifferenz gehandelt. Also hat er ihr sagen lassen, sie sollte doch das nächstemal in der Stadthalle auftreten, wurde mir damals in der Direktion berichtet. Krips ist nach fünfjähriger Abwesenheit an die Oper zurückgekehrt, Szell, Mitropoulos und Prêtre wurden geholt. Moderne Komponisten sind in seiner Ära aufgeführt worden: Strawinsky, Hindemith, Orff, Pizetti, Poulenc. Bei den Ballettaufführungen war die Zahl lebender Komponisten sogar noch größer, und er hat selbst die Premiere eines dieser Ballette dirigiert: „Planeten". Die Tänzer waren entzückt, weil er sich bei den Klavierproben mit ihnen auf die Tempi geeinigt hat und diese dann mit dem Orchester genau eingehalten hat. Damit hat er bewiesen, daß er gewußt hat, worauf es ankommt. Sind schon für Sänger wechselnde Tempi ein Ärgernis, so wirken sie sich auf Tänzer geradezu katastrophal aus. Und nur wenige Dirigenten kümmern sich darum.

In Salzburg hat er mir einmal gesagt: „Überlegen Sie, wie viele Festspielopern Wagner komponiert hat und wie viele Mozart. In Bayreuth haben sie's wirklich leichter, wenn sie den Spielplan zusammenstellen." Sieben Wagner-Opern hat er in Wien neu inszeniert, und vielleicht hat er überhaupt eine stärkere Beziehung zu Wagner als zu Mozart.

Er hat jahrelang für erregte Diskussionen gesorgt, weil er Opern in der Originalsprache aufführen ließ. Nun gibt es dadurch zweifellos gelegentlich eine Pointe, die verlorengeht — vor allem im Dialog oder bei einem Rezitativ. Dafür bekommt man erste Sänger, die in Italien oder den Vereinigten Staaten auftreten und zum Beispiel italienische Opern eben nicht in deutscher Sprache studiert haben. Die Erregung über diese Neueinführung ist bald abgeklungen, weil man meistens die Sänger auch dann nicht versteht, wenn sie sich der deutschen Sprache bedienen. Ein Nachteil bleibt für Opernfreunde: Es gibt Arien, deren Text sich nie in einer Fremdsprache einbürgern wird. Wie viele Abonnenten wissen schon, wie „Lodern zum Himmel" auf italienisch klingt?

Der Regisseur des Schauspiels „Donnerstag" von Hochwälder wollte, daß sein Hauptdarsteller Kleidung von internationaler Elegance bekommt. Bei den Salzburger Festspielen kann man so etwas voraussetzen, hat er gefunden. Mit den mehrfach geänderten Entwürfen war er nicht zufrieden. Er wollte erklären, was ihm vorschwebt. Schließlich ist ihm ein seiner Ansicht gutes und anschauliches Beispiel eingefallen: „Der Mann muß gekleidet sein wie Herr von Karajan."

Die Antwort der Werkstättenleiterin: „Herr von Karajan läßt nicht in Salzburg arbeiten."

Karajan hat ein internationales Flair in die Wiener Oper gebracht, das die einen genossen haben, das den anderen aber Mißtrauen und Angst eingejagt hat. Sie wollten nach wie vor Herren haben, die „in Wien arbeiten lassen". Ihr Wunsch ist nach dem Abgang des Maestros in Erfüllung gegangen. Der neue Unterrichtsminister hatte bis zu seinem Amtsantritt nur in Graz und anderen steirischen Städten arbeiten lassen. Die Umstellung ist ihm schwergefallen, was durchaus nicht seine Schuld gewesen ist. Er hat sich um seinen Posten wahrlich nicht gerissen.

Hugo Portisch hat geschrieben, daß man überall in der Welt den Namen Karajans kennen wird, wenn niemand mehr weiß, wie der Minister geheißen hat, der den letzten Anstoß zum Abgang Karajans gegeben hat.

Mitten in der karajanischen Ära habe ich öfter im Grazer „Steirerhof" gegessen. Dort hat's einen herrlichen Oberkellner namens Otto Neuböck gegeben. Er hat sich auf allen Gebieten ausgekannt, Herr Neuböck hat immer Bescheid gewußt, und alle Gäste hatten davon

Kenntnis. — Einmal hat mich beim Mittagessen ein Herr mit Schnurrbart ungemein höflich gegrüßt. Ich war der Überzeugung, daß ich diesen Mann nie gesehen habe. Aber in solchen Fällen beginnt mein schlechtes Gewissen rasch zu arbeiten, denn es ist mehr als einmal vorgekommen, daß es sich um einen Interviewpartner gehandelt hat, den ich längst vergessen habe. Also habe ich mich diskret bei Herrn Neuböck erkundigt, wer denn der Herr ist, der mich da gegrüßt hat. „Eine lokale Größe. Ein gewisser Piffl-Perčević. Brauchen Herr Karwin nicht zu kennen.“ Auch der beste Oberkellner kann sich einmal irren.

GLÜCK UND ENDE DES DR. EGON HILBERT

Nach dem Tod Egon Hilberts hat ein Journalist namens Dominik Hartmann geschrieben: „Rückblickend kann daher heute gesagt werden: Egon Hilbert wäre für Wien der ideale Operndirektor gewesen, wenn seine Amtszeit nicht mit der furchtbaren Hypothek belastet gewesen wäre, die Nachfolge eines schlechten Direktors mit einem glänzenden Namen antreten zu müssen. Aus diesem unglücklichen Umstand ergaben sich Folgen, die niemand voraussehen konnte und die insgesamt dazu beigetragen haben, daß die Ära Hilbert zugleich ein Kapitel der Beziehungen zwischen Oper und kultureller Öffentlichkeit bezeichnet, das wohl das schmachvollste in der wechselreichen Geschichte der beiderseitigen Kommunikationen genannt werden muß.

Das erschütternde Ende der Amtszeit des letzten Operndirektors gebietet offen auszusprechen, daß der Tod Dr. Hilberts zum überwiegenden Teil auf das Schuldkonto der systematischen, mit beispielloser Brutalität geführten Verhetzung der Öffentlichkeit gegen die Person Hilberts geht. Was sich — ob in fremdem Auftrag oder nicht, ist jetzt gleichgültig — einer der Opernkritiker und die fanatisierten Kunstrowdys unter dem Anschein sachlicher Kritik an persönlicher Verunglimpfung, Beleidigung und Diffamierung Direktor Hilberts und des von ihm geleiteten Instituts seit Jahren geleistet haben, war nichts anderes als planmäßiger, psychologischer Mord, der in seinen Mitteln vor dem offenen Terror so wenig zurückscheute wie vor der infamsten persönlichen Verletzung."

Die Emotionen sind damals — wie so oft in der österreichischen Kulturberichterstattung — wieder einmal hoch gegangen. Kaum war Hilbert begraben, haben ihn seine Mitkämpfer — und nicht nur diese — vergessen. Als Frau Hilbert für die „Rosenkavalier"-Premiere unter Bernstein eine Karte haben wollte, zeigte sich die Operndirektion taub.

Immerhin war es ja ihr Mann gewesen, der Bernstein nach Wien geholt hatte. Hilbert — nie gehört! Die Österreicher, immer schon Weltmeister im Verdrängen, hatten ganze Arbeit geleistet. Frau Hilbert hat schließlich nach einer energischen Intervention des Regisseurs Otto Schenk doch eine Karte bekommen.

Aus der Ferne hat man Hilbert anscheinend anders gesehen. Im „Spiegel“ hat man als Nachruf lesen können:

„Gestorben

Egon Hilbert, 68. Der Wiener Jurist, bis 1945 Polizeikommissar, Diplomat und KZ-Häftling, diente sich nach dem Krieg zum Chef der österreichischen Bundestheaterverwaltung empor. 1953 nahm er wegen Finanzquerelen seinen Abschied; doch elf Jahre später war er wieder mächtig genug, Karajan vom Intendantenstuhl der Wiener Staatsoper zu verdrängen. Als Karajans Nachfolger hielt er zeitgenössische Werke dem Haus fern und engagierte mehr Sänger, als er beschäftigen konnte. Seine krisensichere Intendanz endete letzten Mittwoch mit der vorzeitigen Verabschiedung. Tags darauf erlitt er einen Herzschlag.“

Die Verpflichtung Hilberts beruhte auf einem Rechenfehler. Er sollte all den täglichen Kleinkram, alle Verwaltungsarbeit erledigen, damit Karajan sich in Ruhe seinen künstlerischen Aktivitäten widmen kann. Menschenkenntnis ist nie die hervorstechendste Eigenschaft des berühmten Maestros gewesen. Sonst hätte er wissen müssen, daß diese Doppeldirektion von vornherein zum Scheitern verurteilt gewesen ist.

Nach der Bestellung Hilberts habe ich in der Sendung „Aus Burg und Oper“ einen Kommentar gesprochen, den mir Unterrichtsminister Drimmel sehr verübelt hat:

„Um so überraschender wirkt es, daß man als Nachfolger Schäfers einen Mann auserkoren hat, der das genaue Gegenteil Schäfers ist. Wäre die Entscheidung im Ministerium ersonnen worden, müßte man denken, daß es sich um einen raffiniert gedrehten Fallstrick handelt. Doch der Maestro selbst hat Hilbert vorgeschlagen. Was dahintersteckt, könnte nur er selbst sagen, und er sagt es nicht.

Hilbert hat nicht gelernt, die zweite Geige zu spielen, er ist am ersten Pult studiert. Er ist genauso dynamisch und energisch wie Karajan und steht genauso gern im Rampenlicht. Er kennt alle Möglichkeiten, die ihm eingeräumt werden, und ist entschlossen, davon Gebrauch zu machen. Man kann es der Wiener Oper wünschen, daß sich Karajan mit Hilbert versteht. Aber es wäre fast eine Überraschung, wenn diese Ehe lange hält. Dabei darf man etwas nicht außer acht lassen: Falls es wirklich zu einem Krach zwischen den beiden kommt, ist es gar nicht so sicher, daß Hilbert dabei unterliegt.“

Im Herbst 1964 ist Hilbert also allein in der Direktion der Staatsoper gesessen und hat lauthals vom „Wiener Ensemble“ geträumt, das er ja als Leiter der Bundestheaterverwaltung ein paar Jahre im Theater an der Wien miterlebt und mehr oder minder offiziell geleitet hat.

Das hat dann so ausgesehen: Dienstag „Troubadour“ in italienischer Sprache, Mittwoch „Margarethe“ in französischer Sprache, Donnerstag „Tosca“ in italienischer Sprache, Samstag „Don Carlos“ in italienischer Sprache, Sonntag abend „Die Hochzeit des Figaro“ in italienischer Sprache. Und eine italienische Sängerin hat in Wien eine Pressekonferenz abgehalten, wobei sie sich über ihre Differenzen mit einer anderen italienischen Sängerin und dem Direktor der Mailänder Scala geäußert hat.

Erstens kann man nicht über Nacht einen neuen Spielplan herausbringen, und dann ist die Attraktivität der damaligen italienischen Sängergarnitur nicht zu unterschätzen. Ein Orchestermusiker hat das so formuliert: „Wenn Hilbert auf die italienischen Sänger verzichtet, ist die Oper leer. Das kann er sich nicht leisten.“

Die Inszenierungen Karajans sind mit dem Vermerk „Nach einer Inszenierung Herbert von Karajans“ gelaufen. Die Oper ist „nach einem Konzept Herbert von Karajans“ geleitet worden.

Als Leiter des Kulturinstituts von Rom und als erfolgreicher Wiener-Festwochen-Intendant hat der umständliche Hilbert viel Zeit gehabt. Und sein guter Ruf stammte aus einer Zeit, in der alles anders war: aus dem Theater an der Wien! Da hat er Kohle beschafft, sich um Reisegenehmigungen und Wohnungen gekümmert, da war er nicht nur tüchtig, da ist er der beste Mann gewesen, den man auf diesen Posten setzen konnte.

Und also hat man vergessen, daß Hilbert nichts von Sängern und Dirigenten verstanden hat. Der in Saarbrücken engagierten Leonie Rysanek hat er bei einem Gastspiel gesagt: „Sie sind wunderbar, aber ich brauche Namen, Namen!“ Seine Tüchtigkeit im Detail und seine Unkenntnis auf künstlerischem Gebiet sind ihm auch bei seiner Tätigkeit als Festwochenintendant und an der Staatsoper geblieben.

Da hat er einmal eine deutsche Sängerin verpflichtet und sich eingebildet, daß man sie in der Sendung „Ihr Auftritt, bitte!“ vorstellen soll. Das Malheur wollte es, daß sie am Abend des Live-„Auftritts“ eine Vorstellung in Frankfurt hatte. Telefonat nach Telefonat. Hilbert hat der deutschen Intendanz eingeredet, es wäre die große Chance für diese Frau ...

Auch mit mir hat er dauernd telefoniert. Schließlich war ich unterwegs in den Bundesländern. An einem Morgen hat er angerufen: „Wo sind Sie heute zwischen drei und vier Uhr? Dann werde ich soweit sein."

Tatsächlich ist es ihm gelungen, die Sängerin freizubekommen, die deutsche Intendanz hat sogar den Gast bezahlt, der engagiert werden mußte. Nur einen Haken hat die ganze Angelegenheit gehabt: Die Sängerin war so langweilig und uninteressant, daß man sie später nie mehr nach Wien geholt hat.

Eines Tages hat Jeanette Pilou in der Oper vorgesungen. Niemand hat sie gekannt. Krips hat den Kopf geschüttelt, also sollte sie nicht engagiert werden. Kaum war Hilbert in seinem Büro, hat er erfahren, daß die Mimi in „Bohème" abgesagt hat. Und das war ja eine Rolle für die unbekannte Frau Pilou. Also hat sie Hilbert gastieren lassen, und die ägyptische Griechin hatte einen eindeutigen Publikumserfolg. Damals war man gerade auf der Suche nach einer Micaela für die nächste Schenk-Inszenierung von „Carmen". Der Regisseur hat in Deutschland gearbeitet. Hilbert hat Frau Schenk angerufen, ihr den Sachverhalt erklärt und gesagt: „Ich lasse die Dame noch einmal gastieren, Sie gehen in die Vorstellung und sagen mir, ob wir sie engagieren sollen."

Die Frau des Oberspielleiters war über diesen Vorschlag alles andere als glücklich, hat sich die Pilou angehört und Hilbert gesagt: „Ich glaube schon . . ." Womit sie ihrem Mann keine reine Freude gemacht hat.

Das Engagement Otto Schenks war ein guter Griff. Ihn hatte Hilbert als Festwochenintendant entdeckt, wie er immer wieder behauptet hat. Und wie ist er nun zu dieser Entdeckung gekommen? Günther Rennert hatte ihm kurzfristig für eine Festwocheninszenierung im Theater an der Wien abgesagt. Also hat er Schenk für die „Lulu" engagiert. Nur glaubt der Regisseur nicht, daß Hilbert jemals eine seiner Inszenierungen gesehen hat. Bei einem prominenten Regisseur wäre das nicht so wichtig. Bei einem Fast-Neuling auf dem Gebiet der Oper hingegen schon. Er hat Glück gehabt, „Lulu" ist ein großer Erfolg gewesen. Nur weiß man nicht mehr, wer Schenk damals wirklich entdeckt hat, das heißt, wer ihn Hilbert empfohlen hat.

Noch als Festwochenintendant ist sich Hilbert seiner Sache durchaus sicher gewesen. Zu Recht. In der Oper aber ist er von einem Gespenst gejagt worden: von Karajan. Da hat der Maestro einmal di Stefano für seine Mailänder „Bohème" abgelehnt. Damit hat er einen Wirbel verursacht, der über die Grenzen des italienischen Opernlebens gedrungen ist. Denn di Stefano war ein Liebling des Publikums. Prompt hat Hilbert dem Sänger einen fabelhaften Vertrag gegeben. Damit, so hat er wohl gedacht, kann er dem Maestro eins auswischen. Die Sache ist schiefgegangen.

Di Stefano ist in Mailand deshalb abgelehnt worden, weil sein hohes C nicht mehr lupenrein gewesen ist. In Wien sollte er in der neuen „Carmen“ mitwirken. Di Stefano hat nächtelang in Spielkasinos gefeiert, und nach der Hauptprobe ist Schenk zu seinem Direktor gegangen und hat ihm gesagt: „Wir müssen die zweite Besetzung nehmen. Es geht ganz einfach nicht. Aber bringen Sie's ihm schonend bei. Das ist ja für einen so berühmten Mann schrecklich!“

Hilbert, sonst immer langatmig und weitschweifend, hat durch den Schock plötzlich seine Sprache verloren, ist in die Garderobe des Tenors gegangen, hat die Hand hinters Ohr gelegt und gesagt: „Commendatore, ich höre nichts!“

Der Schrecken über sich selbst ist es dann wohl gewesen, der Hilbert daran gehindert hat, über den Fall di Stefano ein genaues Protokoll anfertigen zu lassen. Er, der bei den geringfügigsten und überflüssigsten Ereignissen seitenlange Protokolle diktiert hat, war auf einmal verstört, und also hat die Oper später einen Prozeß gegen den Kläger di Stefano verloren. Eine ungewöhnlich kostspielige Angelegenheit.

Wohlgemerkt: Jeder Operndirektor hat das souveräne Recht, sich zu irren. Der Fall di Stefano ist nur deshalb bezeichnend, weil auch hier der Schatten Karajans über der Direktion gelegen ist. Hilbert ist mit der Zeit ein Opernchef geworden, der immer zurückgeblickt hat. Erich Kunz hatte ein Angebot von Lindtberg, am Burgtheater Nestroy zu spielen. Ein Traum wäre in Erfüllung gegangen. Die Burg war zu jedweder Rücksichtnahme beim Erstellen des Spielplans bereit gewesen. Zudem sollte man an der Oper ja auch Kunz entgegenkommen, der sich wahrlich große Verdienste um dieses Institut erworben hat.

In einer seiner üblichen aufwendigen Sitzungen hat der Direktor Kunz nachgewiesen, daß gleich mehrmals die Gefahr besteht, daß man ihn an der Oper benötigt, wenn er an der Burg agiert. Schweren Herzens hat Kunz dem Burgtheater abgesagt, und dann hat sich herausgestellt, daß es kein einziges Mal die Möglichkeit einer Kollision gegeben hätte. Aber Hilbert wurde von dem Alptraum verfolgt, daß in seiner Direktion eine Vorstellung ausfallen könnte: Bei Karajan ist das passiert, als das Betriebsbüro vergessen hatte, einen Stolzing für die „Meistersinger“ zu bestellen, und einmal hatte Hilbert selbst erlebt, was es heißt, das Publikum nach Hause schicken zu müssen. Damals hatte er mit Karajan vor dem Vorhang erscheinen können, jetzt wäre er allein gewesen. Zwei Jahre nach der Amtsübernahme Hilberts hat Franz

Endler — gewiß kein glühender Anhänger Karajans — geschrieben: „Die Direktion der Wiener Staatsoper müßte — wenn sie nach zwei Jahren Amtszeit nun aufhören wollte, zu amtieren, und beginnen würde, richtig Oper zu machen — den Spielplan ausweiten."

Ferner heißt es in dem Artikel, in dem eine bessere Ensemblepolitik gefordert wird: „Solange freilich in den Direktionsräumen vorwiegend Aktennotizen hergestellt werden, diskutiert wird, ob ein Betriebsratsobmann in die Direktion kooptiert werden soll, und vor allem ein gewisser Name furchtsam verschwiegen wird, so lange werden die leitenden Herren schwer Zeit finden, solche Wünsche zu erfüllen."

Endler hat damit zwei charakteristische Symptome der Direktion Hilbert hervorgehoben: die Bürokratisierung und den Karajan-Komplex des Direktors.

Als erfolgreicher Leiter der Bundestheaterverwaltung und als Festwochenintendant hatte Hilbert keinerlei Grund für einen Karajan-Komplex. Und für die bürokratische Arbeitsweise, die ihm noch von seiner Beamtenlaufbahn vertraut gewesen ist, hatte er als Festwochenintendant genügend, als Nachkriegschef der Bundestheater überhaupt keine Zeit.

Dazu kommt, daß man sich nach dem Krieg vor allem mit kleinen und lästigen Ereignissen im Raum Wien herumschlagen mußte, während man sich im Jahre 1964 als Direktor der Staatsoper einem internationalen Opernmarkt gegenübersah, auf dem andere Regeln gegolten haben als in den Trümmerjahren. Und auf diesem neuen Terrain kam Hilbert gelegentlich ins Stolpern. Er war gewohnt ans Gefühl, an die Emotion zu appellieren. Damit kommt man bei Spitzenstars nicht weit. Einmal hat er den herrlichen Tito Gobbi zu Verhandlungen in die Oper bestellt. In bewegten, beschwörenden Worten erinnerte er Gobbi, was er doch in der Vergangenheit alles für ihn getan hat, wie er sich für ihn eingesetzt, wie er an ihn geglaubt hat. Nach einiger Zeit hat Gobbi gemerkt, daß er ihn mit Cesare Siepi verwechselt. Hätte der Direktor ihm klar und unmißverständlich auseinandergesetzt, wozu er verpflichtet werden soll, hätte Gobbi unterschrieben. Denn er war durchaus gewillt, in Wien zu singen.

Da die Wiener Sänger längst Stammgäste in Düsenjets geworden waren, kamen auch ihnen die Emotionen ihres Direktors fremd und seltsam vor. Paul Schöffler hat einmal in New York ein wortreiches Telegramm von Hilbert erhalten. Vor seinem erstaunten Kollegen Murray Dickie hat er es dann ausgerollt: Es war fast so lang wie Schöffler selbst. Hierauf hat Dickie mit einem staunenden Blick auf die endlos lange Depesche gefragt: „Was hast du geantwortet?“ Schöffler: „Ja.“

Trotzdem war Hilbert der letzte Operndirektor, für den sich die Österreicher interessiert haben. Auch diejenigen, die nie in die Oper gehen. Und das sind ja die weitaus meisten. Die bizarre Persönlichkeit Hilberts, sein Enthusiasmus, seine Emotionen, der Umstand, daß er daran mitgewirkt hat, Karajan zu verdrängen, das alles hat dazu geführt, daß man sich im Lande um ihn gekümmert hat. Auch fern von kulturellen Leistungen hat er für Zündstoff gesorgt. Ein Kommentar in der Sendung „Aus Burg und Oper“ über die seltsamen Privilegien des Direktors, der sich oft als einen „Mann der Erzdiözese“ bezeichnet hat, gab Auskunft über eine der verwirrendsten Affären Hilberts:

„Nach der Klage eines Tenors hatte der Direktor sich als Kronzeuge mit der Klage seiner staatlich getrauten Frau gegen seine Lebensgefährtin zu befassen, mit der er kirchlich getraut ist.

Die Trauung fand 1957 statt, doch damals war eine im Jahre 1937 geschlossene kirchliche Trauung noch nicht annulliert. Das wurde im Jahre 1962, also fünf Jahre später, nachgeholt. Von 1963 an war er dann nur mehr mit einer Frau kirchlich und mit einer — allerdings einer anderen — standesamtlich verheiratet.

Nun finde ich, daß sich die Öffentlichkeit nur wenig mit dem Privatleben von Operndirektoren befassen sollte. Meinetwegen könnte Doktor Hilbert auch mit fünf Frauen kirchlich und mit vier Frauen standesamtlich verheiratet sein.

Dr. Hilbert ist Jurist, begann als Polizeibeamter. Der gelernte Jurist und Polizist hat nun drei kirchliche Trauungen, zwei Auflösungen bzw. Nichtigkeitserklärungen kirchlicher Trauungen, zwei standesamtliche Eheschließungen und eine zivile Scheidung hinter sich. Falls ich etwas vergessen habe, bitte ich um Entschuldigung.

Manchmal verliert man die Zusammenhänge, wenn man diesen Fall studiert. Ich konsultierte über eines der hier angeführten Details einen Juristen, der mir sagte: ‚Darüber haben wir nichts gelernt, weil niemand annehmen konnte, daß sich ein solcher Fall wirklich ereignet.‘

Sie dürfen nun nicht glauben, daß durch diesen Prozeß eine Bombe geplatzt ist. Nein, die eingeweihten Personen haben das alles gewußt und auch ohne jede Hemmung herumerzählt. Seit Jahren. So etwas stört bei uns niemanden. Auch nicht vorgesetzte Dienststellen.“

Das Publikum hat sich weniger für die rechtliche Seite der Angelegenheit interessiert: Ein Bigamist als Staatsoperndirektor — das hat für Gesprächsstoff gesorgt, das hat die Gemüter erhitzt oder erheitert. Wozu noch kommt, daß man sich derlei bei Hilbert gar nicht recht vorstellen konnte. Der Informationswert liegt ja bei solchen Affären dicht bei der Unterhaltungskapazität. Die Leute amüsiert ein Direktor, der dauernd ausruft: „Und über uns die Oper.“ Egal, ob sich jemand etwas darunter vorstellen kann oder nicht. Und wenn der Mann dann noch ein so schillerndes Privatleben hat!

Einzelne Jounalisten haben sich bei dieser Affäre über ein „Eindringen in die Privatsphäre“ beklagt. Aber das werden sie selbst nicht recht ernstgenommen haben. Hilbert war ein Mann, mit dem sich die Öffentlichkeit beschäftigt hat. Ob nun Menschen für oder gegen ihn waren, ist nicht entscheidend. Er hat nicht gleichgültig gelassen, und er war — nehmt alles nur in allem — ein durchaus österreichisches Phänomen. Hilbert als schwedischer oder englischer Operndirektor ... das wäre einfach unvorstellbar. Auch käme dort niemand auf die Idee, ihn als Direktor zu berufen. Nicht einmal Karajan.

Ob sich aber Hilbert seiner Wirkung auf ein österreichisches Publikum bewußt gewesen ist, wage ich zu bezweifeln. Im Frühjahr 1965 sollte ich unter der Leitung von Helmut Zilk in den „Stadtgesprächen“ mit Hilbert, seinem Stellvertreter Reif-Gintl und Betriebsratsobmann Vajda über die Oper diskutieren. Alle drei haben abgesagt, die Sendung mußte unterbleiben. Die Gründe für diese Absage müssen in dem mangelnden Selbstvertrauen Hilberts gelegen sein. Vajda hatte diese Sendung dem Fernsehdirektor vorgeschlagen, kann also kaum mit einer Absage seiner Direktion gerechnet haben. Sollte der Schatten des telegenen Karajan auch über den „Stadtgesprächen“ gelegen haben? Jahre später hat mir Gamsjäger grimmig von Besprechungen mit dem technischen Personal erzählt, bei denen er immer wieder hörte: „Bei Herrn von Karajan war das ganz anders.“

Bei Fernsehdiskussionen und ähnlichen Veranstaltungen der Massenmedien besteht ein grundsätzliches Mißverständnis der Teilnehmer. Sie denken an die in ihrem Institut engagierten Mitglieder, an treue Abonnenten und temperamentvolle Stehplatzbesucher. Dabei besucht die überwiegende Mehrzahl der Fernseher nie die von ihnen geleiteten Theater und kann auch durch die gelungenste Fernsehsendung nicht dazu verleitet werden, diese ihre Haltung zu ändern.

Die Fernseher begutachten eine Schau, wobei es ihnen völlig gleichgültig ist, ob ein Faust oder ein Mephisto im Mittelpunkt steht. Ihr Interesse für einen Mann oder das von ihm geleitete Institut kann geweckt werden, und das ist ja bei den enormen Subventionen der österreichischen Bundestheater für die Direktion interessant, für die Geldgeber wichtig. Hilbert hätte dank seiner vielschichtigen Persönlichkeit kaum seine Wirkung auf die Fernseher verfehlt, wäre er öfter ins Studio gekommen.

Obwohl die Zeit Hilberts vorbei war, als er in die Staatsoper berufen worden ist, hätte er es bestimmt leichter gehabt, wäre er bei seinem Start nicht an der Seite Karajans gewesen. Und hier kommen wir zu einem ehernen, durch nichts zu erschütternden Vorurteil: Man muß dem neuen Mann eine Chance geben, heißt es bei uns. Sowohl Hilbert als auch Karajan hätten um vieles vorsichtiger taktiert, hätte man sie voreinander gewarnt. Statt dessen wurde diese Ehe in der Presse fast euphorisch begrüßt.

Wer Karajan beraten hat, ist nie an den Tag gekommen. Und bei ihm ist es sicher nicht ganz leicht, ihn von einem einmal gefaßten Entschluß abzubringen. Wer die maßgebenden Männer ansonsten berät, steht in den Sternen. Ein einziger hat sich lange Zeit an vielen Stellen Auskunft geholt: der Generalsekretär des Bundestheaterverbandes, Robert Jungbluth. Damit hat er sich viel Ärger erspart. Wahrscheinlich ist er im Lauf der Zeit davon abgekommen, weil die Persönlichkeiten, über die er sich informiert hat, gegen sein System Protest eingelegt haben. Zu Unrecht.

Es ist ganz leicht, im nachhinein festzustellen, welches Engagement, welche Berufung falsch gewesen ist. Es ist leicht und völlig nutzlos. Der Schaden ist nicht mehr zu reparieren, man kann auch aus einem solchen Fehler keine Rückschlüsse auf die nächste Berufung, auf das nächste Engagement ziehen. Bei Hilbert ist noch etwas dazugekommen: Nachdem Dr. Schäfer nach einem Jahr kapituliert hatte, konnte man nicht ein Jahr später seinen Nachfolger absetzen. Zumindest hätte das die Öffentlichkeit kaum verstanden.

Was Karajan wirklich gebraucht hätte, wäre ein Mann wie Buschbeck gewesen, der jahrzehntelang als graue Eminenz des Burgtheaters viel geleistet, viel gekittet hat, der manchen Direktoren ihre Tätigkeit gewährleistet hat. Und ein solcher Typ ist Dr. Schäfer eigentlich gewesen. Nur hat er sich nie mit dem Wiener Klima anfreunden können. Vieles hat er gar nicht verstanden. Da hat er sich einmal beim Unterrichtsminister über den Finanzminister beschwert und zur Antwort bekommen: „Machen Sie sich keine Sorgen, Herr Direktor! Den schießen wir bald ab!"

Staunend hat mich Schäfer kurz nach dieser Unterredung gefragt: „Die beiden gehören doch derselben Partei an. Glauben Sie, daß diese Prophezeiung ernst gemeint war?"

Ob ein großes Theater wirklich funktioniert, hängt in nicht geringem Maße vom Stab des Direktors ab. Es ist müßig, zu sinnieren, ob Hilbert ein guter Leiter des künstlerischen Betriebsbüros gewesen wäre. Natürlich hat er die dafür nötigen Voraussetzungen besessen, nur hätte er bei seinem Ehrgeiz, bei seinem Geltungsdrang nie Interesse für eine solche Position besessen.

Die Situation der großen Opernhäuser ist im Lauf der Zeit so kompliziert geworden, daß ein einzelner überhaupt nicht mehr die Möglichkeit besitzt, damit fertig zu werden. Die Verquickung der Sänger und Dirigenten mit Schallplattenfirmen, die Rechte, die sich private Fernsehgesellschaften gesichert haben, die Abhängigkeit mancher Sänger von anderen Instituten, das alles ist eine Geheimwissenschaft geworden, mit der sich ein Direktor gar nicht auseinandersetzen kann, will er sich auf seine eigentliche Arbeit konzentrieren.

Auch die Unterrichtsminister haben keine Zeit dazu und werden nicht zuletzt deshalb falsch beraten. Oder sie können ganz einfach nicht beurteilen, welchem Ratgeber sie sich anvertrauen sollen. Deshalb ist die Frage, ob ein großer Künstler oder ein erstklassiger Manager die Oper leiten solle, falsch gestellt. Ein Direktor kann nur in Zusammenhang mit seinem Stab beurteilt werden. Da aber die wenigsten Leute diesen Stab und seine Effizienz kennen, bleibt alles am Direktor hängen. So ungerecht das auch sein mag. Hilbert hat einen Regisseur geholt, dessen Engagement nicht nur wichtig, sondern notwendig war: Wieland Wagner. Er hatte in Deutschland viel Staub aufgewirbelt. Das hat ihn nicht gestört. Nicht zuletzt deshalb, weil er nach dem Krieg vor einem politischen Problem gestanden ist: Er mußte Bayreuth von Hitler befreien. Schon in seiner Jugend war Hitler ein fanatischer Anhänger von Richard Wagner gewesen. Als er in Linz zur Schule ging, hat eine Nachbarin meiner Großmutter erzählt: „Ich hab' jetzt einen Untermieter, der mir unheimlich ist. Wenn ich ihm das Frühstück bring', steht er auf dem Bett. Er sagt, überhöht fühlt er sich am wohlsten. Und dazu singt er immer Musik von Wagner.“ Dieser Liebe zu Wagner ist der spätere Reichskanzler zeitlebens treu geblieben. Wieland wollte also erreichen, daß man im Nachkriegsdeutschland den Namen seines Großvaters nicht mehr automatisch mit Hitler in Verbindung bringt.

Womit er nicht nur nationale Kreise, sondern auch konservative Wagner-Anhänger verärgert hat. Daß es ihm gelungen ist, steht außer Frage. Sein Inszenierungsstil hat erst die Experimente späterer Jahre möglich gemacht. Ob man diese nun begrüßt oder nicht.

Wer die patriarchalischen Verhältnisse im Haus Wagner erlebt hat, versteht, daß Wieland auch diese Fesseln sprengen wollte. Otto Schenk hat einmal im Haus Wahnfried erklärt, daß man den Schluß der „Meistersinger" wohl entnazifizieren muß, wenn man sich an eine Neuinszenierung heranwagt. Nur Wieland hat ihn verstanden, die restliche Familie ist vor Schrecken erstarrt. Wieland Wagner ist nicht nur ein bedeutender Regisseur gewesen, er war auch ein politisch denkender Mensch. Deshalb hat er sowohl für Bayreuth wie auch für den Komponisten Wagner gearbeitet, als er die Szene entrümpelt hat. In seinen Inszenierungen war kein Platz mehr für die schwülstigen Emotionen Hitlers. Aus dem alten Wagner ist ein neuer geworden. Vielleicht kommt wieder einmal eine Zeit, in der man Wagner so inszenieren kann, wie es vor Wieland der Fall gewesen ist. In den fünfziger und sechziger Jahren aber wäre es unmöglich gewesen.

Wieland hat sich also große Verdienste um das Werk seines Großvaters erworben. Da aber nun unter allen Opernfreunden die Wagnerianer am fanatischesten sind, hat es große Kontroversen gegeben. Ich habe ihn einmal gefragt, ob er durch Kampagnen dieser Art getroffen worden ist. „Ich wäre naiv, hätte ich damit nicht gerechnet", hat er zur Antwort gegeben.

Natürlich haben sich die Beckmesser auch in Wien auf ihn gestürzt, ob er nun Wagner oder Strauss inszeniert hat. Nicht nur die Führung der Sänger, auch die Dekorationen hat man ihm angelastet. Man hat ihm in allen Details vorgehalten, wie er sich gegen die Werke versündigt, man hat ihn nicht verstanden oder wollte ihn nicht verstehen. Er hat nicht ins Konzept bewährter Opernabonnenten gepaßt.

Welten stehen zwischen einem progressiven bundesdeutschen Regisseur, der weiß, daß man Skandale provozieren muß, um in aller Mund zu kommen, und einem Mann vom Format Wieland Wagners, der ein wohldurchdachtes geistiges Konzept umzusetzen bemüht war.

In einem Interview habe ich einmal seinen Bruder Wolfgang gefragt, worauf er die starke Wirkung, die leidenschaftliche Anteilnahme für das Werk seines Großvaters zurückführt. „Weil er ein Revolutionär war", hat er geantwortet. Konservative Inszenierungen eines Revolutionärs sollten eigentlich paradox erscheinen. Aber bei vielen begeisterten Wagnerianern hat man ohnedies das Gefühl, daß sie eine interessante Inszenierung höchstens von der Musik ablenken kann. Was nicht gewünscht wird.

Starke Persönlichkeiten sind für ein Institut vom Rang der Wiener Staatsoper unentbehrlich. Egal, ob es sich um Regisseure, Dirigenten oder Choreographen handelt.

Wieland Wagner ist schon mit seinen Dekorationen auf Widerspruch gestoßen. Für ihn hat „die Einheit des Werks nicht nur in der musikalischen Gestaltung und der Führung der Sänger bestanden". Seine Deutung des Werks konnte man schon aus den Dekorationen erkennen.

Die morbid-grausame Welt, in der die „Salome" von Richard Strauss spielt, hat der Zuschauer beim Aufgehen des Vorhangs mit einem Blick gesehen. Weder in der Musik noch in der Handlung ist irgend etwas glatt und gefällig. Trotzdem ist Wagner auch bei der Deutung dieses Werks in Wien auf heftigen Widerstand gestoßen.

Weshalb ist er eigentlich überhaupt hierhergekommen? Weshalb ist er bis zu seinem Tod der Wiener Oper verbunden geblieben? Weil er hier bessere Arbeitsbedingungen als in den meisten Opernhäusern gefunden hat oder weil er ganz einfach gewohnt war, neben begeisterter Zustimmung auch vehemente Ablehnung vorzufinden, wo immer er gearbeitet hat?

Nach dem Tod Wieland Wagners ist dem Direktor ein Malheur passiert: Er hat die Inszenierung des „Fliegenden Holländers" einfach der Witwe des Regisseurs übertragen. Abgesehen davon, daß diese Frau den technischen Schwierigkeiten eines solchen Auftrags überhaupt nicht gewachsen war, fand sie nun plötzlich als eine der beiden Sentas Anja Silja auf der Bühne, die Lebensgefährtin ihres verstorbenen Mannes.

Als der Kritiker Herbert Schneiber von Hilbert wissen wollte, wie denn Gertrud Wagner mit den beiden Sängerinnen auskomme, hat die Antwort gelautet: „Die eine ist gerade in die Luft gegangen, die andere an die Luft."

Im Oktober 1978 hat der deutsche Filmregisseur Syberberg in einer Sendung des Österreichischen Rundfunks gesagt: „Richard Wagner hat auch den Nazis gedient." Er hat nicht gesagt, daß sich die Nationalsozialisten seiner bedient haben. Und es ist auch keineswegs sicher, daß es sich um eine Freudsche Fehlleistung gehandelt hat.

Ähnliche Gefahren lange nach dem Tod Hitlers, aber auch Wieland Wagners, machen das Ansinnen eines Mannes verständlich, der als Enkel des Komponisten unter solchen Ideen gelitten hat.

Wieland Wagner hatte ja Hitler in Bayreuth erlebt, er hat den ganzen Kult mitgemacht, den der Reichskanzler rund um die Kompositionen seines Großvaters getrieben hat, und deshalb mußte er zeigen, daß Wagner nicht einfach das war, was man einen Nazikomponisten nennen kann.

Menschen, die das ohnedies nie geglaubt haben, muß sein Anliegen

ımen für Karajan

Birgit Nilsson

ia Popp

Dr. Theodor Piffl-Perčević

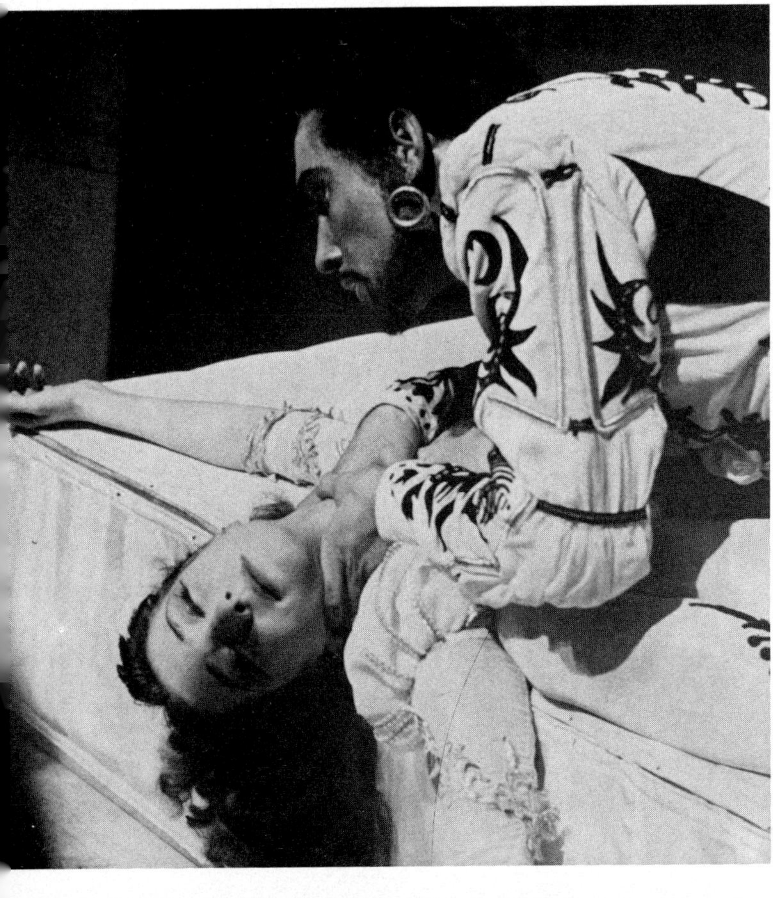

Meister Balanchine probt mit Michael Birkmeyer (oben)

Christl Zimmerl und Willy Dirtl in „Der Mohr von Venedig“ (links)

„Serenade": Maria-Luise Jaska, Gisela Cech, Ludwig Musil, Christine Gaugusch

Gisela Cech und Karl Musil in „Romeo und Julia"

Michail Barischnikow

th Jamison und Kevin Haigen

Gisela Cech und Rudolf Nurejew in „Don Quixote“

fremd oder gar unverständlich gewesen sein, aber das Vorurteil gegen Richard Wagner hat in manchen Ländern und bei gewissen Publikumsschichten den Enkel Wieland Wagner überlebt. Man braucht da nicht gleich an Israel zu denken.

Um so verständlicher ist es, daß Wieland Wagner nicht einfach als Wagner-Regisseur abgestempelt werden wollte. Daß er bei den Werken anderer Komponisten beweisen wollte, daß er ein Opernregisseur und nicht nur ein Enkel ist.

So unerquicklich die Auseinandersetzungen um seine Tätigkeit für den Regisseur selbst gewesen sein mögen: Er hat diese Ressentiments ertragen, sich mit ihnen abgefunden und ist unbeirrbar seinen Weg gegangen. Weil er der tiefen Überzeugung war, daß dieser Weg für ihn, gerade für ihn der richtige ist.

Man muß also Hilbert dafür danken, daß es ihm gelungen ist, Wieland Wagner bis zu seinem Tod an die Wiener Oper zu binden.

Bequeme Regisseure sind meist unergiebig, und Wieland Wagner war alles andere als bequem. Daß er bei seiner Auseinandersetzung mit den Werken großer Komponisten auch gezeigt hat, daß er sein Metier beherrscht, ist oft mit erstaunlicher Konsequenz übersehen worden.

Hat man in Bayreuth nach dem Tod Wieland Wagners vergebens nach einem Ersatz gesucht, hatte Hilbert seinen Ersatz für Karajan schon bereit: Noch in seiner Doppeldirektion mit Karajan war — vor allem von seiten der Philharmoniker — mit Leonard Bernstein verhandelt worden.

Joachim Kaiser schreibt über Bernsteins Debüt in „Falstaff“: „Mit dem Verlust der Monarchie hat man sich in Österreich halbwegs abgefunden. Doch daß der Herr von Karajan nun nicht mehr am Pult der Wiener Staatsoper erscheint, läßt sich nicht auch noch verschmerzen. Warum ist man schließlich das beste Opernpublikum der Welt: bereit, die Bühne als höhere Wirklichkeit zu verehren und die Proporz-Realität im eigenen Safte schmoren zu lassen; bereit, jeden Star kundig und mißmutig mit seinem Vorgänger zu vergleichen, dem einst ebenso kundig und mißmutig das Leben schwergemacht wurde? Warum das alles, wenn nun kein Zentrum mehr da ist für soviel Kundigkeit, Grantelsucht und Begeisterungsfähigkeit?

In der karajanlosen, der schrecklichen Zeit kam Leonard Bernstein aus New York und dirigierte den ‚Falstaff‘. (Sämtliche Vorstellungen, die er leiten wird, sind ausverkauft. Sein Nachfolger ist nicht zu beneiden.) Luchino Visconti, mit dessen ehemaligem Schüler Franco Zeffirelli Bernstein den ‚Falstaff‘ bereits in Amerika produziert hat, führte in Wien Regie. Weil aber die Namen Bernstein und Visconti schon Traumgrenzen des Kunstreichs bezeichnen, hatte man gleich noch Fischer-Dieskau, Rolando Panerai, Ilva Ligabue, Gerhard Stolze und Regina Resnik verpflichtet. Reiner Zufall, daß nicht Laurence Olivier als Souffleur und Picasso als Beleuchter fungierten.

Selbst in Bayreuth gehört der Nerz nicht so selbstverständlich zur weiblichen Ausgehuniform, die Sachkunde nicht so unmittelbar zum Pausengespräch. Im Parkett hörte Christa Ludwig zu. Rennert lauschte, Otto Schenk ließ es sich nicht nehmen, der vom ‚Spiegel' überflüssigerweise wegen seiner vermeintlichen Armut bemitleidete Hochadel saß da, die Kritik war vollzählig. Und wer gar nichts war, war doch wenigstens Professor."

Bernstein ist nicht nur ein exzellenter Musiker, er hatte in Marcel Prawy, der sich nicht immer intensiv um die Wiener Staatsoper gekümmert hat, einen hervorragenden Pressechef. Bernstein umarmt und küßt alle Leute, die sich ihm in den Weg stellen, kommt im Steireranzug ins Fernsehstudio und ist in Österreich durchaus auf dem richtigen Platz. In seiner Heimat ist es ihm nicht immer so gut gegangen. Zwei Philharmoniker sind in New York von der Kulturredakteurin einer bekannten Zeitschrift interviewt worden, und die Dame hat den beiden Wienern fast neidvoll gestanden, daß die beiden führenden Dirigenten der Welt Österreicher sind. Was denn mit Bernstein sei, wollten die Musiker wissen und haben zur Antwort erhalten: „Sie können doch Bernstein nicht mit Böhm und Karajan vergleichen." So erfolgreich Bernstein in Wien gewesen ist, ich hatte immer den Eindruck, daß er sich immer wieder durch tendenziöse Informationen irreführen läßt und daß dies der eigentliche Grund ist, weshalb er nicht öfter in Wien gearbeitet hat.

Bei einem Live-„Auftritt' habe ich ihn kennengelernt. Als er ins Studio gekommen ist, hat er betont, daß er es ungemein eilig habe und bald weggehen müsse. Nach der Sendung hat er höchst erstaunt bemerkt, wie gut er von mir behandelt worden sei, und daraus habe ich abgeleitet, was man ihm an falschen Dingen erzählt hat, wie sehr man ihn gewarnt hat. Er ist dann noch lange nach der Sendung mit uns zusammengeblieben und hat mir kurze Zeit nachher den Europadirektor einer Schallplattenfirma geschickt. Anscheinend sollte der gute Mann geschäftlich mit mir verhandeln, was wiederum auf eine krasse Fehlinformation schließen läßt, mit der man Bernstein in die Irre geführt hat. Wozu noch kommt, daß man dem amerikanischen Dirigenten eingeredet haben dürfte, daß er in Österreich einige Divisionen grimmiger Karajan-Anhänger vorfindet, mit denen er sich herumschlagen muß. Schließlich hat er sich ganz in die Hände Marcel Prawys begeben, und beide sind ja damit nicht schlecht gefahren. Hilbert hat bei seiner Ernennung ausgerufen: „Die Sonne Karajans ist auf mich gefallen." Auf Prawy ist dann die Sonne Bernsteins gefallen. Mit ein Grund, daß es dann nicht mehr geklappt hat, als Bernstein mit Direktor Gamsjäger verhandelt hat. Weil Gamsjäger dem Charme Prawys keineswegs verfallen war.

Vielleicht irre ich mich: Aber ich habe immer den Eindruck gehabt, daß Otto Schenk von dem Kritiker Hans Weigel systematisch und konsequent aufgebaut worden ist. Zu einer Zeit, als Schenk nur im Schauspiel gearbeitet hat. Weigel, der, angewidert durch eine vergiftete Atmosphäre, aufgehört hat, als Kritiker zu arbeiten, hat gar manchem Schauspieler und Regisseur entscheidend geholfen. Das alles vergißt eine theaterinteressierte Öffentlichkeit. Manchmal vergessen es auch die, denen er geholfen hatte. Zurück bleiben die ätzenden Formulierungen, mit denen er geschadet hat. Manchmal sogar entscheidend geschadet hat.

Wie dem auch sei: Schenk hat dem Festwochenintendanten und Operndirektor Hibert einiges zu verdanken, obwohl man nicht von der irrigen Ansicht ausgehen soll, daß ein Direktor einen Regisseur aus Menschenfreundlichkeit an sein Institut bindet.

Schenk hat von Hilbert den Titel eines Oberspielleiters erhalten, wobei niemand weiß, welche Funktion ein Oberspielleiter in einem Institut wie der Wiener Staatsoper eigentlich besitzt. Denn Schenk hat inszeniert wie andere Regisseure, aber mehr hat er nicht gemacht, und es wäre auch schwer möglich gewesen, weil er ja bei den ständig wechselnden Besetzungen seiner eigenen Inszenierungen stets von einem anderen Theater oder aus einer anderen Stadt hätte anreisen müssen, um die Sänger mit seiner Regie vertraut zu machen. Ganz abgesehen davon, daß eben diese Sänger meist so knapp zu einer Vorstellung kamen, daß ohnedies keine Zeit zu einer entscheidenden Vorbereitung blieb.

Ich habe Schenk und Günther Rennert einmal befragt, was sie an ihren Inszenierungen wiedererkennen, wenn sie diese ein Jahr nach der Premiere sehen. Beide haben geantwortet: „Die Dekoration."

Jedenfalls hat sich Hilbert einen „Oberspielleiter" vom Format eines Otto Schenk gesichert, während später Seefehlner einen Mann namens Helge Thoma für die gleiche Funktion ausersehen hat.

Gegen Ende seiner Direktion ist der schwerkranke Hilbert mit der Staatsoper nach Montreal gereist. Dort ist unter anderem die Schenk-

Inszenierung von „Don Giovanni" aufgeführt worden. Bei der Wiener Premiere hatte es feindliche Reaktionen gegen den Bühnenbildner Damiani gegeben, den Otto Schenk ebenso geschätzt wie verteidigt hat. Natürlich hat Schenk auch etwas abbekommen, und ängstliche Menschen in der Oper haben befürchtet, daß es nach der ersten Aufführung in Montreal ebenso zugehen könnte.

Der Dirigent Josef Krips ist kurzfristig von einer heftigen Gürtelrose befallen worden, deren blitzschnelle Heilung jeden Arzt verwundert hat: Am Tag nach der höchst erfolgreichen „Don Giovanni"-Aufführung in Montreal war Krips schon gesund und ist nach Kanada gereist. Schenk hat überhaupt darauf verzichtet, nach Montreal zu fliegen, und so war der einzige Regisseur, der sich im fernen Kanada um dieses Gastspiel der Wiener Staatsoper gekümmert hat, Karl-Heinz Haberland, dem der „Wozzeck" anvertraut war.

Zu Beginn seiner Direktion war Egon Hilbert der Mann, der Karajan verdrängt hat, was ja nur stimmt, wenn man Ursache und Wirkung miteinander verwechselt. Er ist also von vielen Seiten ungebührend gefeiert worden.

Nach seinem Tod hat man erkannt, daß Karajan an der Wiener Oper doch sehr fehlt. Also war der Umstand, daß er Karajan verdrängt hat, eine höchst negative Angelegenheit, die man so rasch wie möglich vergessen wollte. Und deshalb war es nicht allzu vorteilhaft, sich an Hilbert zu erinnern.

Ein Funktionär der Wiener Staatsoper hat mir einmal gesagt: „Ohne Krieg und Nachkriegszeit wäre Hilbert nie Operndirektor geworden. Er hat sich im KZ die Oper gewünscht und sie deshalb auch bekommen, weil sich seine Mithäftlinge alles, nur nicht die Wiener Staatsoper gewünscht haben."

Das ist richtig und falsch zugleich. Man hat Hilbert nach dem Kriege mit der Bundestheaterverwaltung betraut, nachdem er sich kurze Zeit im Jahre 1945 in Salzburg beim Theater eingeschleust hatte. Damals war das in doppelter Hinsicht ein guter Griff. Erst einmal hatte er ausgezeichnete Voraussetzungen für die ungemein komplizierten organisatorischen Gegebenheiten der Besatzungszeit mitgebracht. Und zweitens war gerade bei den Sowjets ein ehemaliger KZ-Häftling in führender Position ein Atout, das man kaum aus der Hand geben konnte.

Daß er dann viele Jahre später wirklich an die Direktion der Wiener Staatsoper berufen worden ist, hat andere Gründe.

Und daß man ihn so rasch vergessen hat, liegt an der Mentalität der österreichischen Bevölkerung. Als Ernst Haeusserman bekanntgab, daß er nach zehnjähriger Direktionstätigkeit das Handtuch wirft, hat der damalige Unterrichtsminister Paul Hoffmann als seinen Nachfolger bestimmt, der eineinhalb Jahre nach dieser Ankündigung Haeussermans ins Direktionsbüro einziehen sollte. Wenige Tage später hat die Sekretärin Haeusserman gemeldet, daß ihn Paul Hörbiger sprechen möchte. Der Direktor war verwirrt. Denn Paul Hörbiger hatte sich seit vielen Jahren nicht mehr gezeigt.

Als Hörbiger das Büro betrat, blieb er erschrocken stehen, starrte Haeusserman an, sagte: „Entschuldigen Sie bitte, ich habe zum Direktor wollen", und verließ daraufhin ganz rasch das Büro.

Hierzulande werden Direktoren schon während ihrer Amtszeit vergessen — nicht nur Hilbert —, und an Haeusserman hat man das immer besonders kraß erkannt, weil er ja allabendlich einen Stammtisch hält.

Etwa zur selben Zeit, als Paul Hörbiger den neuen Direktor suchte, habe ich in dem Restaurant gegessen, in dem Haeusserman am späten Abend residierte. Der Oberkellner war traurig. „Gestern hat sich nur mehr der Herr von Eidlitz eingefunden. . . eine Katastrophe!"

Kurze Zeit später wurde bekannt, daß Haeusserman als zweiter Direktor in der Josefstadt einzieht, sobald er die Burg verlassen hat. Daraufhin mußte man zwei Tische an seinen Stammtisch anschieben.

Hilbert hat die Sonnen- und Schattenseiten seiner österreichischen Heimat noch intensiver erlebt als irgendein anderer Direktor. Kurze Zeit nach seiner KZ-Haft ist er zum mächtigsten Mann am Wiener Theater geworden. Ein Vorarlberger Unterrichtsminister hat ihn vor die Tür gesetzt. Als Leiter des Österreichischen Kulturinstitutes in Rom war er nur für eine begrenzte Anzahl von Künstlern ganz interessant, weil man durch ihn zu gelegentlichen lukrativen Reisen in den sonnigen Süden kommen konnte. Als Wiener Festwochenintendant ist er ein Mann gewesen, mit dem man wieder rechnen konnte. Wenngleich er nur eine periphere Bedeutung für reisende Sänger besessen hat. Als Mitdirektor Karajans ist er im Mittelpunkt in- und ausländischer Opernleute gewesen, und gegen Ende seiner alleinigen Direktion haben ihn auch seine Freunde im Stich gelassen.

Ein einziges Mal ist Hilbert in einer meiner Sendungen von einem Mitglied der Wiener Staatsoper angegriffen worden. Die sanfte und in der Öffentlichkeit stets zahme Anneliese Rothenberger hat auf einmal die Geduld verloren. In der Oper selbst gelten Angriffe auf den Direktor als Majestätsbeleidigung. Christl Zimmerl hat einmal in einer Fernsehsendung berichtet, daß sie stets zu Direktor Reif-Gintl gerufen wird, wenn ihr Mann, Dr. Gerhard Brunner, in einer deutschen Zeitung die Operndirektion attackiert und wenn diese Kritik nach Meinung des Direktors zu scharf ausfällt. Nun hat die Tänzerin nur selten gewußt, welche Artikel ihr Mann in deutschen Zeitungen schrieb, hatte darauf keinen Einfluß und wollte auch keinen ausüben. Aber versucht hat man's halt!

Trotzdem sind Interviewkritiken an den diversen Direktoren vorgenommen worden. Anders steht's mit Kritiken an Kollegen, Regisseuren und Dirigenten. Gar leicht wird dabei das Klima vergiftet, vor allem, wenn eine solche Kritik noch vor einer Premiere abgegeben wird. Damit hat man sich abzufinden und weicht aus, so gut es eben geht. Zudem können gelernte Österreicher bei Rundfunk- und Fersehinterviews auch zwischen den Zeilen hören und, so sie aufmerksame Fernseher sind, auch im Ausdruck eines Gesichtes lesen. Manchmal sogar Dinge, die sie sich nur wünschen und die man aus der Miene des Interviewten eigentlich gar nicht ablesen kann.

Gelegentlich hilft ein gütiges Schicksal nach. Da ist einmal Susi Nicoletti mit ihrem Boxerhund im Fernsehstudio gewesen. Am Vormittag hatte sie einen größeren Krach mit ihrem Regisseur Adolf Rott gehabt, wovon ich keine Ahnung hatte. Als ich nun nach dem Regisseur fragte, stand der Boxerhund auf, ging zwei Schritte, warf mir einen mißbilligenden Blick zu und schlich aus dem Bild. Alle Kollegen, die von dem Krach gewußt haben, waren felsenfest davon überzeugt, daß dieser spektakuläre Abgang mit dem Hund geprobt worden ist. Glücksfälle dieser Art ereignen sich höchst selten und können ja auch nur von einem kleinen Kreis der Betroffenen wirklich genossen werden.

Von vielen berichtenswerten Fällen erfährt man entweder nie oder nur durch einen Zufall. Eine Prominenten-Hosteß vom Wiener Flughafen hat mir einmal erzählt, wie die letzte Verhandlung von Elisabeth Schwarzkopf mit Direktor Hilbert verlaufen ist. Eine zutiefst getroffene Sängerin hatte ihr bei der Abreise aus Wien alles erzählt. Hilbert hat ihr für einen neuen Vertrag die halbe Gage angeboten, weil sie seiner Ansicht nach nicht mehr die Leistungen früherer Jahre erbringen konnte. Für den Direktor war sie eine „Karajan-Sängerin", wobei anscheinend auch die langjährigen Verbindungen ihres Ehemannes mit Karajan mitgespielt haben. Daß Frau Schwarzkopf lange vor der Direktion Karajans an der Wiener Oper gewesen ist, hat der Direktor vergessen.

Seine Vorgangsweise wäre durchaus berichtenswert gewesen, und ebenso verständlich ist es, daß Frau Schwarzkopf diesen Vorfall nicht einem Journalisten erzählt hat. Vielleicht hatte sie auch Angst, daß es ihr schaden könnte, wenn sie darüber spricht.

Doch ist es immerhin beachtlich, wie man eine Künstlerin von internationalem Prestige abservieren kann. Und immer wieder hat es mich frappiert, wie bekannte Sänger eines Tages verschwinden, ohne daß dieser Verlust in der Öffentlichkeit diskutiert oder auch nur registriert wird.

Natürlich haben Sänger von Format zahllose Ausweichmöglichkeiten, manchen wird es gleichgültig sein, ob sie hier auftreten, andere wieder hängen an der Wiener Oper und ihrem Publikum.

Der Umstand, daß sich das Prominentenkarussell seit Jahrzehnten so rasch dreht, daß den Abonnenten schwindlig wird, trägt dazu bei, daß sich die Direktion eines Sängers ohne viel Aufhebens entledigen kann. Das Publikum ist meistens nicht in der Lage, zu beurteilen, weshalb ein Sänger nicht mehr engagiert wird, und manchmal wissen es nicht einmal die Sänger selbst, was da eigentlich passiert.

Die Art und Weise, in der Hilbert Frau Schwarzkopf eliminiert hat, mag als Beispiel für viele andere ähnliche Affären gelten

Wer an einem so großen Opernhaus arbeitet, wird seine Wunder erleben. Das gilt nicht nur für Sänger und Tänzer, sondern auch für die Direktoren.

Am 18. November 1967 hat Karl Löbl geschrieben: „Als dieser Tage vier teils prominente, teils bekannte Sänger der Wiener Staatsoper ‚in größter Sorge‘ bei Dr. Theodor Piffl-Perčević vorsprachen, um den Unterrichtsminister auf die bedenkliche Situation aufmerksam zu machen, in welcher sich die Wiener Staatsoper und ihr Betrieb befinden, war diese Audienz fast nicht mehr notwendig. Denn die zuständigen staatlichen Stellen, lange genug von Publizisten und Mäzenen in der Meinung belassen und bestärkt, es sei an der Wiener Oper ohnedies alles in schönster Ordnung, sehen sich nun seit Wochen einer budgetären, personellen und ideellen Unordnung gegenüber, die auch von der friedlichsten Fassade nicht mehr verdeckt werden kann.

Trotzdem wird die erwähnte Vorsprache den Minister gewiß beeindruckt haben. Fanden sich doch, bußfertigen Pilgern ähnlich, etwa die gleichen Herren bei ihm ein, die als Vertreter des Solistenverbandes der Wiener Staatsoper schon einmal zu Besuch bei ihm waren. Damals freilich unter umgekehrten Vorzeichen. Damals wünschten sie die Ernennung Dr. Egon Hilberts zum Direktor der Wiener Staatsoper, weil er allein imstande wäre, das Haus am Ring zu retten (vermutlich vor Karajan, der damals künstlerischer Leiter war). Diesmal mußten sie ihren Irrtum bekennen. Jetzt sehen sie die Rettung der Wiener Oper in einer vorzeitigen Ablösung Dr. Egon Hilberts. Der Sachverhalt entbehrt somit nicht der Tragikomik.

Einer war allerdings nicht dabei, als seine Kollegen dem Minister neuerlich etwas vorsangen: Hans Braun, baritonaler Kammersänger und Obmann des Solistenverbandes, blieb der Audienz fern.

Sorge um die Oper machten sich natürlich vor allem jene, die in, mit und an ihr arbeiteten.

Daß dieser Personenkreis meint, es sollte einmal einer aus seinen Reihen die Direktion übernehmen, ist weiter nicht verwunderlich.

Und weil auch sonst allenthalben Kandidaten genannt werden, hat sich mit Unterstützung einiger seiner Kollegen und einiger leitender Funktionäre der ÖVP bereits ein ‚hauseigener' Kandidat eingefunden, die ersten Kontaktnahmen hinter sich gebracht, die ersten Runden an Fürsprachen und Interventionen schon überstanden: Kammersänger Hans Braun.

Der Sieger über Vajda bei den letzten Betriebsratswahlen würde sich, ließ er verschiedentlich wissen, die Leitung der Wiener Oper während der nächsten fünf Jahre zutrauen.

Kein Zweifel, daß damit eine Oper auf Hans Brauns Niveau gemeint sein dürfte."

Es kann angenommen werden, daß Hilbert über die Demarche seiner Sänger nicht verwundert gewesen ist.

Im Januar 1948 hat eine Wiener Tageszeitung ein Interview mit Hans Braun veröffentlicht. Darin heißt es: „Da der junge Sänger erstaunlich viel Selbstkritik und keine Spur von Überheblichkeit besitzt, weiß er, daß man nur langsam reifen kann." Im Herbst 1967 war er dann gereift.

Nun fragt man sich, welchen Ratgebern sich die für Kulturpolitik zuständigen Herren anvertrauen sollen. Eine Delegation von Sängern hat beim Unterrichtsminister den Wunsch nach dem alleinigen Direktor Hilbert deponiert. Als dieses Ziel erreicht war, haben sich die Herren mit mir in einem Kaffeehaus getroffen, wo sie mich davon abbringen wollten, Hilbert allzusehr zu kritisieren. Nachdem dieses Vorhaben gescheitert war, haben wir uns darauf geeinigt, daß ich einen Trennungsstrich zwischen dem Direktor und der von ihm geleiteten Oper ziehe. Einige Zeit später haben diese und nicht nur diese Herren ein Arbeitsverbot für mich beantragt und sind damit gescheitert. Dann ist einige Zeit vergangen, und sie sind wieder zum Minister gezogen und haben die Ablöse Hilberts verlangt.

Nun war dieser Hilbert für die Mitglieder der Wiener Staatsoper ja wirklich kein Unbekannter. Er hat weder sich noch seine Arbeitsmethoden in den paar Jahren geändert, in denen er als alleiniger Direktor amtiert hat.

Was hat sich also geändert: Nur die Ansichten der Berater. Da sich die Unterrichtsminister der Zweiten Republik im allgemeinen nur wenig für die Wiener Staatsoper interessiert haben, muß ihnen dieses Institut durch die Aktivitäten verschiedener Delegationen noch mysteriöser vorgekommen sein, als es ihnen bei ihrem Amtsantritt gewesen ist. Was man ihnen schließlich nicht übelnehmen kann.

Ein weitgereister und im Kulturleben tätiger Mann hat mich darauf aufmerksam gemacht, daß man im Wiener Kulturleben der Leidenschaft frönt, zu verhindern. Man bemüht sich mehr oder weniger, einen anderen oder eine andere zu hindern, etwas zu tun oder zu erreichen. Nicht weil man es selbst tun möchte oder weil die Aktivität des anderen störend oder hinderlich für die eigene Person ist, sondern einfach aus Freude am Verhindern. Mein Gesprächspartner ist der Überzeugung, daß es das nur in Wien und in keiner anderen Großstadt der Welt gibt.

Vielleicht wird die Freude am Verhindern heutzutage durch eine gewisse Passivität von saturierten Wienern etwas gebremst. Man kann das mühelos feststellen. Und man soll nicht verallgemeinern. Aber es fällt mir immer wieder auf, wie sehr sich führende Mitglieder eines Theaters freuen, wenn ein Stück an einem anderen Theater nicht gefallen hat oder zumindest einige schlechte Kritiken aufweisen kann, wobei es mehr als fraglich erscheint, daß irgend jemand einen Vorteil daraus ziehen kann, wenn an einem anderen Theater etwas mißlingt.

Zwei so überaus verschiedene Menschen wie Otto Schenk und André Heller haben mir in Interviews übereinstimmend versichert, daß man in Wien alles verzeiht, nur nicht den Erfolg. Wobei es in den beiden eben erwähnten Interviews auch um Auslandserfolge geht. Weil beide Interviewpartner eben des öfteren in anderen Ländern arbeiten.

Wahrscheinlich handelt es sich hier um eine Art von passiver Freude, die in einem gewissen Zusammenhang mit der Freude am Verhindern steht. Das heißt, wenn man schon nicht die Aktivität eines anderen verhindern konnte, was der Grundeinstellung der Kulturschaffenden am ehesten entspricht, so genießt man wenigstens in gedämpfter Form einen Mißerfolg.

Später, wenn sich niemand mehr an die Direktion Hilbert erinnern kann, wird man vielleicht eine neue Opernlegende erfinden:

Man habe Hilbert an der Durchführung seines Konzepts gehindert oder ihm seine Erfolge geneidet. Die Wahrheit sieht anders aus. Hilbert ist erstens zu spät in die Operndirektion berufen worden und zweitens als Partner eines berühmten Mannes. Seine fanatische Liebe zur Wiener Staatsoper hat ihn daran gehindert, diese beiden Fakten zur Kenntnis zu nehmen.

Als er Alleindirektor wurde, hatte Eleonore Thun unter dem Titel „Das Debakel beginnt erst“ geschrieben: „Dr. Egon Hilbert herrscht nun wunschgemäß allein am Ring. Er wird auszubaden haben, wovor ihn die Vernunft nicht rechtzeitig warnte. Auf Mitleid wird er nicht zählen dürfen.“

DIE BALLETTCOMPAGNIE DER WIENER STAATSOPER

Pause während einer „Schwanensee"-Vorstellung. Auf der Bühne macht der Darsteller des Prinzen, Michael Birkmeyer, ein paar Lockerungsübungen. Auf ihn zu kommt eilig Operndirektor Hilbert: „Entschuldigen Sie, ich brauche für meine Tochter ein Autogramm vom Prinzen. Wissen Sie, wo ich ihn finden kann?"

Birkmeyer, leicht irritiert, deutet auf ein paar Gruppentänzer, die sich hinter den Kulissen unterhalten. Und Hilbert steuert prompt auf diese zu.

Das ist ein Erlebnis, das am besten das Verhältnis der Wiener Operndirektoren zum Ballett spiegelt. Für die Direktoren ist das Ballett eine lästige Einrichtung, mit der sie sich abzufinden haben. Manche tun das souverän, andere wieder gequält, manche gleichgültig, andere heucheln gelegentliches Interesse. Die Tänzer spüren und wissen das, rebellieren gelegentlich gegen diese Einstellung und begehen dann Fehler, durch die sie sich ins Unrecht setzen. Und damit bestärken sie dann ihre Direktoren in deren ballettfeindlicher Einstellung.

Niemand kann eine große Compagnie wirklich gut leiten. Denn es gibt keine zufriedenen Tänzer. Das ist in Moskau so wie in London, in Paris so wie in Amsterdam.

Im Kindesalter wird der Tänzer an die Stange gestellt, er wächst in harter Disziplin auf und lebt stets im Kollektiv. Kein Tenor, der den Cavaradossi singt, fühlt sich in einem Kollektiv — obwohl er ja ohne ebendieses Kollektiv gar nicht auftreten könnte. Der Tänzer ist immer Mitglied der Truppe, selbst wenn er schon prominent ist, kann er ohne die Gruppe kein großes Ballett tanzen, und das weiß er.

Ist er zuwenig beschäftigt, klagt er, weil ihn Training und Proben nicht ausfüllen. Hat er viel zu tun, klagt er über Schmerzen in verschiedenen Partien seines Körpers, und Sportärzte sind der Ansicht, daß ein Tänzer viel größere Strapazen erdulden muß als ein Spitzensportler. Es gibt Solotänzerinnen, die erst nach ärztlicher Behandlung wieder eine Tragtasche transportieren können.

Sind große, klassische Ballette im Repertoire, gibt es immer nur ganz wenige lockende Rollen. Bei den kurzen Balletten hat der Tänzer dann das Gefühl, nie soviel Erfolg haben zu können wie mit einer Hauptrolle in „Romeo und Julia“ oder „Schwanensee“.

Dazu kommt, daß ein Tänzer mit 40 Jahren seinen Beruf aufgeben muß. Einige Stars bilden die Ausnahme von der Regel.

Zu einer Zeit, da andere Männer sich anschicken, die Sprossen der Erfolgsleiter hochzuklettern, „geht der Ballerino in Pension“. Und was macht er dann? Nur selten kann er diese Frage für sich selbst beantworten. Wird er Solotänzer, ist er teilweise umgeben von Corpstänzern, die längst resigniert haben, von anderern, die selbst nach vorn kommen wollen. Von beiden ist er abhängig. Denn so gut kann er gar nicht sein, daß ihm eine schwache Leistung der Gruppe nicht schaden würde.

Ein guter Sänger kann mühelos gastieren, weil er sich durch jede Inszenierung durchschwindelt. Bei einem Tänzer ist das unmöglich. Jede Bewegung muß geprobt werden. Also bekommt er nur höchst selten die Möglichkeit der Abwechslung. Und das Gagengefälle zwischen Sängern und Tänzern, die an ein und demselben Haus engagiert sind, ist enorm.

Ist der Ballettdirektor ein berühmter Choreograph, kann er gastieren und läßt die eventuelle Abwanderung als fast unsichtbare Drohung hinter sich. Wenn er dieses Atout nicht besitzt, muß er mit den Sorgen seiner Tänzer leben, verliert er an Initiative und wird gelegentlich von den Sorgen aufgefressen. Berühmte Choreographen findet man selten. Befaßt man sich mit dem Wiener Ballett, merkt man bald, daß sich die Ereignisse nach dem Krieg stets aufs neue wiederholen: Das Ballett holt auf, gerät in eine Krise, es folgt ein Vakuum, und dann beginnt alles wieder von vorn. Ein anscheinend auswegloser Zyklus.

Unmittelbar nach dem Krieg wollte man dort fortsetzen, wo man aufgehört hatte, vor dem Krieg, im Krieg? Man hatte ja den Überblick verloren, man wußte nicht mehr genau, wie man nach internationalen Maßstäben gemessen werden konnte. Zu lange war man isoliert gewesen.

Im Juni 1945 hatte die erste Premiere stattgefunden. Die Pfundmayer, die Krausenecker, die Drapal, der Birkmeyer und der Raimund ... das alles waren Namen, auf die man im Ballett stolz sein konnte. Auch genügend Ballettabende hat's gegeben. Und wie hat die Öffentlichkeit auf die ersten Nachkriegsaktivitäten reagiert? Nachdem Tänzer aus

Ost und West gastiert hatten, schreibt der „Wiener Kurier" im Jahre 1946: „Tanzen könnt ihr weitaus besser, ihr aus dem Osten und Westen der Welt."

Und dann gibt's auch wieder weniger Vorstellungen, dann kann nicht einmal eine Frau vom Format einer Erika Hanka eine sinnvolle Frequenz großer Ballette durchsetzen. Greifen wir ein Beispiel heraus: „Coppelia" wird gespielt: am 15. Juni 1946, am 5. September 1946, am 14. Dezember 1946, am 28. Dezember 1947, am 28. März 1948, am 30. April 1949.

Wer nun weiß, wie viele Proben für eine Vorstellung notwendig sind, wenn auch nur eine Woche Zwischenraum zwischen zwei Vorstellungen ist, kann sich vorstellen, was diese Programmierung für ein Ballett bedeutet. Auch die Hanka, nicht einmal die legendäre Erika Hanka hat sich gegen diese Fehlplanungen durchsetzen können. Obwohl das Ballett damals sowohl im Theater an der Wien als auch in der Volksoper auftreten mußte, findet man da plötzlich einen Monat, in dem es keine Vorstellung gegeben hat. Der Rhythmus der Aufführungen könnte auch robustere Körperschaften aus dem Gleichgewicht bringen. Die Hanka ist in den Redoutensaal ausgewichen, dann hat das Ballettensemble im Konzerthaus gastiert, alles hat Erika Hanka versucht, um Bewegung in das Ballett zu bringen, um zu verhindern, daß ihre Tänzer frustriert werden. Natürlich ist das Ballett zu Hause geblieben, als die Oper zu ihren ersten wichtigen Auslandsgastspielen gefahren ist.

Im Wiener Staatsopernballett existiert eine archaische Struktur. Da gibt es:
die Erste Solotänzerin,
die Solotänzerin,
die Halbsolistin.

Jeder Titel ist mit Rechten verbunden. Meist kleben die Tänzer während ihrer ganzen beruflichen Tätigkeit aneinander. Da werden Feindschaften von der Ballettschule bis zur Pensionierung mitgeschleift, verhärten sich, werden unerträglich. Wenn die Feindin eine schöne Rolle kriegt oder gar schneller Solistin wird, leidet die ganze Umgebung der Tänzerin monatelang darunter.

Manchmal wagt ein todesmutiger Ballettdirektor gegen die versteinerte Hierarchie zu verstoßen. Gastchoreographen haben's leichter, sie verlassen die Stadt, wenn sie ihre Arbeit abgeliefert haben. Im Jahre 1950 war's soweit: Erika Hanka besetzte den blutjungen Willy Dirtl in „Feuervogel". Einen Tänzer aus dem Corps de ballet mit der Rolle, für die ein Erster Solotänzer vorgesehen war. Dieser zog auch gleich die dringend erforderlichen Konsequenzen: Er kündigte und hat bald darauf Österreich verlassen. Niemand käme auf die Idee, eine Oper mit Solosängerin, Kammersängern und Ersten Kammersängern zu führen. Wobei dann der Erste Kammersänger mehr Rechte als der Kammersänger, dieser wieder ungleich mehr Rechte als der Solosänger und alle miteinander mehr Privilegien als alle übrigen Sänger genießen. Natürlich kann man auch ein Ballett nicht mit diesem verknöcherten System führen. Man tut es nur. Und niemand sollte glauben, daß es Willy Dirtl — später ein echter Star — leicht hatte, nachdem ihm die erste Solorolle anvertraut worden war. Im Jahr nach seinem Solistendebüt, im Jahre 1951, hat er fünfmal im Theater an der Wien solistisch wirken können, fünfmal war er mit einer solistischen Aufgabe in einer Operette tätig (an der Volksoper). Diese Auftritte in Opern und Operetten können dazu beitragen, daß ein junger Tänzer Routine sammelt. Aber im allgemeinen sind sie eher ein Alptraum für begabte Tänzer.

Rudi van Dantzig, Chef des Niederländischen Nationalballetts, definiert das so: „Entweder hat der Regisseur nicht genügend Platz für die Tänzer, oder er gibt dem Choreographen keine Möglichkeit, weil er davon überzeugt ist, daß die Tänzer in einer Oper eigentlich nichts zu suchen haben. Oder er läßt das Ballett nur deshalb auftreten, weil der Dirigent die dazugehörige Musik gern dirigieren möchte."

Hier also wird der Tänzer mit den Schattenseiten seines Berufs konfrontiert, und man kann ihm nur wünschen, daß dieser Zustand nicht zu lange dauert.

Plötzlich sackt die Zahl der Ballettvorstellungen ab. Niemand weiß, warum. Niemand nimmt sich der Tänzer an, niemand kämpft für sie. So berichtet eine Wiener Zeitung, daß es in der Saison 1948/49 vier Ballettvorstellungen im Theater an der Wien und acht in der Volksoper gegeben hat. Hier dürften in der Aussendung der Staatsoper ein paar Nachmittagsvorstellungen übersehen worden sein. Was ganz bezeichnend ist. Aber auch mit diesen Nachmittagsvorstellungen ist das natürlich viel zuwenig. Ein begabter Tänzer ergreift diesen Beruf nicht, um in irgendeiner Operette unterzugehen. Man stelle sich einen Sänger vor, der fünf Vorstellungen pro Saison bekommt und dann noch im Chor aushelfen darf, damit er nicht vergißt, wie's auf einer Bühne aussieht.

Mitten in den trostlosesten Zeiten wird dann das Ballett vorübergehend entdeckt. Da berichtet die „Presse" von „endlosen Jubelstürmen" bei den Bregenzer Festspielen. Da schreibt Max Graf nach einer Premiere im April 1952: „Die alte Tanzstadt Wien hat sich an diesem Abend verjüngt. Sie hat sich ein neues Opernballett erzogen, das in seinen Bewegungen und seinem Lächeln etwas sehr Wienerisches hat." Und ein Jahr später bemerkt das „Neue Österreich": „Eine Premiere im Jahr ist für das Aschenbrödel Ballett frei." Das Aschenbrödel geht wieder in der Versenkung unter, unbemerkt vom jeweiligen Operndirektor. Seit einiger Zeit gibt es für junge Tänzer die Möglichkeit, an den Nachmittagen zwischen Training, Proben und Vorstellungen eine Maturaschule zu besuchen und zu maturieren. Früher hat's diese Schulen nur an Vormittagen oder Abenden gegeben. Damit waren die Jungen der Oper ausgeliefert. Wer weiß schon, ob ein Zwölf- oder Fünfzehnjähriger begabt genug ist, um als Tänzer Karriere zu machen? Es kann also durchaus möglich sein, daß er mit Achtzehn einen anderen Beruf ergreifen möchte. Dann hat er nichts gelernt, dann hat er entscheidende Jahre versäumt. Also müßte man ein Ballettinternat einrichten, eine echte Mittelschule, in der man gleichzeitig maturieren und als Tänzer ausgebildet werden kann. Ein Internat, das es in anderen Ländern schon längst gibt. Hier gibt's schon Skimittelschulen, Musikmittelschulen, das Ballettinternat gibt's immer noch nicht. Dafür ist kein Geld da. Obwohl Sparen an den Bundestheatern nicht immer als oberstes Gesetz gilt. Nehmen wir an, ein tollkühner Operndirektor will einen berühmten Choreographen als Ballettdirektor engagieren. Dann will der neue Mann ein paar Tänzer seiner Truppe mitbringen. Das geht nicht. Wenn man die Tänzer schon wie die Leibeigenen behandelt, muß man sie wenigstens entsprechen schützen. Man verhindert, so gut man das nur kann, daß sie Auslandserfahrung sammeln. Dafür schirmt man sie auch gegen Eindringlinge ab. Niemand soll in die stickige Luft ihrer Ballettsäle eindringen. Dieses System kommt Tänzern mit Bauch sehr gelegen und demoralisiert systematisch die Begabten. Nur Weltstars dürfen gelegentlich diese Luft schnuppern. Sie sind nicht so gefährlich, weil sie bald wieder abreisen.

Aber schon die Salzburger oder Grazer sind ja faktisch ausgeschlossen. Welche Eltern schicken ihr Kind nach Wien, ohne jede Gewähr, daß ein guter Tänzer aus ihm wird? Bei einem Ballettinternat wäre das Risiko klein. Das Kind könnte — wenn es das will — maturieren und hätte dann immer noch die Möglichkeit, einen anderen Beruf zu ergreifen.

In einem Haus, in dem Sänger- und Pultmillionäre ihre Flugreisen für kurze Zeit unterbrechen, sollte man auch die finanzielle Basis der Tänzer lohnender und verlockender gestalten. Da man dies nicht tut, verleitet man die Tänzer, sich „etwas dazuzuverdienen".

Sie treten bei Schmierenveranstaltungen in Hotels und anderen Etablissements auf und machen dort Antireklame für ihren Beruf. Auch gewisse „Privattourneen" in der Urlaubszeit sind diesem Sektor von Aktivitäten zuzurechnen.

Natürlich müßte man Tänzern Gelegenheit geben, sich in anderen Städten zu bewähren. Was auch zur Bekanntheit der Truppe beitragen könnte. Willy Dirtl hat einmal in einer Rundfunksendung über das erste Ballettgastspiel in Monte Carlo erzählt. Die Tänzer waren unsicher, wie sie auf der internationalen Skala einzuordnen sind, und haben erfahren, daß niemand von der Existenz ihres Balletts gewußt hat.

Mit diesen Auslandsgastspielen geht's wie mit der Spielplangestaltung in Wien. Plötzlich gibt es eine große Tournee durch Schweden oder die Vereinigten Staaten, dann wieder werden die Tänzer zu Hause festgenagelt. Oder man fährt nach St. Gallen, Wetzlar, Interlaken oder Ludwigshafen.

Von Zeit zu Zeit wirft eine Operndirektion die kokette Frage auf, ob Wien ein Ballettpublikum besitze. Natürlich gibt es in einer Metropole mit Tradition ein Ballettpublikum, aber dieses Publikum leidet fast konstant unter der Behandlung der Compagnie. Kaum hat sich jemand daran gewöhnt, Ballettaufführungen zu besuchen, gibt's auf einmal keine mehr.

Wie hat es also nach dem Tod Erika Hankas im Frühjahr 1958 bei der Leitung des Wiener Balletts ausgesehen?

Da die Lage denkbar unübersichtlich ist, habe ich mir die nötigen Angaben von der Direktion der Wiener Staatsoper verschafft:

Also, auf Erika Hanka folgt bis zum Jahr 1962 eine interimistische Leitung durch die Herren Wilfried Fränzel und Gordon Hamilton.

Von 1962 bis 63 wurde die Compagnie wiederum interimistisch von Plucis geführt.

Von 1963 bis 1966 war Aurel von Milloss Ballettdirektor. Von 1966 bis 1971 Herr Orlikowsky. Worauf man im Jahre 1971 wieder Herrn von Milloss nach Wien holte. Er blieb bis zum Sommer 1974 in Wien, und dann hat's wiederum ein Provisorium gegeben, in dem Ballettmeister Nowotny die erste Geige spielte.

Also: In 18 Jahren hat das Ballett nicht weniger als sieben Jahre eine provisorische Leitung besessen. Und man fragt sich, wie eine große Compagnie eine kontinuierliche Entwicklung aufweisen kann, wenn man mit der Führung der Truppe so jongliert, daß Mutwille Pate gestanden haben könnte. Aber es war nur völlige Gleichgültigkeit. Da für das Wiener Publikum Dirigenten nicht gerade unwichtig sind: Erstklassige Dirigenten haben Ballettaufführungen geleitet, dazwischen gab es und gibt es immer wieder Kapellmeister, die nichts mit einem Ballett anzufangen wissen. Was wiederum dazu führt, daß man dem Orchester nachsagt, es hätte keine besondere Vorliebe für Ballettabende.

Temposchwankungen sind schon bei Opernaufführungen kein Vergnügen für die Sänger und das Publikum.

Beim Ballett muß der Dirigent wissen, welches Tempo er den Tänzern gerade noch zumuten kann. Besser gesagt: Er müßte es wissen. Denn es gibt Kapellmeister, die sich auf den Komponisten berufen und vergessen, daß für die Tänzer in erster Linie der Choreograph maßgebend ist. Also kann sich der Dirigent in voller Harmonie mit dem Komponisten befinden und die Tänzer zur Weißglut bringen, weil sie nach seinen Tempi überhaupt nicht mehr tanzen können. Diese Orchesterleiter werden von den Tänzern als „Konzertdirigenten" bezeichnet. Sie beschäftigen sich nur mit dem Orchester. Und obwohl sie es von Opernaufführungen her gewöhnt sind, auf die Bühne zu schauen, tun sie das beim Ballett nicht.

Sonst müßten sie einfach bemerken, daß die Tänzer plötzlich außerstande sind, dem Orchester noch zu folgen.

John Neumeier bezeichnet als die beiden größten Probleme eines Ballettchefs: den häufigen Umgang mit zweitklassigen Dirigenten und den Mangel an guten Ballettschulen. Ein Choreograph, der auf zwei Kontinenten gearbeitet hat — und zwar auf den für das Ballett wichtigsten Kontinenten —, weiß, wovon er spricht.

Nach der Eröffnung des Hauses am Ring fand das Ballett die denkbar günstigsten Bedingungen vor. Erika Hanka war eine kluge und energische Frau von einer überaus gewinnenden Persönlichkeit. Sie vermochte sich durchzusetzen.

Da hat sie einmal den originellen, aber nicht besonders verläßlichen Bühnenbildner Wakhevich mit der Ausstattung für die Uraufführung von „Hotel Sacher" betraut.

Der Ablieferungstermin für die Entwürfe des Parisers ist verstrichen. Man hat noch eine Weile gewartet. Dann hat Frau Hanka herausgefunden, daß sich Wakhevich in Mailand befindet. Als sie dort ankam, war er in Palermo. Nach einem verzweifelten telefonischen Hilferuf ist der Bühnenbildner zurück nach Mailand geflogen und hat Zeit für ein Abendessen mit Frau Hanka gefunden.

Beim Kaffee hat er die Entwürfe für Dekoration und Kostüme auf weiße Papierservietten gezeichnet.

Es bleibt der Phantasie des Lesers überlassen, sich vorzustellen, was passiert wäre, wenn ein anderer Ballettdirektor mit diesen Papierservietten in den Werkstätten erschienen wäre!

Erika Hanka vermochte alle Schwierigkeiten zu beseitigen.

Was nicht bedeuten soll, daß die Improvisation ihre Stärke war. Nur hat sie sich eben auch dabei bewährt.

Wie gründlich und gewissenhaft sie gewesen ist, hat sich bei den Vorbereitungen für eine Uraufführung während der Eröffnungsfeierlichkeiten des Alten Hauses gezeigt. Aus dem Corps de ballet hat sie eine ganz junge Tänzerin genommen und mit ihr zwei Jahre lang für die Uraufführung von „Der Mohr von Venedig“ gearbeitet.

Die Tänzerin hieß Christl Zimmerl. Ihre Rolle: die Desdemona.

In der Titelrolle hat Willy Dirtl die überzeugendste Leistung seiner Karriere geboten, und die Uraufführung hatte einen Erfolg, der weit über die Grenzen des Landes ausgestrahlt hat. Also waren alle Voraussetzungen für eine gedeihliche Arbeit der Compagnie gegeben. Aber da gab es eine Direktionskrise, einen Direktionswechsel, und Unterrichtsminister Dr. Drimmel hat in den letzten Monaten der Direktion von Dr. Böhm von einem „Haus der heulenden Derwische“ gesprochen. Willy Dirtl, der damals in fast allen Ballettabenden beschäftigt war, hat im Jahre 1956 32 Aufführungen verzeichnet, und das ist natürlich zuwenig.

Es war Erika Hanka, die Christl Zimmerl zu ihrem größten Erfolg verholfen hat, zur „Medusa“, einem Ballett zur Musik von Gottfried von Einem.

Die Zimmerl, die Präzision in Person, eine ausnehmend disziplinierte Tänzerin, war im Ballett nicht sonderlich beliebt. Weil es sich bei ihr wohl um eine geborene Einzelgängerin gehandelt hat. Von der Zeit, in der sie die Desdemona zum erstenmal getanzt hat, bis zu ihrem Tod bin ich in ständigem Kontakt mit ihr gewesen, und dabei ist kein einziges böses Wort über einen Kollegen oder eine Kollegin gefallen.

Emotionslos und mutig hat sie zum Beispiel den Ballettdirektor Orlikowsky in aller Öffentlichkeit angegriffen. Aber was die Kollegen betrifft, hat sie mir gesagt: „Du mußt mit ihnen arbeiten, du sollst dir selbst ein Bild von ihnen machen.“

Als Frau Zimmerls Ehemann Gerhard Brunner mit der Leitung des Staatsopernballetts betraut worden ist, wollte ich eine Fernsehsendung über Christl Zimmerl machen. Ihr Mann hat entschieden, daß sie ihre Tätigkeit sofort beendet, weil er seine Frau nicht im Ballett sehen wollte. Das Ehepaar hat zwei reizende Kinder, und durch die neue Tätigkeit ihres Mannes wäre sie mit der Oper verbunden geblieben. Und in der Oper hatte sich bisher ihr Leben abgespielt. Die Tänzerin und das Fernsehen waren einverstanden. Das Thema „Was macht eine Tänzerin am Ende ihrer Laufbahn?“ hätte in der Sendung ein Happy-End gefunden.

Drei Tage nach seiner Berufung zum Ballettdirektor hat Dr. Brunner vom Arzt seiner Frau erfahren, daß sie unheilbar krank ist.

Aus einer Sendung, die den harmonischen Übergang einer Tänzerin vom Beruf ins Familienleben zeigen sollte, ist eine Gedenksendung geworden. Zur Zeit der Aufnahme litt Christl Zimmerl unter qualvollen Schmerzen. Wir mußten das Interview in kleine Teile aufspalten, die wir zum „Umbau benötigt haben“. Daß wir die Sendung mit einer fast erblindeten Tänzerin überhaupt zu Ende drehen konnten, war nur dem Umstand zu verdanken, daß Christl Zimmerl ihre fast unheimliche Disziplin bis zum Ende ihres Lebens bewahrt hat.

Ganz anders ist die Karriere von Willy Dirtl verlaufen. Er war der einzige Tänzer, den die Leute vom Bodensee bis zum Neusiedler See gekannt haben. Damit soll gesagt werden, daß ihnen nicht nur sein Name geläufig war, sie haben auch gewußt, wie er aussieht, überall hat man ihn erkannt.

Dirtl war der Rebell im Ballett. Er wollte sich nicht mit allem abfinden, was man diesem Ballett zugemutet hat. So hat er in der Operndirektion verkündet, daß seiner Ansicht nach Aurel von Milloss der Totengräber des Wiener Balletts sei. Die Folge war unter anderem, daß er im ersten halben Jahr 1966 keine einzige Vorstellung tanzen durfte. Dann hat man ihn wieder sparsam eingesetzt.

Bei einer Probe haben ihn vier seiner Kollegen unabsichtlich fallen gelassen, Dirtl ist schwer verletzt worden, was man sofort zum Anlaß nahm, ihn zu kündigen. Da dies arbeitsrechtlich unmöglich ist, hat man die Kündigung in eine Pensionierung umgewandelt. Der Ballettleiter hieß damals Waclaw Orlikowsky, und im Jahre 1969 wurde der Abschied von Willy Dirtl in dem ausnehmend häßlichen Konversationszimmer des Balletts feierlich begangen. Das heißt, der Betriebsrat hat eine kleine Rede gehalten. Serviert wurde Campari mit ein paar Soletti-Stäbchen. Direktor Reif-Gintl hat sich nicht blicken lassen, und Willy Dirtl hat begonnen, sich eine zweite Berufslaufbahn aufzubauen.

Ein Jahr nach seiner Pensionierung hat er die Oper betreten. Der Bühnenportier wollte ihn veranlassen, einen Passierschein auszufüllen. Darauf hat er verzichtet und ist seither der Wiener Staatsoper ferngeblieben.

So hat die Arbeit eines Tänzers geendet, der mehr zur Popularität des Wiener Balletts beigetragen hat als sämtliche Ballettdirektoren nach dem Tode Erika Hankas.

Soweit mir bekannt ist, hat sich niemand geniert.

Ein Theater braucht Schauspieler, derentwegen die Leute eine Vorstellung besuchen. Ein Ballett braucht Tänzer, die ebenso attraktiv für das Publikum sind wie Schauspieler oder Sänger. Am Beispiel Willy Dirtl sieht man, daß eigentlich niemand in der Oper an Tänzern interessiert ist, deren Namen genügend Strahlkraft für das Publikum besitzen.

Hans van Manen hat geschildert, wie man in den Niederlanden ein Ballettpublikum gewonnen hat: durch die Unterstützung der Presse, des Fernsehens und durch gute Leistungen. Für die Tänzer, deren Arbeit nicht an die Sprache gebunden ist, stellt das Fernsehen ein ideales Medium dar. Mit welchen Schwierigkeiten man zu kämpfen hat, will man die Tänzer ins Fernsehen bekommen, ersieht man mühelos aus einem Artikel der „Wochenpresse", wobei der Name des Ballettdirektors jederzeit austauschbar ist.

„Die Aufzeichnung von den Ballettproben in der Staatsoper, die Heinz Fischer-Karwin in seine TV-Sendung ‚Ihr Auftritt, bitte!' einbaute, flimmerte am Dienstag knappe drei Minuten lang über die Bildschirme. Der organisatorische Aufwand allerdings, der dieser Kurzsendung vorangegangen war, stand in keinem Verhältnis zum Ergebnis.

Die ganze verwickelte Geschichte begann vor einigen Wochen, als Fischer-Karwin mit dem Ballettchef der Oper, Aurel von Milloss, übereinkam, drei Probenminuten der ersten hauseigenen Ballettpremiere seit langer Zeit in seine Sendung einzublenden. Milloss stimmte zufrieden zu, und auch mit den Gewerkschaftsvertretern der Staatsoper, die ihren Mannen gerne zu fetten Sonderhonoraren aus dem TV-Budget verhelfen möchten und fordernd aufmarschieren, wann immer in der Oper, und sei es auch nur für wenige Probenminuten, die Kameras surren, gab es keine nennenswerten Schwierigkeiten. Denn ein Vertrag, den Fernsehdirektor Freund nach dem ersten finanziellen Kräftemessen mit den Gewerkschaftern abgeschlossen hat, hält unumstößlich fest, wieviel das TV dem Opernpersonal für drei Flimmerminuten zu zahlen hat.

Die Wünsche des TV-Interviewers und des Ballettchefs deckten sich nur in einem Punkt nicht. Milloss wollte die drei auswärtigen Choreographen des Ballettabends, Georges Balanchine, Leonide Massine und Ninette de Valois, dem TV-Publikum gerne selbst vorstellen, doch Fischer-Karwin winkte zweifach ab: erstens, weil er ‚Ihr Auftritt, bitte' nur live überträgt und die drei Ballettgrößen zum Termin seiner Dienstagsendung nicht mehr in Wien gewesen wären; zweitens, weil alle drei nicht Deutsch sprechen und ihm gedolmetschte Interviews für die Zuseher durchaus nicht ergiebig scheinen.

Das erste Gespräch genügte allerdings noch keineswegs, um die Aufnahmen sicherzustellen. Am 10. Mai sprach Milloss das ganze Thema nochmals mit Operndirektor Hilbert durch, der seinerseits fieberhaft versuchte, Fischer-Karwin trotz aller Sonntagsruhe an den Apparat zu bekommen, um auch persönlich zu versichern, alles werde klappen.

Das war allerdings zuviel versprochen. Das TV-Team, das am 11. Mai um 10 Uhr in der Oper anrückte, wurde wieder weggeschickt, weil ‚Der Dreispitz', den es aufnehmen wollte, noch nicht geprobt wurde. Man machte aus, daß das Team um 11.30 Uhr wiederkommen solle; es kam, wenn auch etwas verspätet, zurück. Als man jedoch für den ‚Dreispitz' umbaute, packten die Fernsehmänner, zum Erstaunen des Ballettchefs, ihre Siebensachen und gingen. Konnte sich Milloss nicht erklären, was da passiert war, so weiß man es beim Fernsehen besser: Durch weiteres Abwarten wären die TV-Leute in jene Zeit hineingerutscht, in der die geheiligten Überstunden des Opernpersonals beginnen, und diese Tarife hätten ihr Budget weit gesprengt. Schien also am Montag die Sendung endgültig geplatzt, so begann in den nächsten beiden Tagen ein heftiges Rotieren und Intervenieren. Betriebsratsobmann Otto Vajda schlüpfte in die Vermittlerrolle, woraufhin man ihm allerdings in Opernkreisen nachsagte, er habe vor allem dokumentieren wollen, daß das Fernsehen prompt nach Karajans Rücktrittsgesuch in der Oper offene Türen finde — hatte die Gewerkschaft doch bisher immer wieder darauf gepocht, am Scheitern von Opernübertragungen sei ‚ausschließlich der Maestro schuld'."

Sieht man davon ab, daß Interviews, die übersetzt werden müssen, sehr schwierig und heikel sind, merkt man aus diesem durchaus bezeichnenden Vorfall, daß es dem Ballettdirektor nicht darauf angekommen ist, seine Tänzer publik zu machen. Er wollte zeigen, daß er mit internationalen Größen der Ballettszene auf gutem Fuß ist. Er wollte zeigen, wen er da nach Wien geholt hat. Seit dem Tod Erika Hankas hat es Ballettchefs gegeben, die sich selbst oder ihre Arbeit oder beides geliebt haben, aber keinen Ballettchef, der seine Tänzer geliebt hat.

Freilich hatte Erika Hanka ihren Nachfolgern gegenüber einen großen Vorteil: 16 Jahre lang war sie an der Spitze des Balletts zu finden.

Sie konnte die Entwicklung von Tänzern verfolgen, langfristig planen, Tänzer aus dem Corps de ballet holen und ihre Laufbahn verfolgen, ihnen helfen, bis sie ganz vorn an der Rampe zu finden waren.

Ihr Tod hat eine Lücke hinterlassen, die nicht so leicht zu füllen war. Daher ist es verständlich, daß man im Frühjahr 1958 die Herren Fränzel und Gordon Hamilton mit der provisorischen Leitung des Balletts betraut hat. Ein wirklich guter Ballettdirektor kann nicht einfach aus seinem Vertrag geholt werden. Viel weniger verständlich ist es, daß dieses Provisorium bis 1962 gedauert hat, worauf man dann eine weitere provisorische Leitung mit den Herren Plucis, Vondrak und Nowotny installiert hat. Eine Ballettcompagnie, gerade eine Ballettcompagnie braucht eine zielstrebige, straffe Leitung. Willy Dirtl wollte einmal bei Erika Hanka mit einer anderen Rolle besetzt werden. Frau Hanka hat ihm gesagt, daß sie die Sache überschlafen will, und am nächsten Tag hat er bemerkt, daß er in dem Ballett nicht vorkommt. Worauf er sich nicht mehr auf solche Vorschläge eingelassen hat. Er war unter der provisorischen Leitung der Herren Fränzel und Hamilton in der Saison 1961/62 nur mehr an 17 Abenden im Jahr beschäftigt.

So schädlich diese Zeiten des Provisoriums auch sein mögen, so typisch sind sie für den Status des Wiener Balletts, das von sich immer wieder sagen mußte: Mit uns kann man's ja machen.

Immer nur trainieren und zu proben, ohne echte Entfaltungsmöglichkeiten zu finden, muß mit der Zeit jede Truppe demoralisieren. Wer weiß, wie lange dieser Zustand noch angedauert hätte, wenn nicht Dr. Schäfer die Initiative ergriffen hätte und im Jahre 1963 Aurel von Milloss als Ballettdirektor nach Wien geholt hätte.

In seiner ersten Amtsperiode an der Staatsoper war dessen Erfolg schon allein durch die vorhergehenden wirren Jahre garantiert, in denen man sich zum Teil dadurch über Wasser gehalten hat, daß man Choreographien Erika Hankas hinübergerettet hat. Was allerdings nicht immer sehr konsequent geschehen ist. So wurde „Abraxas" in 14 Jahren nur neunmal gespielt. Man kann sich unschwer vorstellen, welche Auswirkungen das hatte. „Agon" in der Choreographie von Yvonne Georgi ist fünfmal aufgeführt worden. „Ruth", gestaltet von derselben Choreographin, dreimal, und Parlić hat es mit seinen Balletten „Jahreszeiten" und „Turandot" auf drei Vorstellungen gebracht, ebenso viele Vorstellungen hat's von „Apollon Musagete" (Georgi) gegeben. Wohltuend hebt sich dagegen eine Wiederaufführung der „Puppenfee" (Fränzl) ab, mit 37 Aufführungen in der Staatsoper und 24 Aufführungen in der Volksoper. Sicher muß ein hochsubventioniertes

Haus auch Experimente wagen, aber für die Tänzer ist es unsagbar trist, wenn sie monatelang probieren und das Ballett nach drei Aufführungen vom Spielplan verschwindet. Viel Arbeit um nichts.

Schon nach wenigen Monaten hat Milloss die Nase voll gehabt. Er ist nach Rom gereist, wobei er die Möglichkeit einer baldigen Demission offengelassen hat. Die Gründe für seine Verstimmung sind charakteristisch für die Stellung eines Wiener Ballettdirektors. Der „Kurier" spricht von „einer zu geringen Beachtung durch die Direktion" und meldet, daß die Zahl der Premieren und der Ballettabende nach Ansicht von Milloss ungenügend ist.

Dr. Hilbert bestätigt der Zeitung, daß ein „beleidigter" Brief eingegangen ist, den er mit Versicherung der Wertschätzung beantwortet habe. Milloss hat Forderungen gestellt, die nicht für ihn, sondern auch für das Ballett absolut notwendig sind, und das bezeichnet der Direktor als einen „beleidigten" Brief.

Trotzdem war Milloss in seiner ersten Amtsperiode durchaus erfolgreich. Er hat die Valois, Balanchine und Massine geholt. Er ist auch bis zum Jahr 1966 in Wien geblieben, obwohl man ihn, seine Vorgänger und Nachfolger jederzeit verstanden hätte, wenn sie wegen mangelhaften Interesses der Direktion demissioniert hätten. Denn die Nichtbeachtung ihres Chefs durch die Operndirektion muß sich früher oder später auch auf die Tänzer auswirken, und das schafft Unbehagen und Unsicherheit in den Reihen der Compagnie.

Im Sommer 1966 hat Milloss seine Zelte in Wien abgebrochen und ist nach Rom übersiedelt. Die Abschiedsadressen von Hilbert beziehungsweise Milloss hören sich an, als ob zwei Hofzeremonienmeister Glückwunschadressen ausgetauscht hätten.

Die rauhe Wirklichkeit sieht so aus, daß Milloss bestimmt nicht weggegangen wäre, hätte er besondere Wertschätzung für den nunmehr alleinigen Direktor an der Oper empfunden. Hilbert wiederum wird auch nicht sehr traurig gewesen sein und servierte dem Ballett mit dessen nächstem Direktor den größtmöglichen Kontrast. Nach dem reservierten, gelegentlich asketischen, manchmal etwas blutleeren Milloss kam mit Wazlaw Orlikowsky ein Mann der russischen Sinnesfreude.

Es ist nicht leicht, seine Tätigkeit zu beurteilen. Er hat Nurejew für zwei Ballette nach Wien geholt, Choreographien von Tudor, Balanchine und Ashton sowie das schöne Ballett „Etuden" von Lander aufgeführt (22 Vorstellungen). Andererseits hat er zu wenige Ballettvorstellungen geboten. Wobei man ihm zugute halten muß, daß an der Staatsoper während seiner Tätigkeit ein Direktionswechsel stattgefunden hat.

Andererseits fand während seiner Direktion das fatale Ende der Laufbahn von Willy Dirtl statt, und Christl Zimmerl hat ihn attackiert, wie keine Tänzerin das je bei einem anderen Ballettchef getan hat.

Die Operndirektion und der Leiter der Bundestheaterverwaltung haben sich nicht damit anfreunden können, daß seine Disziplin und seine Präzision keineswegs beispielgebend waren, daß man ihn an manchen Vormittagen ebenso verzweifelt wie vergeblich gesucht hat. Was eher überraschend ist, wenn man bedenkt, daß er aus der harten russischen Schule ist und fast wie eine Ausnahme gewirkt hat, die die Regel bestätigen konnte.

Während man sich jederzeit bemüht hat, die Staatsoper zu exportieren, war man großen Gastspielen des Balletts gegenüber recht skeptisch. Zu Unrecht, was an zwei Beispielen demonstriert werden kann. Erika Hanka hat zwei große Schwedentourneen durchgeführt. Nach Angabe der Tänzer hat man bei der ersten ein wenig das Terrain sondiert. Man hat noch nicht recht gewußt, wie man auf der internationalen Skala bemessen wird. Ein Jahr später hat man mit größtem Erfolg in Schweden gastiert. Im Naturschutzpark von Skansen sind die Wiener Tänzer vor 15.000 Menschen aufgetreten, wochenlang hat es in den Zeitungen Berichte über die Wiener Tänzer gegeben, die im hohen Norden eine Bestätigung gefunden haben, die ihnen in Wien versagt geblieben ist.

Bei den beiden Nordamerikatourneen hat es sich gezeigt, daß es darauf ankommt, mit welchem Programm man die Wiener Tänzer in die Welt schickt. Sozusagen im toten Winkel zwischen Orlikowsky und dem wiederkehrenden Milloss hat die Agentin Olga Altmann eine Sommertournee arrangiert, bei der die Tänzer erst in Köln aufgetreten sind und dann mit eindeutigem Erfolg 40 Vorstellungen auf dem nordamerikanischen Kontinent gegeben haben. Dieser Erfolg ist um so höher zu bewerten, als die damit befaßten amerikanischen Stellen der Ansicht waren, daß man aus Wien Musiker und Sänger, aber keine Tänzer holen soll!

Ein Jahr später ist es dann ohne das Management von Olga Altmann prompt schiefgegangen. Erst hat Milloss die Tänzer nach Florenz geführt, wo sie mit teilweise gutem Erfolg aufgetreten sind, nur hat das Publikum eine neue Kreation von Milloss heftig ausgebuht; und das in seiner Wahlheimat Italien. Obwohl man sich für Amerika die Fonteyn als besondere Attraktion gesichert hatte, war diese Tournee eine herbe Enttäuschung für die Tänzer. Das Programm war schlecht gewählt, die Kritik teilweise blamabel, und nur Christl Zimmerl und Ludwig Musil haben ihre vollen Bezüge ausbezahlt bekommen, weil sie eine Woche vor Ende der Tournee nach Wien zurückkehren konnten.

Man muß wissen, wo die Stärke der Compagnie liegt, wenn man andere Länder besucht, und die Stärke der Compagnien, die dort ansässig sind, kennen. Man muß das eigene Programm sorgfältig auswählen. Daran hat es bei der zweiten Amerikatournee ebenso gefehlt wie bei einer späteren Reise durch große deutsche Städte.

Gerade bei einer Compagnie, die dem System der „Schottischen Dusche" ausgesetzt ist, kann ein Auslandsgastspiel die Sicherheit der Tänzer heben beziehungsweise — bei schroffer Ablehnung — das Selbstvertrauen der Truppe erheblich schädigen. Es ist nicht Aufgabe der Tänzer, die Vorbedingungen zu prüfen und das Programm auszuwählen. Sie können einen Erfolg genießen und müssen an einem Mißerfolg leiden.

Der behutsame Aufbau Erika Hankas bei den Gastspielen in Schweden steht in scharfem Kontrast zu den Ereignissen rund um die zweite Amerikatournee.

In den drei Jahren seiner zweiten Amtsperiode hat Aurel von Milloss ein abendfüllendes Ballett und viele „kleine" Choreographien herausgebracht.

In einem Plädoyer für Gerhard Brunner hat Hans-Heinz Hahnl geschrieben, daß man Brunner dasselbe vorwerfe wie Milloss: Er bringe zu viele kurze Ballette heraus. Einen wesentlichen Unterschied zwischen den beiden Ballettchefs hat's allerdings gegeben: Während Brunner Balanchine, Neumeier, van Manen, van Dantzig und Erich Walter geholt hat, waren die meisten „kleinen" Ballette von Milloss selbst choreographiert worden. Das hat wesentlich zu seinem Scheitern bei seinem zweiten Anlauf beigetragen. Ruediger Engerth hat damals geschrieben: „Der starke intellektuelle Ballast, der den Balletten von Milloss zumeist anhaftet, ist nicht immer nach dem Geschmack der Abonnenten."

Ein Nachteil für den Ballettdirektor ist es jedenfalls gewesen, daß er erst einmal ein Jahr mit Reif-Gintl und dann zwei Jahre mit Gamsjäger gearbeitet hat.

Wahrscheinlich ist er schon bei seiner früheren Tätigkeit draufgekommen, daß sich ein Wiener Ballettchef nicht auf die Operndirektion verlassen darf. Nach seiner Wiederkehr ist er also einen anderen Weg gegangen. Er hat sich ausgezeichnete Beziehungen zu der Mehrzahl der Kritiker geschaffen, was durchaus als Vorteil gewertet werden kann. Nur hat ein neutraler Beobachter immer den Eindruck gehabt, daß er diese Beziehungen für sich selbst und nicht für seine Tänzer ausnützt.

Ein halbes Jahr vor seinem zweiten Abgang ist klargeworden, daß Gamsjäger seinen Vertrag nicht verlängern wird. Es hat zu wenige Ballettabende gegeben, das Ballettinternat, das Milloss gefordert hat, ist ihm nicht bewilligt worden. Und bei dem lebhaften Schußwechsel zwischen Kritikern und der Operndirektion hat Ruediger Engerth geschrieben: „Eigentliche Ursache für den Wunsch des Ballettdirektors, die Beziehungen zur Staatsoper zum ehestmöglichen Termin zu lösen, sind die zahllosen Schikanen und Intrigen, denen er seit seiner Tätigkeit nach der Rückkehr an die Wiener Staatsoper ausgesetzt war. Der Direktor hat dazu niemals eine klare und eindeutige Front bezogen und Milloss in seinen Schwierigkeiten weitgehend allein gelassen."

So gut also die Beziehungen des Ballettchefs zur Presse waren, so wenig ist es ihm gelungen, gute Beziehungen mit der Operndirektion und dem mächtigen Betriebsrat Vondrak herzustellen.

Und je schwächer die Position des Ballettchefs geworden ist, desto heftiger sind die Attacken der Kritiker gegen den Operndirektor geworden. Franz Endler hat damals geschrieben: „Der Fall Aurel von Milloss ist ganz dazu angetan, endlich prinzipiell zu alledem Stellung zu nehmen, was erst hinter der vorgehaltenen Hand, nun aber längst auch in aller Öffentlichkeit besprochen wird. Direktor Gamsjäger erweist sich als unfähig, das ihm anvertraute Institut zu leiten."

Nach zweieinhalb Jahren hat Milloss gesehen, daß ihm kaum mehr etwas übrigbleibt, als Wien wieder zu verlassen. Die Presse hat scharf geschossen. Die Leidtragenden waren die Tänzer.

In einem solchen Klima kann sich keine gedeihliche Arbeit für eine Compagnie ergeben, die erst einmal einige Zeit gebraucht hat, um sich von Orlikowsky wieder auf Milloss umzustellen. Und die nun wieder in einen Schützengrabenkampf zwischen Kritik, Ballettchef und Operndirektor gekommen ist. Es ist daher müßig zu untersuchen, wie viele Tänzer für und gegen Milloss gewesen sind. Dazu kommt noch, daß beim Ausbruch des Pressekrieges niemand gewußt hat, aber die meisten geahnt haben, was nach dem Abgang von Milloss auf die Tänzer zukommen wird: ein neuerliches Vakuum. Ein weiteres Provisorium, in dem zu viele Köche zu viele Süppchen kochen werden. Was dazu geführt hat, daß das Ballett wieder einmal resignieren mußte. Dabei war das Programm, das man in diesen beiden Jahren geboten hat, gar nicht so übel: ein kleines Ballett von Béjart, getanzt vom Publikumsliebling Paolo Bortoluzzi. „Romeo und Julia" nach der Choreographie von John Cranko. „Aschenbrödel" und „La Mer", choreographiert von

Tom Schilling. Und „Sylvia“ hat der ungarische Starchoreograph Seregi herausgebracht. „La Mer“ ist von der Presse getötet worden, und der nächste Ballettchef, Gerhard Brunner, hat dieses Ballett dann beerdigt — nach zwei Aufführungen.

Lilly Scheuermann und Michael Birkmeyer haben „La Mer“ getanzt. Sie mußten teilweise in Ost-Berlin proben, und es besteht kaum ein Zweifel, daß dieses Ballett zum Beispiel an der Volksoper unvergleichlich wirksamer gewesen wäre als „Still Point“; und es besteht kaum ein Zweifel, daß es für zwei Tänzer mehr als deprimierend ist, wenn sie nach monatelangen Proben schlechte Kritiken und nur zwei Aufführungen zugewiesen bekommen. Beim Ballett achtet man in der Wiener Staatsoper unvergleichlich mehr auf die Kritiker als bei der Neuinszenierung einer Oper. Obwohl in Österreich die Ballettkritiken von den Musikkritikern geschrieben werden, also von denselben Rezensenten, die eine Oper verdammen, ohne sie damit aus dem Spielplan zu schießen.

Wieder einmal hat die Compagnie zu wenige Ballettabende gehabt. Wieder einmal mußte sie das Gefühl bekommen, auf sich selbst gestellt zu sein, und das ist ein Eindruck, der sich für ein Kollektiv fatal auswirken muß.

Man kann verstehen, daß sich Gamsjäger zuwenig für das Ballett interessiert hat. Weshalb sollte er sich mehr interessieren als die anderen Direktoren? Man kann auch verstehen, daß die Charaktere von Gamsjäger und seinem Ballettchef so konträr waren, daß es nur schwer zu einer Verständigung zwischen beiden kommen konnte. Unverständlich hingegen bleibt, daß Gamsjäger im Januar 1974 nicht sofort einen Nachfolger gesucht hat, als er wußte, daß Milloss ein halbes Jahr später Wien verlassen wird.

Um die Situation der Compagnie während des Interregnums zu charakterisieren: Während der Festwochen des Jahres 1975 hat's in der Staatsoper und der Volksoper nur einen einzigen Ballettabend gegeben. Also mußte es nach dem Vakuum wieder einmal einen Aufwärtstrend geben. Und als Gerhard Brunner im September 1976 die Leitung des Balletts übernommen hat, ist's wirklich besser geworden.

Zuerst hat Direktor Seefehlner dem Ballett etwa die doppelte Zahl von Abenden eingeräumt, eine ebenso logische wie unerwartete Maßnahme: Denn das einzige Ensemble, das es nach wie vor an der Staatsoper gibt, ist das Ballett. Dann hat Brunner prominente Gäste geholt, die ihre Wiener Kollegen angespornt haben. Ob die Wiener Tänzer das nun zugeben wollen, ist nicht entscheidend.

Ferner hat Brunner viel Geschick bei den Verhandlungen mit wichtigen Choreographen bewiesen. Er hat einen Rat seiner Frau befolgt, junge Tänzer in die erste Reihe zu stellen, ihnen ihre oft erste Chance zu geben. Und bei der archaischen Struktur der Compagnie ist das eine Leistung, die nicht unterschätzt werden darf. Ob ihm die Tänzer das gedankt haben, steht auf einem anderen Blatt.

Die Compagnie hat in führenden deutschen Zeitungen und Zeitschriften, in Ballettjahrbüchern eine Resonanz gefunden wie nie zuvor.

Brunner hat eine Chance gehabt, die keiner seiner Vorgänger gefunden hat: Er arbeitet nicht als Choreograph. Er hat also viel mehr Zeit für seine Tänzer. Er hätte von Anfang an bei den Proben, beim Training dabeisein müssen. Daß er das nicht getan hat... Woran ist es gelegen? Wahrscheinlich hat er selbst die Gründe dafür nicht gewußt.

Erstens sind Kritiker bei den Wiener Tänzern denkbar unbeliebt. Und Brunner war Kritiker gewesen, er wußte von der Einstellung der Tänzer, war er doch mit einer Wiener Solistin verheiratet gewesen. Werden diese Tänzer über den grünen Klee gelobt, nehmen sie das mit einem gelassenen Kopfnicken zur Kenntnis. Werden sie kritisiert — egal, ob es sich um einzelne oder die Compagnie handelt —, sind sie sofort beleidigt und fragen nicht, ob die Kritik berechtigt ist.

Dann hat Brunner für deutsche, österreichische und Schweizer Zeitungen gearbeitet, war Mitarbeiter mehrerer deutscher Rundfunkstationen. Er war — obwohl ein Einmannbetrieb — gewissermaßen ein journalistischer Konzern. Also ist er tagsüber in seiner Wohnung oder einem Hotelzimmer gewesen, hat Kritiken geschrieben und Schallplatten gehört und ist abends in Opern-, Ballettaufführungen oder Konzerte gegangen. Er hatte kein Büro und war die Arbeit mit einer Truppe keineswegs gewöhnt.

Man hatte ihm eine Administratorin und eine Sekretärin versprochen und dieses Versprechen nicht gehalten. Also war er sozusagen über Nacht mit einer administrativen und organisatorischen Arbeit konfrontiert, die für ihn völlig neu war. Er stand zum erstenmal einem robusten Betriebsratsobmann gegenüber, dessen Vokabular er nicht verdaut hat. Daß die Direktion Brunner allein gelassen hat, ist weder neu noch überraschend und hängt mit der prinzipiellen Einstellung gegenüber dem Ballett eng zusammen. Es hat sich auch keiner seiner Vorgänger in der Oper entscheidend durchsetzen können, wobei abwechselnd der Direktor oder der Betriebsratsobmann ein Hindernis dargestellt haben, das man als uneinnehmbar einstufen konnte.

Kein Wunder, daß Brunner seine meist guten Ideen nicht mit letzter

Konsequenz verfolgt hat. Wirklich interessant war sein Plan, einen Abend mit „jungen" Choreographen herauszubringen. Zwei von ihnen haben dann nie hier gearbeitet, vom dritten hat man ein Ballett, das an die kurz vorher erschienenen „Liebesliederwalzer" Balanchines gemahnt, am Ende der Saison an der Volksoper herausgebracht, im Anschluß an ein internationales Ballettfestival der Wiener Festwochen.

Den vierten hat man mit seiner Choreographie zwischen zwei Balanchine-Ballette geworfen, wo er ein Fremdkörper bleiben mußte. Im Frühjahr hat man das Stück fertig geprobt, zum Steirischen Herbst sollte es herauskommen. Premiere hatte es im darauffolgenden Winter. Worauf alle Beteiligten die Lust an einer Fortsetzung solcher Experimente verloren haben. In den Direktionsbüros der Oper wird elektronische Musik ohnedies als ein Sakrileg betrachtet. Dabei wäre es für das Ballett wichtig, ja sogar unerläßlich, von Zeit zu Zeit ausgetretene Pfade zu verlassen — aber in einem dafür geeigneten Rahmen. Die Fehlengagements des amerikanischen Choreographen Todd Bolender und des Deutschen Joachim Gerster kann man entschuldigen, ohne sie ganz zu verstehen. Nur muß man auch bei dem kleinsten Mißerfolg die Reaktion der Operndirektion bedenken, wo man voll und ganz mit eigenen Mißerfolgen beschäftigt ist. Im Frühjahr 1978 hat die Compagnie über die Ballettdirektion — nicht über den Chef allein — abgestimmt. Die Compagnie war gegen die Leitung, hat Brunner damit den Boden unter den Füßen weggezogen und sich dann sehr gewundert, daß er sich nicht mehr in der Direktion der Oper durchsetzen konnte.

Bei einer Pressekonferenz, die zweieinhalb Jahre nach der Amtsübernahme Dr. Brunners stattgefunden hat, meinte der Operndirektor, er wüßte nicht, ob das Ballett besser geworden sei! Vielleicht hat er zu wenige Ballettabende gesehen. Bei der ersten Festwochenpremiere der Compagnie soll der Operndirektor in einem Wachauer Gasthaus gefeiert haben. Jedenfalls befand er sich nicht im Zuschauerraum des Theaters an der Wien. Es ist erstaunlich, daß sich immer noch Menschen finden, die bereit sind, die Direktion der Wiener Staatsoper zu übernehmen. Denn an diesem Posten wird man vor fast unlösbare Probleme gestellt. Sicher hingegen ist, daß man in Wien nicht Ballettdirektor werden soll. In Paris, London und Mailand hat man längst die Bedeutung des Balletts für das jeweilige Haus erkannt — in einer Zeit, in der die reisenden Sänger die Direktoren zur Verzweiflung bringen. In Wien ist mit einer solchen Entwicklung nicht zu rechnen. Ein Operndirektor, der sich für Ballett interessiert, wäre ebenso sensationell wie ein musikalischer Unterrichtsminister.

HEINRICH REIF-GINTL ODER
BEAMTE AN DER SPITZE DER STAATSOPER

Während die Opernwelt wußte, daß ein Wiener Industrieller den Namen Dr. Böhms im Bundeskanzleramt deponiert hatte, blieb es weitgehend unbekannt, daß nach Angaben des damaligen Ressortministers derselbe Industrielle auch Karajan vorgeschlagen hat.

Hilberts Nachfolger Dr. Heinrich Reif-Gintl bedurfte keiner Mäzene. Er ergab sich sozusagen von selbst.

Die Kulturpolitiker hatten genug Wirbel rund um die Oper gehabt. Sie hatten Sehnsucht nach einem Operndirektor, der sich nicht für leidenschaftliche Anteilnahme und Angriffe jeder Art geeignet hat. Reif-Gintl, ein stets liebenswürdiger Mann, war im Theater aufgewachsen, in der Oper beheimatet und hat seine Tätigkeit in einem Interregnum begonnen, das dann vier Jahre gedauert hat. Er ist mitten in einer Spielzeit vom stellvertretenden Direktor zum Direktor geworden, und Otto F. Beer hat nach seiner Ernennung geschrieben:

„Die Wiener Opernkrise wird gelöst, indem sie nicht gelöst wird. Dieses Ergebnis läßt sich aus den Gerüchten herausdestillieren, die in den letzten Wochen in Wien kursierten. Sie alle laufen darauf hinaus, daß es den Wundermann, den man für die Leitung der Wiener Staatsoper gesucht hat, nicht geben wird.

Zweifellos ist dies eine Lösung nach dem Geschmack der Unterrichtsverwaltung. Keine Karajan-Explosionen mehr, kein Aus-dem-Vollen-Wirtschaften im Hilbert-Stil, dafür solides Repertoire. Risiko ist nicht gefragt.

Der sehnlichste Wunsch der Unterrichtsverwaltung ist wohl eine Staatsoper, in der ‚nichts passiert' — und wenigstens dieser Wunsch dürfte in Erfüllung gehen."

Treffender kann man die damalige Situation nicht mehr schildern. Reif-Gintl war keine Zielscheibe. Ein Kritiker, der eine vernichtende Rezension einer Repertoirevorstellung geschrieben hat, hat seinen Ohren nicht getraut, als ihn Reif-Gintl anrief: „Ich danke Ihnen für diese hervorragende Kritik. Ich unterschreibe jede Zeile.“ Da verliert auch ein kühner Journalist die Lust zum Angriff.

Gegen Ende von Hilberts Amtszeit ist ein Funktionär des Orchesters in meinem Büro erschienen und hat gesagt: „Reif-Gintl sollte Direktor werden. Er ist gut für das Orchester.“ Und das Orchester ist gut für jeden Direktor.

Im Wiener Opernorchester hat jede Streichergruppe einen sogenannten Buchführer, der bestimmt, an welchem Tag die Musiker zum Einsatz kommen.

Die vier Konzertmeister und die Bläser sprechen sich untereinander ab. Bedenkt man, daß die meisten Mitglieder des Opernorchesters auch Philharmoniker sind — also bei Konzerten, Schallplatten- und Fernsehaufnahmen eingesetzt werden, daß sie an der Hochschule für Musik unterrichten —, ergibt sich daraus, daß das System einigermaßen kompliziert ist. Dazu kommt, daß das Orchester nur zu 90 Proben pro Saison verpflichtet ist, wozu noch etliche Proben gegen gesonderte Bezahlung kommen können. Wenn dieses Orchester trotzdem auch von den großen Dirigenten akzeptiert wird, rührt das daher, daß sich eigentlich alles darüber einig ist, daß man es mit dem besten Opernorchester der Welt zu tun hat. Ein Dirigent, der in Wien bei Proben und Vorstellungen gelegentlich einer wechselnden Besetzung des Orchesters gegenübersteht, fährt immer noch besser als einer, der in einer anderen Stadt stets dieselben Musiker vorfindet.

Prominente und eigenwillige Dirigenten haben gelegentlich Schwierigkeiten mit den Musikern. Vor allem bei den Proben. Aber letzten Endes zählt für diese Musiker das Resultat.

Außerordentliche Qualitäten eines Dirigenten werden von den außerordentlichen Musikern des Opernorchesters durchaus zur Kenntnis genommen.

Hingegen gibt es Dirigenten, die nicht zur internationalen Spitze gehören und mit diesem Orchester einfach nicht zurechtkommen. Suitner und Ozawa wissen ein Lied davon zu singen. Ein Klagelied.

Die nicht ganz heimliche Liebe von Reif-Gintl hat selten gespielten Opern gehört. So hatte er im Frühjahr 1969, also ein Jahr nach seinem Amtsantritt, verkündet, daß er Hugo Wolfs „Corregidor“, den „Barbier von Bagdad“ von Cornelius, eine Oper von Franz Schmidt und eine von Meyerbeer und Halevy aufführen wird. Allerdings hat man dann keine einzige dieser Opern im Spielplan gefunden.

Immerhin hatte er „Medea“, „Iphigenie auf Tauris“, „Idomeneo“

seinem Haus im Burgenland wird Rudolf Gamsjäger zum Ehrenmitglied der Wiener Staats-
er ernannt

. Heinrich Reif-Gintl

Joachim Herz

Antigone Sgourda in „Katja Kabanowa“

Heinz Holecek als „Papageno“

ınard Bernstein

ndula Janowitz und Karl Ridderbusch in „Die Meistersinger von Nürnberg“

Das erfolgreiche Ensemble von „Così fan tutte" (oben)

Eva Marton und Bernd Weikl in „Eugen Onegin" (rechts)

sowie die „Ägyptische Helena“ von Richard Strauss und zwei kaum jemals gespielte Einakter im Redoutensaal gespielt und war damit noch glücklicher als das Publikum.

Auf Grund einer völlig mißglückten Inszenierung Viscontis hat er in den vier Jahren seiner Direktion einen einzigen Durchfall erlebt: mit „Simone Boccanegra“.

Seine größten Erfolge: „Der Besuch der alten Dame“ von Gottfried von Einem, Webers „Freischütz“ und ganz besonders „Lulu“ von Alban Berg mit der hinreißenden Anja Silja in der Titelrolle. Nicht unerwähnt soll bleiben, daß alle drei Inszenierungen von Otto Schenk geleitet worden sind, wobei es nicht ohne Pikanterie bleibt, daß Reif-Gintls Nachfolger gerade diesen Otto Schenk aus der Oper verbannen wollte.

Reif-Gintl war als provisorischer und später reeller Direktor der Staatsoper der Mann der Stunde. Während des Provisoriums hat Herbert Schneiber ihn auf durchaus wienerische Art begrüßt: „Jetzt einen Wundermann zu urgieren, ist blanker Illusionismus. Mehr als manch künstlerischer Schutt schrecken jeden prominenten Kandidaten der Mist, der Neid und die Mißgunst, die öffentlich und halböffentlich (und anonym privat) sein Wirken und sein Leben bedrohen. Die Herren Böhm, Seefehlner und Liebermann wissen ein Liedchen davon zu singen. Herr Hilbert hat das seine ausgesungen, und auch für andere wird die Endstation Zentralfriedhof kein Lockvogel sein.“

Reif-Gintl wird über diese Glückwunschadresse keineswegs überrascht gewesen sein, er hat das Wiener Theater in- und auswendig gekannt. Um ihn zu verstehen, möge eine Episode aus seiner Amtszeit dienen. Nicht, weil sie den Autor dieses Buches betrifft, sondern weil sie die Zustände, die Machtverhältnisse an der Oper besser skizziert als jede platonische Betrachtung. Es handelt sich um eine der verwirrendsten Affären, in die ich je verwickelt war.

Als die Sache im Dezember 1968 aufflog, schrieb eine angesehene deutsche Zeitung, daß solche Affären „außerhalb der Grenze Kakaniens nur schwer zu verstehen sind“. Auch innerhalb der Grenzen fällt dies nicht immer leicht.

Am 23. Juni 1964 schrieb der Betriebsrat der Staatsoper dem damaligen Fernsehdirektor Gerhard Freund, das Personal der Bundestheater sei nicht mehr bereit, an meinen Sendungen mitzuwirken. Was einem Arbeitsverbot gleichkommt. Apart an diesem Brief ist nicht nur der Inhalt, sondern auch der Umstand, daß ich erst viereinhalb Jahre später davon erfuhr. Da hatte Karl Löbl ihn bei seinen Recherchen ausgegraben. Gerhard Freund hatte mir nie von diesem Brief erzählt. Entweder wollte er keinen großen Krach und dachte, daß sich die ganze Sache bald im Sand verlaufen werde, oder der Brief war ihm einfach zu dumm. Jedenfalls galt für mich Arbeitsverbot, und wahrscheinlich sollte ich bei der nächsten Gelegenheit recht spektakulär aus einem Bundestheater hinausgeworfen werden. Der Mann, der das verhinderte, war Wieland Wagner. Im Gegensatz zu mir wußte er — wie die meisten Gäste und Mitglieder der Bundestheater — von dem Verbot. Es ist übrigens recht bezeichnend, daß mir keiner dieser Künstler auch nur eine diesbezügliche Andeutung gemacht hat.

Zu einer Aufnahme für meine Rundfunkserie bestellte mich Wieland Wagner in die Staatsoper. Rendezvousort: Portier, Kärntner Straße. Als wir dort ankamen, saß Wagner schon in seinem blauen Auto, das direkt beim Bühneneingang geparkt war, betrat mit uns das Haus und sagte dem Portier: „Ich habe jetzt eine Aufnahme mit Herrn Fischer-Karwin im sogenannten Dirigentenzimmer. Bitte, melden Sie das sofort dem Direktor, und vergessen Sie nicht, den Namen des Reporters zu erwähnen." Kaum waren wir im Dirigentenzimmer angelangt, stürzte ein Mitglied der Direktion mit hochrotem Kopf ins Zimmer: „Herr Wagner, bitte kann ich Sie einen Augenblick sprechen?"

„Reden Sie ruhig! Ich habe keine Geheimnisse vor den Herren vom Rundfunk."

„Aber es ist sehr dringend."

„Um so besser. Dann wird es später nicht so wichtig sein."

Ratlos verließ der Abgesandte des Direktors den Raum. Später habe ich erfahren, daß ein erboster Betriebsrat den Rundfunk- und den Fernsehdirektor anrief: „Der Fischer-Karwin nimmt in der Oper auf!" Aber was sollte er gegen Wieland Wagner machen? Somit war das Arbeitsverbot erloschen, ehe es auch nur wirksam geworden war, und ich nahm — wie immer — weiterhin in den Bundestheatern auf. Und ich hatte keine Ahnung, daß mir dies eigentlich verboten worden war.

So ging es bis Dezember 1968. Damals gab es gespannte Beziehungen zwischen Oper und Fernsehen, wegen einer höchst kritischen Fernsehsendung: „Hundert Jahre Oper — hundert Jahre Krise." In dieser Sendung war wohl — ohne mein Wissen — eine Szene des „Rosenkavaliers" aus einem alten „Auftritt" verwendet worden, ansonsten hatte ich mit dem Programm nichts zu tun. Für meine Fernsehsendung wollte ich einen Ausschnitt aus „Lulu" drehen, was der Betriebsrat verbot. Und ein Gewerkschaftsfunktionär teilte dem Fernsehen mit, daß in Hinkunft keinerlei Aufnahmen in den Bundestheatern für meine

Sendungen stattfinden können. Richtig apart wurde das Ganze dann, als sich Journalisten nach dem Grund erkundigten. Ein Gewerkschaftsfunktionär sagte dabei wörtlich:

„Die Betriebsräte sind zusammengekommen, haben untereinander besprochen, ob sie eine Revision herbeiführen oder einen Beharrungsbeschluß fassen sollen. Sie haben schließlich einen Beharrungsbeschluß gefaßt."

Wie man einen Beharrungsbeschluß bezüglich eines Arbeitsverbotes faßt, das nie in Kraft getreten ist, weiß man bestimmt nur in Wien. Noch dazu wurde dieser Beschluß mit viereinhalbjähriger Verspätung gefaßt. Und die Herren scheinen völlig übersehen zu haben, daß sich in einer solchen Zeitspanne gar manches ändern kann. Zunächst überreichte mir Burgtheaterdirektor Paul Hoffmann zusammen mit dem technischen Betriebsrat des Burgtheaters eine Solidaritätserklärung, in der es hieß, daß ich bei meiner Arbeit in der Burg stets willkommen sei. Das war für die Beharrungsbeschließer mehr als peinlich. Denn Betriebsräte der Bundestheater pflegen solidarisch zu sein.

Dann verfügte die Leitung des ORF die sofortige Einstellung jeglicher Berichterstattung über die Oper. Damit hatte man weder in der Oper noch in der Gewerkschaft gerechnet.

Schließlich kamen einige prominente Künstler in eine recht pikante Situation: Zwei Tage vor der „Lulu"-Premiere hatte ich bei einer Live-Sendung drei Stars der Oper zu Gast. Den Dirigenten der „Lulu" Karl Böhm, die Hauptdarstellerin Anja Silja und Gwyneth Jones, die damals gerade mehrere für Wien neue Partien vorbereitet hat. Was tun? Ich einigte mich mit Dr. Zilk, daß bei diesen Gesprächen die Wiener Staatsoper nicht erwähnt werden dürfe. Und alle drei hielten sich auch konsequent und konzentriert daran. — In der Oper hat man schon verstanden, was das Auftreten dreier so prominenter Künstler in meiner Sendung bedeutet hat.

Wenige Tage später wurde statt eines Beharrungsbeschlusses die Revision des 1964 gefaßten Arbeitsverbotes verkündet. — Am unangenehmsten für mich war, daß ich deutschen, norwegischen, kanadischen und anderen Journalisten und Fernsehkommentatoren telefonisch erklären mußte, was ich selbst nicht verstanden habe und was wohl auch in der Oper niemand ganz begriffen hatte.

Zwischen dem medienfreundlichen Operndirektor Reif-Gintl und mir hat es nie irgendeine Verstimmung gegeben. Nur hat der Hofrat gewußt, wie mächtig Betriebsräte der Oper und Gewerkschaftsfunktionäre sind, denen er gleich widerspruchslos nachgegeben hat. Kaum hatte er aber die vehementen Reaktionen von Gerd Bacher und dem damaligen Fernsehdirektor Helmut Zilk zu spüren bekommen, hat er für die Aufhebung meines Arbeitsverbots plädiert. Wie hat Otto F. Beer geschrieben: „Risiko ist nicht gefragt."

Nun wäre es verfehlt, über Ereignisse dieser Art einfach hinwegzugehen; weil sie sehr bezeichnend für die Mentalität von Bundestheater-Funktionären sind. Da hat man einmal Dr. Karl Böhm den Mariazeller Taler verliehen. Zwei Fotografen waren anwesend und hatten den Auftrag, Unterlagen für die Redaktion zu sammeln. Dabei konnte man folgenden Dialog zwischen einem Fotografen und einer Dame der Presseabteilung vernehmen:

„Wer hat diese Auszeichnung vor Dr. Böhm bekommen?"

„Nur der Kaiser."

Der Fotograf, etwas ratlos: „Der Abgeordnete Kaiser?"

Die Dame von der Presseabteilung, etwas pikiert: „Der Kaiser von Österreich natürlich."

Obwohl es also den Kaiser nicht mehr gibt, scheint noch immer etwas von der Mentalität dieser Zeit in den Bundestheatern zurückgeblieben zu sein. In der Direktion Klingenberg haben die Mitglieder der Ensemblevertretung und des Betriebsrates des Burgtheaters einen Brief an den Unterrichtsminister geschrieben, in dem sie Arbeitsverbot für den ORF und Hausverbot für mich gefordert haben. Ein Vorgang, der in einem nicht verstaatlichten Theater undenkbar wäre.

Klingenberg hat sich dieser Aktion nicht angeschlossen und ein Rendezvous mit mir vereinbart. Sozusagen im Underground. Ich mußte ein Lokal ausfindig machen, in dem keine Burgschauspieler verkehren.

Er ist mit dem Taxi vorgefahren, damit niemand erkennen kann, daß er sich im Lokal befindet.

Der Pächter dieser Brasserie war sehr geschmeichelt, einen Burgtheaterdirektor als Gast begrüßen zu können. Und am Ende meiner Unterredung mit Klingenberg ist eine schüchterne Dame an unseren Tisch gekommen und hat gefragt, ob der Hausfotograf ein Foto von uns machen kann. So schnell hat noch nie ein Burgtheaterdirektor ein Lokal verlassen.

Noch im Jahre 1978 hat ein Betriebsrat die Mitglieder einer Publikumsorganisation als „außenstehende Person" bezeichnet, und es ist kaum anzunehmen, daß dieser Ausdruck irgend jemanden in der Oper gestört hat.

Reif-Gintl war in dieser Atmosphäre aufgewachsen, er hat sie nicht nur als normal empfunden, sondern war überzeugt davon, daß die Erben der k. k. Hoftheater privilegierte Menschen sind, besser zumal als die Angehörigen anderer Bühnen in Österreich und in anderen Ländern.

Er war beileibe keine Ausnahme.

Kritische Kritiker haben von Reif-Gintl eher ein solides Repertoire als aufregende Premieren erwartet.

Nichts gegen seine Premieren. Die Spielplangestaltung im Repertoire gibt manche Rätsel auf.

So hat er in der Saison 1970/71 folgende Opern ein einziges Mal gespielt:

„Die schweigsame Frau"
„Elektra"
„Arabella"
„Dalibor"
„Turandot"

In der Spielzeit 1971/72 wurden jeweils nur ein einziges Mal aufgeführt:

„Aida"
„Die Fledermaus"
„Othello"
„Palestrina"
„Die Meistersinger von Nürnberg"

Da sich die meisten Kritiker längst abgewöhnt haben, sich über die Dispositionen der Operndirektoren zu wundern, sind diese seltsamen Dispositionen fast unbemerkt geblieben. Irgendwelche Argumente wird's schon gegeben haben.

Man hat sich nicht darum gekümmert.

Die Staatsoper hat eine Dokumentation veröffentlicht und darin die Zahl der Opernwerke bekanntgegeben, die zwischen 1955 und 1975 gespielt wurden.

„Die Hochzeit des Figaro" hat es auf 408 Aufführungen gebracht.

„Die Zauberflöte" auf 321.

„Die Entführung aus dem Serail" auf 266.

„Der Rosenkavalier" auf 254 Aufführungen.

Diese Liste birgt keinerlei Überraschungen und entspricht durchaus den Aufgaben der Staatsoper. Bei den meistgespielten Opern gibt es mit dem Wechsel der Direktionen kaum wesentliche Änderungen. Ein Malheur ist es nur, wenn eine Neuinszenierung einer vielgespielten Oper mißlingt. Dann schleppt man diese Inszenierung eine Zeit mit, versucht zu mildern und zu ändern, was bei den Dekorationen kaum gelingt. Und schuldlose Abonnenten werden dazu gezwungen, in ihrer Erinnerung zu kramen.

„Der Hofrat“ hat kein leichtes Erbe übernommen. Wenige Wochen nach seinem Amtsantritt schrieb Duglore Pizzini über die Fremdenverkehrsattraktion Staatsoper: „Gesellschaftsreisen nach Wien, deren Höhepunkt ein Opernbesuch sein sollte, mußten abgesagt werden, weil es keine Karten gab. Spielplanänderungen werden viel zu spät — und selbst dann nur mit Vorbehalt — an ausländische Interessenten übermittelt, und im heftig propagierten Johann-Strauß-Jahr gab es an der Staatsoper insgesamt zwei ‚Fledermaus‘-Aufführungen, eine von ihnen war geschlossen.

Vor elf Monaten bereits, erfährt man, hat sich die Stadt Wien bei der Bundesregierung über diese seltsamen Gebräuche beschwert. Aber elf Monate vergingen, ohne daß man sie einer Antwort würdigte.“ Nun könnte man es sich leichtmachen und mit einer Berliner Zeitung sagen: „In Indien gibt es die heiligen Kühe, die den Verkehr behindern, die oft in langsamem Hinsterben auf Plätzen mitten in der Stadt unbewegliche Hindernisse darstellen. In Wien gibt es die Wiener Staatsoper.“

Wahrscheinlicher ist, daß Reif-Gintl nicht deshalb die meisten Klippen umschiffte, weil die Staatsoper eine altehrwürdige Institution ist, die sich seriöser Kritik entzieht. Denn dann hätten's seine Vorgänger und Nachfolger ja viel leichter gehabt. Die konziliante Art des in Ehren ergrauten Beamten hatte die Skandale, die wenigen Skandale in seiner Amtszeit schrumpfen lassen. Denn auch in seiner Direktion hat es diese Skandale gegeben, die ein paar Tage später schon vergessen waren.

So haben im Frühjahr 1969 der Dirigent Wilhelm Loibner und das Orchester den Orchesterraum verlassen, als nach der Pause von „Rigoletto“ beim Erscheinen Loibners „Pfiffe, Zischen, unartikuliertes Röhren, sehr genau artikulierte Pfuirufe zu hören waren“.

Die Parkettbesucher beschimpften den Stehplatz: „Schweine“ war noch die geringste Beschimpfung. Der Ruf nach der Polizei ertönte, aber die Polizei kam nicht. Statt dessen erschien Loibner nach ein paar Minuten. Wieder mußte er warten. Diesmal auf ein paar Musiker, und dann ging die Vorstellung ungestört zu Ende. Bei den Vorgängern „des Hofrats“ haben solche Vorfälle große Wellen geschlagen.

Ein anderer ähnlicher Vorfall: Im Herbst 1970 gab es Radau um Horst Stein nach der Premiere von „Don Carlos“. Die Mißfallenskundgebungen waren in anonymen Briefen angekündigt worden. Die Bundestheaterverwaltung verkündete lautstark, daß man „die Störenfriede baldmöglichst ausforschen wollte". Das Orchester und das darstellende Personal forderten in einem Schreiben an die Direktion, „aus den Vorkommnissen die längst fälligen Konsequenzen zu ziehen".

Man hat keine Störenfriede ausgeforscht, keine Konsequenzen gezogen, die Wogen sind verebbt. Reif-Gintl hat sich nicht geäußert, und alles ist wieder gewesen wie vorher.

Hofräte ermuntern nicht zur Ausweitung von Skandalen. Und wer diese Skandale auslöst, verliert bald die Lust daran. Wenn ein Hofrat als Kontrahent erscheint.

Der Kritiker Herbert Schneiber war der Ansicht, daß der Hofrat keine Werbetrommel für sich rühren konnte. Das ist mißverständlich. Im Vergleich zu seinem Nachfolger war Reif-Gintl von enormer Beredsamkeit gegenüber den Vertretern der Medien. Er war zwar etwas mißtrauisch gegenüber dem Fernsehen, aber Rundfunk und Presse hat er fast verwöhnt. Und im Fernsehen ist er nur deshalb nicht gern aufgetreten, weil er sich nicht für einen telegenen Direktor gehalten hat. Aber wenn nicht gerade ein Betriebsrat im Weg gestanden ist, hat er die Fernseharbeit durchaus gefördert. Und natürlich hat er auch gewußt, daß laut Kollektivvertrag § 30 Abs. 2 das künstlerische Personal zur Mitwirkung an einer Bühnenreportage verpflichtet ist. Wenn zu Zwecken der Tagesberichterstattung Ausschnitte aus Proben im Hörfunk oder im Fernsehen gesendet werden. Nur Betriebsräte vergessen diesen Vertrag gelegentlich.

Wenn der Hofrat trotzdem wie ein Mann gewirkt hat, der keine Werbetrommel besitzt, rührt das daher, daß er immer an die Oper gedacht hat, auch wenn er von sich selbst gesprochen hat. Während man zum Beispiel von seinem Vorgänger des öfteren den Eindruck gewonnen hat, daß er immer nur an sich denkt, wenn er von der Oper spricht. Reif-Gintl ist auch als Direktor ein Beamter geblieben, der einen Verwaltungsauftrag erfüllt hat. Und die vorgesetzte Behörde ist nicht schlecht mit ihm gefahren. Was letzten Endes den Ausschlag gegeben hat, daß aus einem kurzen Provisorium eine reguläre Direktionszeit geworden ist.

Für die Wiedereröffnung der Staatsoper, zu der man eine repräsentative Persönlichkeit gebraucht hat, wäre Reif-Gintl kein idealer Direktor gewesen. 1968 war er der rechte Mann, der genau in der richtigen Stunde in das Direktionsbüro eingezogen ist. Und zwar nicht nur wegen der Stürme, die seine Vorgänger ausgelöst hatten. In den vier Jahren seiner Direktionstätigkeit hatte es Reif-Gintl mit vier verschiedenen Unterrichtsministern zu tun. Das ist zweifellos ein nationaler Rekord.

Auf den schwerfälligen Piffl-Perčević folgte im Frühjahr 1969 der geschmeidige Alois Mock. Größere Gegensätze lassen sich kaum vorstellen. Weniger als ein Jahr später hat Dr. Mock sein Ministeramt verlassen, und Leopold Gratz ist sein Nachfolger geworden. Damit ist das Unterrichtsressort zur SPÖ gewandert, und im Herbst 1971 ist Fred Sinowatz Unterrichtsminister geworden. Nun kann man sich vorstellen, daß jeder neue Minister etwas ändern will, daß sich ein Operndirektor auf einen neuen Minister einstellen soll oder muß. Und dazu kommt noch, daß in der Amtszeit Reif-Gintls die Verwaltung der Bundestheater in die Hände von Robert Jungbluth überging, der in seinen Ansichten und seiner Arbeitsweise völlig verschieden von seinem Vorgänger agiert hat. Unter diesen Umständen ist es schon fast erstaunlich, daß „der Hofrat" so gelassen zwischen den Klippen der Politik durchgesteuert ist. Daß er nur ganz gelegentlich seine Nerven verloren hat, wie zum Beispiel bei dem völlig mißglückten Gastspiel in Moskau.

Sicher war seine Verhandlungstaktik nicht durchschlagskräftig, hier hat er sich von den Russen das falsche Stück ins falsche Haus setzen lassen, und die Interventionen für Sänger (oder von Sängern), die sich zum Beispiel auf die Mitwirkung in der „Hochzeit des Figaro" bezogen haben, sind zuviel für ihn gewesen.

Die Rücksichten, die ein Direktor bei der Spielplangestaltung nehmen muß, sind mannigfaltig und können in der Öffentlichkeit kaum registriert werden.

Nehmen wir einmal ein Stiefkind des Opernbetriebes: den Chor. Ohne ihn kann die Oper nicht existieren, aber sein Einsatz wird nicht immer gut disponiert. Es kann vorkommen, daß die Mitglieder des Chors innerhalb kurzer Zeit mehrere Opern einstudieren müssen. Es kann vorkommen, daß eine Oper nach langer Zeit wieder in den Spielplan aufgenommen wird, der Chor aber keine Möglichkeit zu ausreichenden Proben besitzt, weil er gerade in einer Neuinszenierung steckt. Ein Sänger kann absagen, der Chor kann das nicht. Und niemand im Zuschauerraum wird sich darum kümmern, ob er sich auf die Aufführung genügend vorbereiten konnte.

Der Chordirektor wird vom Operndirektor ausgewählt. Die Mitglieder des Chors haben dabei keinerlei Mitspracherecht. Der Kontakt mit dem Operndirektor findet über den Betriebsrat statt, künstlerische Angelegenheiten trägt der Chordirektor in der Direktion vor. Wobei er sich nicht immer durchsetzen kann.

Eine „Choroper", die einmal im Jahr angesetzt wird, ist für den Chor ein Alptraum. Man kann eine Oper auch nicht sechs bis acht Wochen liegenlassen und die Chorsänger ohne Probe zur Wiederaufnahme auf die Bühne schicken.

Probt ein Regisseur zweieinhalb Stunden und beschäftigt sich während dieser Zeit kaum mit dem Chor, ist das für die Sänger einigermaßen frustrierend. Aber es kann noch ärger kommen: Wenn der Regisseur nach diesen zweieinhalb Stunden eine Idee hat, die er dann am Ende der Probe verwirft!

Kein Wunder, daß der Chor seine Lieblingsregisseure hat, bei denen er den Eindruck gewinnt, daß während der Probezeit sinnvolle Arbeit geleistet wird. Karajan, Ponelle und Schenk sind mir von Mitgliedern des Chors immer wieder als diejenigen Regisseure genannt worden, mit denen der Chor am liebsten arbeitet.

Bei großen Opern kommt es vor, daß man für den Chor an einigen Plätzen Subdirigenten einstellen muß. Ebenso bei Fernsehübertragungen, bei denen plötzlich ein Heer von Statisten zwischen dem Chor und dem Dirigenten agiert (und dabei entsprechenden Lärm entfaltet).

Bei allen Schwierigkeiten war es bei gar mancher Premiere klar erkenntlich, daß das Publikum die Leistungen des Chors auch zu würdigen weiß.

Und es ist durchaus verständlich, daß der Chor mit Nachdruck seine konzertante Tätigkeit durchzusetzen versucht, weil er von Zeit zu Zeit vom Stiefkind zum Hauptrollenträger werden möchte. Die beiden Dirigenten, von denen der Staatsopernchor bei seinen Konzerten am meisten profitiert hat, sind nach Angabe erfahrener Chorsänger Clemens Krauss und Carlo-Maria Giulini.

Für diese Konzerte ist von großer Bedeutung, daß die Vertreter des Opernchors ihre Termine rechtzeitig bekommen und daß diese Termine dann auch eingehalten werden. Am unzufriedensten scheint man da mit Rudolf Gamsjäger gewesen zu sein.

Daß Reif-Gintl mit solchen Problemen leichter zurechtgekommen ist, ist darauf zurückzuführen, daß er mit ihnen seit jeher vertraut war.

Allerdings wäre es unvorstellbar gewesen, daß der Chordirektor oder der Betriebsrat in meinem Büro auftaucht und für Reif-Gintl plädiert, so wie das von einem Herrn des Orchesters gemacht wurde. In solchen Momenten bleibt der Staatsopernchor stumm, zumindest außerhalb des Probenraums und der Garderoben.

Direktor Reif-Gintl hatte eine gewisse Scheu vor programmatischen Erklärungen. Kein Wunder, wenn ein Operndirektor jedes Jahr einen anderen Unterrichtsminister vorgesetzt bekommt!

Trotzdem hatte er von Zeit zu Zeit aus besonders feierlichen Anlässen die Öffentlichkeit in diesem Sinn informiert. Zum Beispiel beim Jahrhundertjubiläum der Staatsoper. Damals hatte er gesagt, daß Besucher, die von auswärts kommen, vor allem Mozart, Verdi und Puccini an der Wiener Oper finden wollen. Das ist deshalb irreführend, weil die Art der Besucher zu verschieden ist.

Da gibt es Menschen, die nach Wien fahren, um eine ganz bestimmte Vorstellung zu erleben, und diese Opernbesucher kommen sowohl aus Österreich als auch aus dem benachbarten Ausland.

Dann hat es die Oper mit Touristen zu tun, die einmal in die Staatsoper gehen wollen. Meist besorgt ihnen ihr Hotelportier Eintrittskarten. Und oft interessiert sie das berühmte Haus mehr als die Vorstellung, in die sie der Portier schickt.

Eine dritte Kategorie von Gästen befindet sich zu geschäftlichen Besprechungen in Wien. Der jeweilige Gastgeber weiß nicht recht, was er mit ihnen am Abend anfangen soll. Dazu kommt, daß viele von ihnen nicht Deutsch sprechen, deshalb werden sie dann in die Oper verfrachtet, obwohl manche von ihnen noch nie eine Opernvorstellung erlebt haben.

Das wird der Grund dafür sein, daß noch kein Operndirektor versucht hat, Marktforschung bei seinen ausländischen Gästen zu betreiben. Das Resultat wäre so verwirrend, daß es ohnedies bei seinem ursprünglichen Spielplan geblieben wäre.

Für Unbeteiligte ist das Wiener Opernklima amüsanter als das anderer Großstädte. Weil Dinge ernstgenommen werden, die so ernst gar nicht sind. Und dadurch unfreiwillige Komik entsteht, für die schadenfrohe Wiener stets empfänglich gewesen sind.

Als Hilbert Direktor war, hatte einmal der langjährige Konzertmeister und Vorstand der Wiener Philharmoniker, Walter Barylli, einen Artikel geschrieben, in dem er für Karajan eingetreten ist. Anscheinend wurde das damals als Hochverrat gewertet. Noch bevor der Artikel gesetzt werden konnte, hat sich eine kleine Lawine von Interventionen über den ebenso erstaunten wie amüsierten Philharmoniker ergossen.

Der letzte, der verhindern wollte, daß der Artikel gedruckt wird, war Operndirektor Hilbert. Nachdem seine Bemühungen erfolglos geblieben sind, hat Barylli das Direktionszimmer verlassen. Auf dem Korridor machte ihm Vizedirektor Reif-Gintl Zeichen, er solle ihm in sein Büro folgen. Dort hat er ihm mit leiser und eindringlicher Stimme erklärt: „Ich war immer schon für Karajan." Wobei allein der Umstand, ob ein Direktionsmitglied der Wiener Oper für oder gegen Karajan ist, ebenso bezeichnend ist wie komisch erscheint. Es ist ungerecht, aber durchaus verständlich, daß man in Wien lieber solche Vorfälle kolportierte, als sich mit den täglichen Sorgen eines Operndirektors auseinanderzusetzen. Greifen wir einen Monat aus der Direktionszeit „des Hofrats“ heraus. Am 15. Oktober 1970 lehnt die Vollversammlung des technischen Personals der Bundestheater eine neue Arbeitszeitregelung ab. Mit vier Stimmen Mehrheit. Das Abkommen war in 80 mehrstündigen Sitzungen ausgearbeitet worden.

Durch seine Ablehnung ist das Stillhalteabkommen, das bis dahin gegolten hat, außer Kraft getreten, und man ist zur 43-Stunden-Woche übergegangen.

Die Auswirkungen: Neben einer geplanten ORF-Aufzeichnung im Akademietheater müssen vier Vorstellungen in Burg und Oper abgesagt werden. Die beiden Häuser blieben an diesen Abenden geschlossen. Eine seit längerem angekündigte Enquete wegen der ungelösten Arbeitszeitprobleme wird auf unbestimmte Zeit verschoben. Die Direktion der Staatsoper kündigt an, daß eine Aufführung von „Götterdämmerung“ konzertant durchgeführt wird.

Man kann sich unschwer den Wust von Sorgen vorstellen, den ein Direktor in solchen Zeiten vor sich sieht. Wobei er genau weiß, daß sich die Öffentlichkeit für diese seine Probleme überhaupt nicht interessiert. Er weiß, daß er bald neue Dienstposten für das technische Personal beantragen muß, also weiß er auch, daß er mehr Geld braucht. Wozu noch kommt, daß man einen Monat vorher seinen Nachfolger ernannt hat, der das Haus ab 1. September 1972 führen wird.

Die Staatsoper ist längst kein idyllisches Theater mehr, in dem man schöne Opernaufführungen genießen soll. Sie ist ein Großunternehmen, dessen Direktor sich ebenso mit arbeitsrechtlichen und finanziellen Problemen herumschlagen muß wie mit der Frage, wie die neue Sopranistin das „b“ im Gebet der „Tosca“ bewältigt. Das ist viel für einen einzigen Mann. Zu viel? Der Minister ernennt den Operndirektor. Scheitert der Direktor, zeigt sich der Minister zutiefst von ihm enttäuscht. Wozu bei Reif-Gintl kommt, daß der jeweilige Minister gewechselt hat, bevor er sich noch richtig auf ihn einstellen konnte.

Alois Mock ist überzeugt, daß ein schlechter Operndirektor dem Minister auf den Kopf fällt, auch wenn er ihn gar nicht selbst ernannt hat.

„Der Hofrat“ war der Direktor mit den vier Ministern. Für einen Unterrichtsminister, glaubt Mock, reicht ein Jahr nicht aus, um in die vielen Geheimnisse des Opernkonzerns einzudringen. Mock ist der

Überzeugung, daß die Kulturpolitiker nur wenig und behutsam in die künstlerische Arbeit der Staatsoper eingreifen sollen.

Der Gesamtrahmen der Oper — finanzielle und personelle Probleme — hat den Minister zu interessieren, und er muß auch wissen, was die Öffentlichkeit zu einem Operndirektor sagt. Wobei es sich hier um die Meinung der Mitglieder des Hauses, des Publikums und der Medien handelt und aus dieser Vielfalt der Meinungen nicht so leicht ein zwingender Schluß zu ziehen ist.

Dr. Mock glaubt, daß Reif-Gintl ein guter Operndirektor war, weil er solide und verläßlich war und in bestem Sinn des Wortes die Tradition des Hauses gewahrt hat.

Vieles, was in diesem Haus heute noch besteht, ist überflüssig. Vieles aber ist nach und nach gewachsen. Aus zwingenden Gründen entstanden. Hat Kriege, Umbruch und Fremdherrschaft erfolgreich überstanden und soll nicht ohne zwingenden Grund und nicht über Nacht abgeschafft werden.

Die Direktion Reif-Gintl ist übrigens das beste Beispiel dafür, daß ein Minister nicht den Umsturz in der Staatsoper proklamieren sollte. Denn wie hätte es dann innerhalb der Direktion Reif-Gintl ausgesehen, hätte jeder Minister „durchgreifen“ wollen, um sein ganz persönliches Konzept zu verwirklichen? Falls man überhaupt bezüglich der Staatsoper ein ganz persönliches Konzept haben kann.

Der Filter zwischen der Politik und der Staatsoper ist die Bundestheaterverwaltung, die später „Bundestheaterverband“ genannt worden ist.

Bei dieser Verwaltung der Theater zeigte es sich, daß man nicht einfach Beamte auf einen wichtigen Theaterposten setzen kann. Bei Reif-Gintl ist es gutgegangen, weil er schließlich vom Bau gewesen ist. In der Bundestheaterverwaltung haben die Beamten Hilbert und Marboe ihre Meriten, und dann ist's schiefgegangen, bis man mit Robert Jungbluth einen vitalen, unkonventionellen Mann zum Verwalter der Bundestheater eingesetzt hat.

Die ungemein heikle Umstellung zur 40-Stunden-Woche hat man erst ohne Schichtbetrieb und in drei Phasen unternommen. In der zweiten Phase hat man 254 neue Arbeitsplätze besetzen müssen. Und in diese zweite Phase ist Jungbluth hineingeplatzt und hat die Umstellung auf den Schichtbetrieb so durchgeführt, daß man seiner Ansicht nach sogar eine 38- oder 36-Stunden-Woche mit dem bestehenden Personal verkraften könnte. Überstunden würden anfallen, aber man müßte kein zusätzliches Personal verpflichten.

Jungbluth hat rasch die Gefahren erkannt, die eine Beamtenoper mit sich bringen könnte. Er betrachtet es als seine Aufgabe, Maßnahmen der Politiker und Beamten nur dann bis in die Oper dringen zu lassen, falls sie sich nicht schädlich auf diese auswirken.

Alles andere muß in der Verwaltung abgewehrt oder gespeichert werden. Der Verwaltung bringt jeder Tag neue Situationen, Überraschungen und Probleme, die einer, der zum Beamten geboren ist, nicht bewältigen kann.

Dazu kommen die Probleme mancher Betriebsräte, die ein davon Betroffener mit den Heilmethoden eines bekannten Wiener Sportarztes vergleicht. Dieser hat von Zeit zu Zeit einem Sportler versichert, daß er eine Meniskusverletzung hat und dann dem zumeist erschrockenen Sportler versichert, daß er nicht operiert werden muß. Er hat seinen Patienten ein paar Wochen behandelt und ihn dann als geheilt entlassen. Der Sportler hat keinerlei Beschwerden mehr gespürt, allerdings hat er auch nie an einer Meniskusverletzung gelitten. Der Experte für Betriebsräte ist felsenfest davon überzeugt, daß Betriebsräte Katastrophen entdecken und beseitigen. Katastrophen, die nie existiert haben.

Otto F. Beer hat geschrieben: „Das Wiener Publikum ist gewöhnt, sich an den in der Oper geschlagenen Schlachten zu erhitzen. Aber Fanatismus und Leidenschaft scheinen nicht mehr auf dem Programm zu stehen.“

Reif-Gintl war der Mann, der die Oper vier Jahre lang zwischen den Schlachten und dem Fanatismus geführt hat. Und der zwischen den Stürmen, die es bei seinen Vorgängern und seinem Nachfolger gegeben hat, mit fachmännischem Geschick Ruhe in das Haus gebracht hat.

RUDOLF GAMSJÄGER VERLÄSST DEN MUSIKVEREIN

Nach dem Regierungswechsel im Jahre 1970 fanden es höchste Kreise an der Zeit, Herrn von Karajan an die Wiener Oper zurückzuholen. Gamsjäger schien der rechte Mann für diesen Plan zu sein. Er hat den Musikverein erfolgreich geleitet, galt als energisch und durchschlagskräftig. Und in den Zeiten, in denen man Karajan den Zutritt zur Staatsoper verwehrt hatte, feierte der Maestro einen Teil seiner Triumphe in dem von Gamsjäger geleiteten Musikverein.

Bei Telefonaten war Karajan kaum aus der Reserve zu locken: Es wäre nicht seine Aufgabe, einen Operndirektor zu ernennen oder zu beurteilen. Er habe nichts gegen Gamsjäger. Man hat also nicht genau gewußt, ob er sich bereit erklärt, wieder in Wien zu dirigieren, oder nicht. Und jetzt muß man wieder etwas differenzieren: Nicht alle mächtigen Männer Österreichs waren ja in gleichem Maß an einer Rückkehr Karajans interessiert. Aber daß der Österreicher Karajan an die Wiener Oper gehört, stand eigentlich außer Frage. Schon Reif-Gintl hat versucht, Karajan zur Rückkehr zu bewegen. Es ist ihm nicht gelungen. Erst einmal war's vielleicht zu früh, und dann hat es der Salzburger Maestro nicht sehr gerne, wenn er in der Zeitung liest, daß der Operndirektor kommt, um ihn zu engagieren. Das erfährt er lieber vom Direktor als aus der Zeitung. Und jetzt muß man doch ein wenig abschweifen, um an einem kleinen Beispiel zu erklären, weshalb auch offizielle und offiziöse Stellen so um Karajan bemüht waren.

Die Amsterdamer haben eine Oper und kein Opernhaus; das ist ein unmöglicher Zustand, und er war eigentlich allen künstlerisch interessierten Kreisen der Niederlande seit vielen Jahrzehnten klar.

Der Dirigent Mengelberg, der für die Holländer etwa das gewesen ist, was Karajan für Österreich bedeutet, hat dann seinen Einfluß geltend gemacht: Das Opernhaus ist nicht gebaut worden. Die Stärke Mengelbergs lag im Konzertsaal, das hat er auch gewußt. Ein Opernhaus in Amsterdam hätte ihn eher gestört. Sein Einfluß war so groß, daß er hinter verschlossenen Türen den Bau des Opernhauses torpediert hat. Seither ist sehr viel Zeit vergangen. Man hat noch immer keine Oper gebaut. Mengelberg hat's ja nicht gewollt.

Amsterdam ist eine Stadt, in der man viel weniger Interesse für Opernklatsch und Opernintrigen hat als in Wien. Trotzdem hat dort ein bedeutender Dirigent eine vergleichbar große Rolle gespielt wie Karajan in Wien.

Rudolf Gamsjäger war — gegenüber der Öffentlichkeit — der schweigsamste Operndirektor der Zweiten Republik. Er ist noch heute der Überzeugung, daß es der Oper nur schadet, wenn sich ein Direktor zur Wehr setzt oder attackiert. Es ist schon richtig, daß Opernskandale dem Haus am Ring nichts nützen. Aber bei Gamsjäger hat sich die Öffentlichkeit nur auf Kommentare, Glossen und Interviews in den Medien verlassen müssen. Der Direktor ist unsichtbar geblieben.

Die Einstellung Rudolf Gamsjägers ist nur daraus zu erklären, daß er mehr als ein Vierteljahrhundert Chef des Musikvereins gewesen ist. Das ist immer ein Mann, der im Hintergrund bleibt. Die Philharmoniker kommen, die großen Dirigenten — gelegentlich von den Philharmonikern dazu animiert. Die Liederabende sind ausverkauft, und man braucht gar keine Reklame für sie zu machen. Für die bedeutendsten Instrumentalisten gilt es noch immer als nützlich, in Wien aufzutreten. Und auch die Verhandlungen mit Chören, mit anderen Orchestern spielen sich ab, ohne daß die Öffentlichkeit Notiz davon nimmt.

Der Chef des Musikvereins kann dieses Unternehmen in patriarchalischer Weise führen, so er das will. Er hat nicht viel Personal um sich. Manchmal gibt's Kollisionen mit den Proben der verschiedenen Orchester oder Solisten. Sie werden letzten Endes zur allgemeinen Unzufriedenheit geregelt, aber sie werden geregelt, weil Musiker in Wien musizieren wollen.

Am liebsten hätte Gamsjäger den Musikverein neben der Oper weitergeleitet. Das Ministerium hat das nicht zugelassen. Gamsjäger ist ein paar hundert Meter weiter am Ring tätig geworden, und auf einmal war alles anders.

Schon bei den Vorbereitungen zu seiner ersten Premiere hat Rudolf Gamsjäger das zu spüren bekommen.

Mozarts „Don Giovanni" hat er sich in den Kopf gesetzt. Ein Projekt, das nicht ganz unproblematisch war, weil man dieses Werk vor fünf Jahren neu inszeniert hatte. Mit Krips und Schenk.

Gamsjäger wollte es mit Böhm und Zeffirelli herausbringen, und das Engagement Franco Zeffirellis hat sich sehr bewährt. Schon deshalb, weil seine wunderbare Ausstattung Maßstäbe gesetzt hat. Karl Böhm aber hatte zur Zeit der Premiere einer Verpflichtung in Paris nachzukommen. Und Gamsjäger mußte plötzlich mit völlig anderen Terminen rechnen. Die Proben für ein Konzert sind nicht allzulang, dann wird es zweimal gespielt, und der Dirigent reist wieder ab. Er hatte es nie zugegeben, aber er wird auch die Strahlkraft der Wiener Oper stark überschätzt haben.

Nach der Absage Böhms hat sich der neue Direktor an Carlos Kleiber gewendet. Im unrichtigen Augenblick, denn Kleiber hat gerade in München eine Oper mit Schenk herausgebracht, und das Verhältnis Gamsjäger—Schenk war anfangs eher gespannt. Nachdem Kleiber auf einer Postkarte abgesagt hatte, war die Reihe an Claudio Abbado, dem die Idee eines italienischen „Don Giovanni“ sehr zugesagt hat. Bevor er sich entschieden hat, war er zu einem Abendessen mit Gamsjägers ärgstem Widersacher in Florenz gegangen. Nach dem Dessert war die Absage schon formuliert.

Ein Operndirektor, der eine große Premiere mit einem berühmten Dirigenten herausbringen will, darf weder telefonieren noch schreiben. Er muß das persönliche Gespräch suchen. Und es besteht kaum ein Zweifel, daß Gamsjäger dies aus den eben erwähnten Fehlschlägen gelernt hat.

Beim „Don Giovanni“ ist Gamsjäger haarscharf an einem großen Erfolg vorbeigegangen. Er hat zu guter Letzt Josef Krips engagiert, und Krips hatte schon fünf Jahre vorher einen neuen „Don Giovanni“ betreut, weshalb also niemand im Publikum wußte, weshalb man dieses Werk mit demselben Dirigenten wieder aufs Programm setzt.

Bei keinem Direktor war das Echo auf die Premieren so verschieden wie bei Gamsjäger. Da hat's alles gegeben: von rauschenden Erfolgen bis zum wilden Durchfall. Es lohnt, einen kurzen Blick auf diese Premieren zu werfen, aber im nachhinein wird niemand mehr wissen, wie diese Schwankungen zustande gekommen sind.

Ein bekannter französischer Rechtsanwalt hat einmal ein Buch über die Zeugen vor Gericht geschrieben. Darin wird notiert, daß die Polizei von vier nicht an einem Unfall beteiligten Zeugen vier verschiedene Aussagen erhält. Jeder hat's anders gesehen, und in der Erinnerung verschiebt sich das Bild noch mehr und entfernt sich vom eigentlichen Tatbestand.

Im Dezember 1972 brachte die Oper zwei Premieren heraus, deren Aufnahme durch Publikum und Kritik so verschieden war, daß es für die Direktion Gamsjäger schon fast charakteristisch erschien. Da hat's erst einen „Fliegenden Holländer“ unter der Leitung von Otmar Suitner und der Regie Wolfgang Zörners gegeben. Die beiden sind in der Gunst des Publikums schlecht weggekommen. Wobei bei Suitner noch hinzugekommen ist, daß er keinen Kontakt zum Orchester gefunden hat. Der Regisseur ist für Herbert Graf eingesprungen. So schnell kriegt man keinen prominenten Opernregisseur, weil diese meist ebenso ausgebucht sind wie ihre Sänger. Viel Auswahl dürfte der Direktor nicht gehabt haben. Außerdem steht zu befürchten, daß er seine in einer Notlage getroffene Wahl dann auch bereut hat.

„Salome“ mit Karl Böhm und dem Operndebütanten Barlog als Regisseur hingegen wurde zum eindeutigen Erfolg.

Im Februar 1973 dirigierte Riccardo Muti eine „Aida“-Premiere, die von dem New Yorker Oberspielleiter Merrill in Grund und Boden inszeniert worden ist.

Dazu kamen scheußliche Bühnenbilder und eine völlig unpassende Choreographie von Herrn Todd Bolender. Wer nun Gamsjäger diesen Herrn Merrill eingeredet hat, klopfe reumütig an seine Brust. Weder Muti noch die gute Besetzung konnte das Unheil abwenden.

In krassem Gegensatz dazu der Erfolg von Schönbergs „Moses und Aron“, einem ebenso schwierigen wie anspruchsvollen Werk, das von Dohnanyi dirigiert und von Götz Friedrich inszeniert worden ist. Christoph von Dohnanyi hatte als Konzertdirigent im Musikverein sein Debüt gegeben. Er ist also für Wien von Gamsjäger entdeckt worden.

Im Oktober 1973 hat Kleiber „Tristan und Isolde“, einst von Böhm dirigiert, wieder aufgefrischt und bei den Proben meist vergeblich nach seinem Regisseur August Everding gesucht. Jedenfalls hat der erneuerte „Tristan“ allgemein gefallen, was von der nächsten echten Premiere kein Mensch behaupten kann.

„Eugen Onegin“ sollte der Beginn einer Zusammenarbeit zwischen den Opernhäusern von Wien und West-Berlin sein.

Als Dirigent wurde Gerd Albrecht von der Deutschen Oper Berlin verpflichtet. Inszenieren sollte Rudolf Noelte.

Die abenteuerlichen Vorgänge während der „Onegin“-Proben lassen eigentlich Auflösungserscheinungen im internationalen Opernbetrieb erkennen. Und wer Noelte engagiert, stürzt sich ins Abenteuer.

Bei Beginn der Proben ist der Bühnenbildner Jürgen Rose erkrankt. Daraufhin wollte Noelte nicht mit seiner Arbeit beginnen, obwohl die Dekoration fertig war und der Regisseur selbst auszuleuchten pflegt. Schließlich konnte man ihn überreden, und nach zwei Proben hat er seine Hauptdarstellerin, Frau Cotrubas, austauschen wollen. Diese Sängerin hatte er selbst besetzt. Und gegenüber der Direktion hat er es zur unumgänglichen Bedingung gemacht: Ohne Cotrubas kein „Onegin".

Aus begreiflichen Gründen hat die Direktion nicht umbesetzt. Noelte ist abgereist und sollte nach einem Wochenende, das er in der Bundesrepublik verbringen wollte, wieder zurückkommen. Als er nicht kam, hat man ihn in Stuttgart, Berlin und seinem Heimatort Starnberg gesucht — vergeblich. Also hat man einen neuen Regisseur, Herrn Werner Kelch, engagiert. Dieser Kelch ist dann rasch an der Oper vorübergegangen. Peter Schreier ist erkrankt und konnte nicht proben. Woraufhin sich Frau Cotrubas krank gemeldet und der Dirigent verlangt hat, daß man die Premiere auf fünf Tage verschiebt. Gamsjäger hat aber immer strikt an seinen Premierenterminen festgehalten. Herr Albrecht ist nach Berlin geflogen. Wieder zurückgekommen, wurde er angeblich hier nicht mehr empfangen. Jedenfalls hat nun die Berliner Oper schon den ersten Austausch zwischen Wien und Berlin abgesagt. Und als Dirigent für die Wiener Premiere hat man Herrn Schrottner verpflichtet.

Legt man der Öffentlichkeit in solchen Situationen die eigenen Schwierigkeiten dar, gewinnt man Sympathien und verhindert vielleicht, daß bald darauf andere Stars ähnliches anstellen.

Ein schweigender Operndirektor aber schadet sich selbst, läßt nur die anderen reden, und daß die nicht viel Gutes über ihn sagen, kann man sich unschwer vorstellen.

Dabei ist an dieser ganzen „Onegin"-Lawine eigentlich nur die Verpflichtung von Herrn Noelte schuld. Und um diesen zweifellos sehr guten Regisseur bemühen sich ja Direktoren in deutschen Landen immer wieder.

Ein Operndirektor leitet ein Institut, das aus Steuergeldern finanziert wird. Erfährt man, daß gerade damals Salzburger Politiker Bedenken angemeldet haben, daß man zuviel Geld für Karajan und Strehler ausgibt, kann man sich vorstellen, was sich Wiener Kulturpolitiker bei den Zuwendungen für Schrottner und Kelch gedacht haben.

Die nächste Premiere, „Luisa Miller", geleitet von Erede und dem Christa-Ludwig-Ehemann Paul Emile Deiber, war ein halber Erfolg, und glücklich konnte Gamsjäger mit seiner letzten Premiere, „Katja Kabanowa", sein, die von Kulka dirigiert und Joachim Herz ausgezeichnet inszeniert wurde.

Zu Beginn der nächsten Saison ist „Die Macht des Schicksals" von Riccardo Muti dirigiert und Luigi Squarzini inszeniert worden. Wahrscheinlich hat die Kritik diese Aufführung unterbewertet. Das kommt manchmal vor, ohne jeden bösen Willen.

Im November desselben Jahres folgte „Die Zauberflöte“ unter Dohnanyi und Joachim Herz. Eine höchst eindrucksvolle Inszenierung. Und im Februar 1975 hat's großen Krach um die Interpretation von „Lohengrin“ durch Joachim Herz gegeben, wobei sich diesmal die Debatten auch auf die Sänger ausgedehnt haben. Vor allem Christa Ludwig (Ortrud) erschien das Werk Wagners falsch interpretiert. Der Dirigent Zubin Mehta buchte einen eindeutigen Publikumserfolg, hat sich daraufhin aus Wien abgesetzt und ward lange nicht mehr gesehen.

Gamsjäger wird sich inzwischen seine Gedanken über Regisseure gemacht haben. Man kann das nur vermuten, weil er sich ja auch darüber nicht geäußert hat. Jedenfalls hat Otto Schenk am Ende der dritten Saison Gamsjägers sehr erfolgreich „Cosí fan tutte“ inszeniert. Ein zusätzliches Atout: Am Pult stand Karl Böhm. Er hatte sich zu seinem achtzigsten Geburtstag die „Meistersinger“ gewünscht. Die Besetzung wurde mit der Direktion, Böhm und Otto Schenk fixiert. Dann hat Böhm abgesagt, und im Oktober 1975 ist das Werk dann endlich herausgekommen. Dohnanyi hat Karl Böhm ersetzt. Otto Schenk hat inszeniert, und alle Welt war zufrieden.

Völlig unverständlich war die Betrauung Werner Düggelins mit der Regie des „Zigeunerbarons“. Der routinierte Janos Ferenczik am Pult konnte einen geradezu monumentalen Durchfall nicht verhindern. Mehr noch als beim „Lohengrin“ beteiligte sich hier das Publikum im Parkett und in den Logen an den Mißfallenskundgebungen gegen den Regisseur und seinen Ausstatter Wolfgang Mai. In den Augen der Besucher las man finstere Mordgedanken.

Düggelin hatte man zuerst die „Meistersinger“ angeboten. In weiser Selbsterkenntnis hat er abgelehnt und als Gegenvorschlag eine neue „Carmen“ ins Gespräch gebracht. Wie dann aus den „Meistersingern“ „Der Zigeunerbaron“ werden konnte, wagt man nicht einmal zu vermuten. Hier dürfte wieder einmal ein dringlicher und schlechter Ratgeber am Werk gewesen sein. Denn schon die letzte Operninszenierung Düggelins, „Die Entführung aus dem Serail“, war völlig mißlungen. Und „Der Zigeunerbaron“ ist derart in die Binsen gegangen, daß sich Seefehlner geweigert hat, das Werk zu übernehmen. Der Schweizer Regisseur hat das Opernpublikum schon vor der Premiere zur Weißglut gebracht, weil er stolz und lautstark verkündet hat, daß er den „Zigeunerbaron“ noch nie gesehen hat. Noch ärger als die Inszenierung ist die Ausstattung gewesen — wenn die fatale Inszenierung überhaupt noch eine Steigerung zuläßt.

Im Januar 1976 kam es zur Premiere von „La Mer" zur Musik von Debussy. Der DDR-Choreograph Tom Schilling hat keine gute Presse bekommen. Man fand das Werk etwas zu kitschig, dabei hätten Lilly Scheuermann und Michael Birkmeyer mit diesem Ballett viel Erfolg haben können. Etwa in der Volksoper, wo Gerhard Brunner mit einem ersten, nur schwer verdaulichen Ballettabend das Publikum vergrault hat, aber Brunner hegte zu Schilling die gleichen Gefühle wie Seefehlner zu Düggelin.

Einen Monat später gab es wieder einen spektakulären Erfolg mit „Boris Godunow", der Nicolai Ghiaurov und dem Regisseur Otto Schenk zu danken ist. Der Dirigent Satanowsky ist bald darauf wieder in seiner polnischen Heimat untergetaucht.

Im April triumphierte der Ungar László Seregi mit dem Ballett „Sylvia", und im Mai hatte Gamsjäger noch einmal Pech beim „Mädchen aus dem Goldenen Westen". Erst einmal gehört der Regisseur Lotfi Mansouri nicht an die Staatsoper, und dann erkrankte Carol Neblett während der Proben und hat die Premiere indisponiert gesungen. Mit einem anderen Regisseur und einer gesunden Mrs. Neblett wäre es wahrscheinlich gutgegangen.

Der Spiegel der Premieren ist so verwirrend wie die ganze Direktion Rudolf Gamsjäger. Er ist ein Mann, der sich an die Öffentlichkeit hätte trauen müssen. Er sieht gut aus, er hätte nicht nur dem Opernpublikum gefallen. Er vertritt mannhaft seinen Standpunkt und hatte sich gegen Ende seiner Direktionszeit so sehr auf den Koloß Oper umstellen können, daß ihm Unterrichtsminister Sinowatz angeboten hat, seinen Vertrag zu verlängern. Gamsjäger hat abgelehnt. Er kann heute noch fast auswendig wiedergeben, welche Formulierungen Birgit Nilsson und Herbert von Karajan in ihren Fernsehattacken gegen ihn vorgebracht haben, und man sollte das nicht vergessen: Im Musikverein hat man ihn nicht an Kritik gewöhnt. Dort bemängelt gelegentlich ein Kritiker ein zu konservatives Programm, aber im allgemeinen steht der Generalsekretär der Gesellschaft der Musikfreunde hinter dem fast uneinnehmbaren Wall der Wiener Philharmoniker und der berühmtesten Gesang- und Instrumentalsolisten seiner Zeit.

An Kritik muß man sich erst gewöhnen, und es ist wesentlich vorteilhafter, wenn man das in jungen Jahren tut. Bis zu seiner Übersiedlung in das Direktionsbüro der Wiener Staatsoper war Gamsjäger faktisch ein unanfechtbarer Mann gewesen. Will man ihm gerecht werden, muß man dies einkalkulieren. Seine Gegner haben ihm vorgeworfen, daß er die Oper allein führt, so, wie er den Musikverein geführt hat.

Daß er sich wenig darum gekümmert hat, was in der Oper vor ihm gewesen ist. Doch ist es augenscheinlich, daß er sich gelegentlich hat beraten lassen und mit seinen Ratgebern nicht allzu gute Erfahrungen gesammelt hat.

Sosehr Gamsjäger der Satz „Das ist bei uns immer so gewesen" zuwider war und sosehr man seine Abneigung gegen diese Mentalität verstehen kann, gibt es bei einem Mammutbetrieb Entwicklungen, die durchaus sinnvoll sind und die man nicht von heute auf morgen abschaffen kann oder soll.

Andererseits kann niemand erwarten, daß man einen Mann einfach umstülpt, der erfolgreich und lange in einem anderen Institut gearbeitet hat. So ist es manchen Leuten in der Oper auf die Nerven gegangen, daß er sich um alles gekümmert hat — etwa um die Billeteure der Galerie —, das war er von seiner früheren Wirkungsstätte gewöhnt, und das muß keineswegs ein Nachteil sein.

Noch ehe Gamsjäger in das Direktionsbüro der Staatsoper umgezogen war, hat der designierte Direktor unfreiwillig für Affären gesorgt. Die spektakulärste Affäre dieser Art ist auch außerhalb der Grenzen Österreichs kommentiert und glossiert worden.

Es ist um „Tristan und Isolde" gegangen. Dieses Werk sollte Leonard Bernstein in Bayreuth dirigieren. Seine entscheidende Verhandlung mit Wolfgang Wagner hat in einem Wiener Hotel stattgefunden, und dabei hat Bernstein den Patriarchen von Bayreuth verärgert. Denn die Festspielstadt Wagners muß ja Chor, Orchester und das technische Personal jedes Jahr aufs neue engagieren. Und an diese Daten wollte sich der Amerikaner nicht halten.

Seine Bayreuther Tätigkeit hatte Bernstein schon vorher einer Nachrichtenagentur anvertraut. Und das ist etwas, was man in Bayreuth nicht sonderlich schätzt. Kurze Zeit nach dem Bruch mit Wolfgang Wagner hat Leonard Bernstein eine Pressekonferenz gegeben. Auf die Frage, welches Werk er als nächstes an der Wiener Staatsoper dirigieren wird, antwortete Bernstein: „Tristan und Isolde."

Damit hatte er eine Affäre ausgelöst, an deren Ende Gamsjäger zwei der wichtigsten Dirigenten seiner Zeit verloren hat. Diesen „Tristan" wollte nämlich Karajan in Wien dirigieren. Eine Zeit ist der Salzburger Maestro stumm geblieben. Bei den Osterfestspielen 1972 hatte er dann in der Fernsehsendung „Ihr Auftritt, bitte!" einen Brief verlesen, den er acht Monate vorher an Gamsjäger geschickt hat. Es war eine Absage an Wien, und Karajan hat in dem Brief betont, daß schon in seiner Direktionszeit Gäste von auswärts Vorrang hatten.

Karajans Brief ist von Gamsjäger nicht beantwortet worden. Die ganze Angelegenheit hat natürlich hohe Wellen geschlagen. Zeitungsausschnitte wurden Bernstein von lieben Freunden nach New York geschickt, was zur Folge hatte, daß einige Zeit später auch Bernstein den Wiener „Tristan“ abgesagt hat.

Nun ist es für einen Operndirektor an sich schon unangenehm, wenn er über Nacht zwei derart prominente Dirigenten verliert. Aber bei Gamsjäger ist noch etwas dazugekommen. Er war ja der Mann, der Karajan nach Wien zurückholen sollte. Seine Mission konnte als gescheitert betrachtet werden. Für eine SPÖ-Regierung war es auch nicht unwesentlich, daß Bernstein am letzten SPÖ-Parteitag dirigiert hatte. Jetzt haben beide abgesagt: „Zwei Riesen auf einen Schlag.“

Was da eigentlich passiert war, hat man nur raten und vermuten können. Denn Gamsjäger hat wieder einmal geschwiegen. Letzten Endes war der Hergang gegenüber den Auswirkungen der Affäre unwesentlich.

Nun ist es sicherlich nicht leicht gewesen, mit Karajan zu verhandeln, weil dessen Wunden aus seiner Wiener Direktionszeit kaum vernarbt gewesen sind. Die Affäre ist aber deswegen besonders erstaunlich, weil ja Gamsjäger seit eh und je mit den bekanntesten Dirigenten zu tun hatte. Weil er sie alle gekannt hat. Und weil sich letzten Endes niemand vorstellen kann, daß Bernstein beleidigt gewesen wäre, wenn man ihm erklärt, daß der „Tristan“ schon einem anderen Dirigenten zugesagt worden ist.

Es ist eine Wiener Gepflogenheit, auch traurige oder unangenehme Nachrichten in liebenswürdiger Verpackung zu servieren. Ein Röntgenologe, der bei einem Patienten Nierensteine entdeckt, erklärt ihm: „Sie haben ein paar Steinderln.“ Diese Art von Liebenswürdigkeit war Gamsjäger immer fremd.

Er geht seinen Weg ohne Rückversicherung. Er schafft sich Feinde, auch dann, wenn er das Risiko einkalkuliert hat. So hat er sich in seiner dritten Spielzeit von dem Ballettdirektor Aurel von Milloss getrennt, ohne einen Nachfolger zur Verfügung zu haben. Milloss ist von mehreren Musikkritikern ungemein geschätzt worden, und im Zusammenhang mit der Nachricht, daß der Ballettdirektor seinen Vertrag nicht verlängert, schreibt Franz Endler im Januar 1974:

„Man muß annehmen, daß wenigstens ein Bruchteil der Nachrichten stimmt, die auf keineswegs nur obskuren Wegen aus der Direktion der Staatsoper an die Öffentlichkeit dringen. Man muß bedenken, daß hier tatsächlich eben noch allabendlich der Vorhang aufgeht und dann und wann auch über einer ordentlichen Aufführung. Daß aber die Tätigkeit der Direktion sich in der Hauptsache darin erschöpft, Nebensächlichkeiten zu bedenken und alles Notwendige unerledigt zu lassen.

Einzelheiten? Sie werden längst allerorten diskutiert und sind jetzt so uninteressant wie eine Erörterung der Schuldfrage. Ist Direktor Gamsjäger ins Getriebe eines mehrfach organisierten Betriebs geraten und über den Schrecken, den man ihm einjagte, gestolpert? Hat eine Anhäufung von Pech ihn gelähmt? Wirkt irgendwo im Hintergrund tatsächlich eine unheimliche Kraft, die er sich zum Feind gemacht hat? Man möchte Gamsjäger bedauern, man wäre bereit, ihn bei jeder Anstrengung zugunsten der Wiener Staatsoper zu unterstützen — gerade an dieser Stelle ist es immer wieder geschehen.

Es hat aber nicht sollen sein. Es ist zu spät. Selbst einem erklärten und dafür heftig befehdeten Parteigänger bleibt nur noch eines: intensiv nach einem Nachfolger für Gamsjäger zu suchen und zu hoffen, daß dieser gutmachen wird, was jetzt verdorben ist."

Nun — so arg wird's nicht gewesen sein. Trotzdem gibt die Formulierung „selbst einem erklärten und dafür heftig befehdeten Parteigänger" zu denken. Wird ein Kritiker in Wien „befehdet", wenn er einen Operndirektor unterstützt? Möglich wär's schon.

Nehmen wir an, daß Gamsjäger nicht durch den Betriebsrat, einen ehemaligen Tänzer, beeinflußt worden ist. Nehmen wir an, er selbst wäre zur Überzeugung gekommen, daß Milloss kein geeigneter Ballettdirektor ist. Was hätte er dann tun sollen? Ihn weiterhin halten, um einer eventuellen Pressefehde zu entgehen?

Wenn Dr. Mock sagt, daß ein Unterrichtsminister die öffentliche Meinung zur Kenntnis nehmen muß, so ist es wahrscheinlich ein Malheur, daß — was die Zeitungen betrifft — in Ministerien zu sehr auf Wiener Blätter geachtet wird. In den Landeshauptstädten ist man nicht so unmittelbar beteiligt. Die Distanz bleibt gewahrt, und man urteilt leidenschaftsloser. Wie oft hört man nicht von einem Sänger oder Dirigenten, daß er gute (schlechte) Kritiken gehabt hat, wobei man sich nur auf Wiener Zeitungen bezieht.

In den Direktionsräumen der Wiener Staatsoper flüstert man zuweilen, daß die Wiener Kritiker die unangenehmsten überhaupt sind.

Rudolf Bing schreibt in seiner faszinierenden Autobiographie: „Während der ganzen 22 Jahre wurde meine Aufgabe, das größte Opernhaus der Welt zu leiten, immer wieder durch bösartige unsachliche Besprechungen von New Yorker Kritikern fast unerträglich erschwert, von Kritikern, deren Fähigkeit, das Kunstverständnis der Öffentlichkeit zu fördern, in meinen Augen sehr gering war."

Freilich kommt Bing zu einem keineswegs zwingenden Schluß:

„Manchmal kam es mir vor, als ob meine Schwierigkeiten mit den Kritikern zum Teil die Folge meines ungewöhnlich guten Verhältnisses zu den Reportern waren."

Vielleicht hätte Gamsjäger gelegentlich Glossen und Kommentare der Kritik widerlegen können, hätte er ein gutes Verhältnis zu Reportern gehabt. Die aber hat er noch mehr gemieden als die Rezensenten.

Natürlich ist die Struktur der Metropolitan Opera völlig verschieden. Gamsjäger konnte nicht mit einer Millionärin rechnen, die einen Rembrandt verkauft, um seine Premiere zu ermöglichen. Durch die verschiedene Art der Subventionierung konnte sich Bing den Krieg mit der Kritik viel eher leisten. Die überaus lange Dauer, in der er die New Yorker Oper geführt hat, beweist, daß sich seine Geldgeber weniger nach der „öffentlichen Meinung" gerichtet haben, als das bei einer Oper der Fall ist, die aus Steuergeldern erhalten wird.

Die Schweden hatten einen Botschafter in Peking, der sich sechs Jahre in der chinesischen Hauptstadt aufgehalten hat und keinerlei offizielle Information bekommen hat. Gelegentlich hat ihm der Korrespondent der jugoslawischen Nachrichtenagentur einen Hinweis gegeben — und das war alles. Ungefähr so ist es den meisten Reportern beim Direktor Gamsjäger ergangen.

Nun haben seine Gegner behauptet, daß der Musikverein eben leicht zu leiten gewesen ist und daß er mit der Oper einen ganz anderen Brocken vorgesetzt bekommen hat. Das stimmt nicht ganz, weil man seine Leistung im Musikverein nicht an den letzten Jahren seiner Tätigkeit messen kann. Gamsjäger selbst hat mir in einem Buch über den Musikverein eine Stelle angestrichen. Da heißt es bei einem Bericht über die Festwochen von 1956:

„Die internationale Presse feierte Wien als das wiedererstandene Musikzentrum der Welt." Damals hatte er empfangen: die Wiener Philharmoniker mit Bruno Walter und Karl Böhm, das Concertgebouworchester unter Eduard van Beinum, mit Yehudi Menuhin. Die Prager Philharmoniker unter Ancerl, die Wiener Symphoniker mit Klara Haskil, Wilhelm Backhaus und den Singverein unter Moralt, Keilberth, Heger, Scherchen und Krips. Die Leningrader Philharmoniker mit David Oistrach unter Mrawinski und die Berliner Philharmoniker unter Herbert von Karajan.

Nun ist es bestimmt nicht leicht, so viele Starensembles unter einen Hut zu bekommen, aber die eigentliche große Leistung Gamsjägers hatte er in den Jahren nach dem Krieg bei seiner Aufbauarbeit erbracht.

Nachdem die Bombenschäden behoben waren, hat das Podium geknarrt, so daß man keine Schallplattenaufnahmen machen konnte. Die Türen waren kaputt, die Fenster haben geklappert, mit einem Wort: Das Haus war in einem desolaten Zustand. Er hat durchgesetzt, was er wollte und was er einmal angefangen hatte. Sein Organisationstalent hat sich bewährt. Er hat neue Zyklen eingeführt und ist damit erfolgreich gewesen. Und ein Philharmoniker sagt: „Er war gewohnt anzuschaffen und hat sich immer und überall durchgesetzt."

Es ist wahrscheinlich eine Hypothese, daß seine Repertoirevorstellungen besser waren als die seines Vorgängers. Um das wirklich beurteilen zu können, hätte man mehr Aufführungen besuchen müssen, als das möglich ist.

Jedenfalls hatte er seine Probleme vor allem mit den Regisseuren im „Fliegenden Holländer", bei der „Aida", bei „Eugen Onegin", „Luisa Miller", dem „Zigeunerbaron" und dem „Mädchen aus dem Goldenen Westen", und der Erfolg von „Salome" wurde durch Karl Böhm, Leonie Rysanek-Gausmann und Jürgen Rose errungen, obwohl der Regisseur Barlog denkbar unerfahren auf dem Gebiet der Oper und also gelegentlich recht hilflos gewesen ist. Sein Pech mit den Regisseuren — oder wie immer man das nennen mag — konnte nicht dadurch wettgemacht werden, daß er mit guten Regisseuren erstklassige Premieren herausgebracht hat. Es ist auch keineswegs so, daß er nicht mit Regisseuren umgehen konnte, weil er diese aus dem Musikverein nicht gewöhnt war, weil er zu wenige Opernvorstellungen der internationalen Szene erlebt hatte. Während der „Carmen"-Proben unter der Direktion Seefehlners hat mir Franco Zeffirelli gesagt, daß Gamsjäger einer der von ihm bevorzugten Operndirektoren war. Weil man bei ihm gewußt hat, woran man ist, weil er gehalten hat, was er einmal zugesagt oder versprochen hat.

Der Satiriker Werner Schneyder hat einmal geschrieben: „Man kann sich keine Feinde machen. Sie sind immer schon da."

Natürlich hat ein energischer und etwas autoritärer Mann wie Gamsjäger sich auch Feinde gemacht. Auf einem derart exponierten Posten wie dem des Operndirektors ist das unvermeidlich und keine Schande. Ein einflußreicher Mann ist sein treuer Freund geworden: Unterrichtsminister Leopold Gratz, der ihn zum Operndirektor ernannt hat und ein Jahr später Bürgermeister von Wien geworden ist.

Der „Berliner Tagesspiegel" hat über diese Ernennung geschrieben: „Der damalige sozialistische Kulturminister, der 42jährige Leopold Gratz, ernannte den bisherigen Generalsekretär des Wiener Musikvereins, den 64jährigen Rudolf Gamsjäger. Der Wiener Musikverein ist wahrscheinlich die konservativste Konzertvereinigung der Welt. Eine solch reaktionäre Entscheidung hätten die ÖVP-Minister Piffl oder Mock sich überhaupt nicht leisten können, da die sozialistische Opposition aus politischen Gründen Sturm gelaufen wäre. Als Regierungspartei hatte man aber freie Hand — und huldigte geradezu jubelnd der Tradition.

Blickt man von der heutigen Situation zurück, muß die Ära Karajan von 1956 bis 1964 als eine Phase jugendlichen Übermuts erscheinen.

Die Tatsache, daß kürzlich bei einer ‚Aida'-Premiere drei Personen wegen Mißfallensäußerungen von der Polizei aus dem Haus gewiesen wurden, zeigt die Haltung der Direktion, die Weihestimmung im Heiligtum nicht stören zu lassen."

Der Musikverein spielt für sein Publikum. Zahlreiche bundesdeutsche Bühnen haben ihr Publikum ändern wollen und sind in den meisten Fällen bei diesem Vorhaben gescheitert. Wenn dem Leiter einer Bühne oder einer Konzertvereinigung sein Publikum zu konservativ ist, kann er es zwar durch sein Programm verscheuchen, hat aber keinerlei Gewähr, damit ein anderes Publikum in sein Haus zu bekommen. Die große Tradition des Musikvereins bringt es mit sich, daß man dort ein zwar verständnisvolles, aber auch konservatives Publikum findet.

Was nun die Staatsoper betrifft, kann auch ein provokanter und progressiver Direktor nicht einfach ansetzen, was er will. Sein Risiko muß kalkuliert bleiben, weil Subventionen und Ausgaben so hoch sind, daß er nicht über die Einnahmen hinwegsehen kann.

Es besteht kein Zweifel, daß Gamsjäger das Gefühl hatte, ungerecht behandelt worden zu sein. Aber welchem Operndirektor ist nicht ähnliches widerfahren? Die Empfindlichkeit dieses vitalen und robusten Mannes erklärt sich nur aus den langen Jahren, in denen er ohne nennenswerten äußeren Widerstand den Musikverein geleitet hat.

Die Angriffe, denen er als Operndirektor ausgesetzt war, sind auch teilweise auf seine Kompromißlosigkeit zurückzuführen, die nicht einfach als ein Nachteil bezeichnet werden kann. Gamsjäger wollte keine Premierentermine verschieben. Er wollte kein Stück absetzen, das geprobt worden ist. Er war gewohnt, zeit seines Lebens die Verantwortung für das zu übernehmen, was er gemacht hat, und niemand konnte erwarten, daß er sich in dem Augenblick ändert, in dem er sich hinter den Schreibtisch des Operndirektors setzt.

Gamsjäger hat sich von seinem Ballettdirektor getrennt, obwohl er wußte, daß dieser über gute Pressebeziehungen verfügt hat. Er hat seinen Chefdramaturgen Marcel Prawy hinausgeworfen und vorsichtshalber das Schloß zu dessen Büro ändern lassen, damit Prawy nicht heimlich, still und leise wieder in die Oper einzieht. Er hat gewußt, daß sein Dramaturg über die denkbar besten Medienbeziehungen verfügt. Sein Verhältnis zum Generalsekretär des Bundestheaterverbandes und dem Pressechef der Oper kann getrost als gespannt bezeichnet werden. Der einflußreiche Betriebsratsobmann der Staatsoper ist zu seinem erklärten Gegner geworden. Karajan und Bernstein sind der Oper ferngeblieben, obwohl sie schon ihre feste Absicht bekundet haben, dort zu dirigieren. In einem Buch über den Musikverein hat Gamsjäger über die wichtigsten Dirigenten eine Seite geschrieben. Bei Karl Böhm findet man auf zwei Seiten vier Fotos und keinen Text. Auch Nichtgeschriebenes kann deutlich sprechen.

Am Ende seiner Amtszeit ist er zum Ehrenmitglied der Wiener Staatsoper ernannt worden. Nun ist das nach einer vierjährigen Tätigkeit etwas verwunderlich. Jedenfalls scheinen die Widerstände im Haus so groß gewesen zu sein, daß man die Feier in das burgenländische Domizil Gamsjägers verlegt hat. Und ein einziger aktiver Sänger, sein Lieblingstenor Jess Thomas, hat daran teilgenommen.

Viel Feind, viel Ehr? Wenn mir Gamsjäger trotzdem sympathischer ist als die verschiedenen molluskenhaften Erscheinungen, die durch die Wiener Kulturszene schleichen, ist das ein subjektives Urteil. Jeder Widerspruch wird akzeptiert.

Bei einer Autofahrt durch das nächtliche Wien hat mich Carlos Kleiber gefragt: „Weshalb sagen so viele Leute in der Oper, daß Gamsjäger kein guter Direktor ist? Was macht er falsch?"

„Vielleicht behandelt er Menschen, die für die Oper und für ihn wichtig sind, nicht richtig."

Bei der nächsten Kreuzung flüchtete Kleiber aus meinem Wagen. Grußlos. Natürlich weiß er, daß er viele Menschen vor den Kopf stößt. Was man einem Operndirektor übelnimmt, erweist sich bei einem genialen Dirigenten als Vorteil.

In Stuttgart hat mir eine Dame des Betriebsbüros erzählt: „An manchen Tagen telefoniert Herr Kleiber nicht. Da müssen wir mit ihm telegrafisch verhandeln. Obwohl er hier wohnt. Sie können sich vorstellen, in welche Situationen wir kommen, wenn eine Sängerin krank ist und Kleiber am Abend dirigiert. Riskieren wir die Verpflichtung einer Einspringdame ohne Kleibers Zustimmung, geht er bestimmt abends wieder aus dem Haus. Also telegrafieren wir, was das Zeug hält."

Ein Prokurist in einer kommerziellen Firma, der telefonlose Tage einlegt, würde bald entlassen werden und hätte Schwierigkeiten, eine neue Stelle zu finden. Entläßt man Kleiber, stehen andere große Opernhäuser Schlange. Er wird „interessanter". Und man zeigt anderen Instituten, was man alles kann.

Ernsthafte Künstler legen großen Wert darauf, nicht als disziplinlose Phantasten zu gelten. Sie verrichten ihre harte Arbeit wie andere Menschen auch. Und sie möchten, daß die Umwelt das zur Kenntnis nimmt. Trotzdem stößt man an großen Opernhäusern immer wieder auf diverse exzentrische Persönlichkeiten.

Mit Menschen, die auf nichts, auf niemanden Rücksicht nehmen, kann man keine Fabrik führen. Im Grunde kann man mit ihnen auch kein Opernhaus führen. Man tut es aber trotzdem und hofft, daß die Zahl der Künstler, die sich Extravaganzen leisten können, nicht zu groß wird. Ja, man macht sogar Jagd auf sie. Nicht nur wegen ihrer künstlerischen Potenz. Die anderen sollen sehen: „Wir haben eine Premiere mit Kleiber, Noelte und so weiter zustande gebracht." Man klopft sich selbst auf die Schulter.

Hat nun ein Mann wie Gamsjäger 30 Jahre mit solchen Ausnahmeerscheinungen zu tun gehabt: Besteht da nicht die Gefahr, abzustumpfen? Wird man nicht gleichgültig? Unempfindlich gegen alle nur möglichen und ein paar unmögliche Überraschungen? Rudolf Bing schildert in seinem Buch die abenteuerlichen Verhandlungen mit Maria Callas, die schließlich zum Bruch mit diesem Superstar geführt haben. Und dann gesteht er ein, daß sie die Künstlerin war, die den stärksten Eindruck auf ihn gemacht hat. Hat also die Callas recht gehabt?

Affären liefern Schlagzeilen. Eben dieser Art von Aufmerksamkeit wollte Gamsjäger entgehen. Daß es ihm nicht gelungen ist, kann nicht überraschen. Trotzdem hat er sich auch in solchen Fällen nicht zu Wort gemeldet. Wortkarg ist er in das Haus am Ring eingezogen. Schweigend hat er es verlassen.

SEEFEHLNER KOMMT NACH WIEN ZURÜCK

Als es darum ging, einen Nachfolger für Gamsjäger zu suchen, wollte der österreichische Bundeskanzler kein Risiko mehr eingehen. Kreisky war der Ansicht, daß Karajan an die Wiener Oper gehöre, und als der Maestro dann in Wien war, hat er in einem Zeitungsinterview gesagt: „Ich bin von Bundeskanzler Kreisky engagiert worden.“ Im Dezember 1974 ist eine Art Vertrag unterzeichnet worden. Und da heißt es wörtlich: „Zwischen Herbert von Karajan und Generalsekretär Robert Jungbluth fanden über Anregung des Bundesministers für Unterricht und Kunst seit längerer Zeit Verhandlungen über eine umfassende Zusammenarbeit zwischen Herbert von Karajan und den österreichischen Bundestheatern statt.“ Dieser Text ist eindeutig und unmißverständlich: Jungbluth hat verhandelt und nicht der designierte Operndirektor.

Trotzdem war die Wiederkehr Karajans ein entscheidendes Atout des neuen Direktors. Im Mai 1977 hat Karajan in Wien „Troubadour“, „Die Hochzeit des Figaro“ und „Bohème“ dirigiert. Mit durchschlagendem Erfolg. Mit Kartenanmeldungen aus verschiedenen Erdteilen. Und vor Beginn dieses Gastspiels herrschte rings um die Oper unglaubliche Nervosität. Das ist unverständlich, wenn man bedenkt, daß Karajan ja in jedem Jahr zu Ostern, zu Pfingsten und im Sommer in Salzburg gearbeitet hat. Daß er in Wien Konzerte dirigiert hat und Fernsehaufzeichnungen durchgeführt hat. Vielleicht war diese Hektik vor dem ersten „Troubadour“ ganz unbewußt ein Ausdruck des schlechten Gewissens, daß es so lange gedauert hat, den Maestro in die Oper zurückzuholen. Genau läßt sich das nicht erklären. Man kann nur vermuten, daß da vieles im Unterbewußtsein des Opernpersonals und des Opernpublikums mitgespielt hat. Der Dirigent selbst hat sich diese Nervosität auch nicht erklären können, aber er ist vielleicht von ihr angesteckt worden. Erst als sich das Publikum zu seiner Begrüßung erhoben hat, ist das Lampenfieber von ihm abgefallen. Der Erfolg seines

Mai-Gastspiels war so eindeutig, daß er eigentlich glücklich hätte sein müssen. Nur hat sich zwischen ihn und seine Freude über die Wiederkehr ein Schatten geschoben: In der Aktennotiz über seine Rückkehr an die Oper steht unter dem Datum vom 4. April 1974 ein für ihn entscheidender Satz: „Eine besondere Vereinbarung sieht vor, daß Herbert von Karajan die künstlerischen Ergebnisse dieser Planung durch modernste Mittel der Massenmedien weitesten Bevölkerungskreisen zugänglich macht."

Damit wollte man zum Ausdruck bringen, daß eine Fernsehübertragung einer seiner Vorstellungen stattfinden sollte. Für Karajan war das gewissermaßen eine Vorbedingung.

Er hat von der „optischen Welt unserer Zeit" gesprochen. Er hat gemerkt, daß sich die Maßstäbe verschoben haben. Früher einmal war es für Musikfreunde wichtig, was in der Oper geschieht. Mit der Bedeutung des Fernsehens haben sich die Gewichte verlagert. Für das Prestige eines Dirigenten ist nach und nach die Wiedergabe im Fernsehen unerläßlich geworden. Karajan hat dieses Zeichen der Zeit verstanden und sich also auf dieses Medium eingestellt. Obwohl man in Wien häufig von Darbietungen der Oper schwärmt und über das Fernsehen — wie in allen Ländern — dauernd schimpft.

Wie es in den vierziger und fünfziger Jahren gegolten hat, daß die Arbeit in der Oper nicht von deren Umwelt zu trennen ist, so gilt das auch in den siebziger Jahren. Wenn auch unter völlig veränderten Gegebenheiten und Umständen.

Was ist also zwischen dem Dezember 1974 und dem Mai 1977 mit dem Fernsehprojekt geschehen? Zeit genug hätte man ja gehabt. Es besteht kein Zweifel, daß der Dirigent maßlos enttäuscht gewesen ist, daß man keine Fernsehübertragung zustande gebracht hat und sein Interesse an einer weiteren Tätigkeit an der Wiener Oper erheblich abgeschwächt worden ist. Die Arbeitsbedingungen sind für ihn in Salzburg günstiger. Was ihn nach Wien geholt hat, war der Umstand, daß man hier leichter die Kameras ins Haus bekommt.

Ein Jahr später war's dann soweit: Man hat seinen „Troubadour" übertragen. Aber da gab's erhebliche Mißstimmung, weil der Tenor Bonisolli nach einem Krach abhanden gekommen ist, die Sendung verschoben werden mußte und Placido Domingo nicht gehalten hat, was man sich von ihm als „Einspringer" versprochen hat.

Man muß auf diese Dinge eingehen, weil der Drang Karajans zum Fernsehen oft mißverstanden worden ist. Seine Einstellung zu diesem Medium hat sich geändert, weil sich die Bedeutung, der Wert des Mediums geändert hat. Er hat das verstanden, als er seine ersten Symphonien für das Fernsehen aufgezeichnet hat. Er hat die Wirkung des Mediums zu spüren bekommen und die Beachtung gemerkt, die man seiner Arbeit beim Fernsehen geschenkt hat.

Dazu kommt, daß er seine Tätigkeit als Operndirigent erheblich eingeschränkt hatte. Jahrelang hat er Opern ausschließlich in Salzburg dirigiert. Längst hat er die Lust verloren, zu gastieren. Er hat gelernt, sich auf das Wesentliche zu beschränken, aber zum Wesentlichen hat mit dem fast bedrohlichen Anwachsen des Fernsehens auch dieses Medium gehört. Vielleicht ändert sich das wieder. Vielleicht wird das Fernsehen bald so selbstverständlich und alltäglich wie der Rundfunk, der ja in Österreich einen Vorsprung von 30 Jahren gehabt hat.

Im Herbst 1945 ist der Name Egon Seefehlner zum erstenmal in Wiener Zeitungen aufgetaucht. Bei Wahlveranstaltungen der Österreichischen Volkspartei. Nach seiner Tätigkeit im Wiener Konzerthaus und an der Staatsoper ist er nach Berlin gegangen, wo die Oper längst nicht die Beachtung fand wie in seiner Heimatstadt. Wie viele andere Direktoren hat auch Seefehlner nach seiner Ernennung seine Pläne bekanntgegeben. Die Zeitungen haben eine unangenehme Eigenschaft: Sie drucken, was den neugebackenen Hausherren an Projekten vorschwebt. Von den von Seefehlner gewünschten Regisseuren Strehler, Ronconi, Dexter und Collin Graham hat man dann keinen einzigen an der Staatsoper entdeckt, und auch Abbado, Solti und Maazel haben auf sich warten lassen. Man sollte das dem Direktor nicht verübeln: Projekte mit Prominenten machen sich gut. Das Risiko, daß jemand sich später an diese Projekte erinnert und Einzelheiten nachschlägt, ist relativ gering.

Es ist sehr schwierig, über Egon Seefehlner zu berichten. Seine Bekannten haben immer betont, daß er sehr gebildet und ungemein gutmütig sei und außerdem über eine beachtliche Eßkultur verfüge, die noch über die große Wiener Tradition hinausgeht. Wer ihn nur flüchtig kennt, kann sich schwer auf seine Vorzüge konzentrieren und muß sich an die Resultate seiner Arbeit halten, die nicht immer über jeden Zweifel erhaben sind.

Gelegentlich wagt er sich in unkonventionelles Neuland. So hatte er bei seiner ersten Pressekonferenz Aufführungen selten gespielter Barockopern in Grein, Leoben und anderen österreichischen Städten angekündigt. Als sich ein Kulturredakteur erkundigt hat, wie groß das Interesse der Bewohner dieser Städte an selten gespielten Barockopern sei, verschwand das Projekt unter dem Tisch. Gelegentlich taucht auch das schöne Schönbrunner Schloßtheater am Horizont als Studiobühne der Staatsoper auf. Im Laufe der Zeit aber gerät dieser Plan in Vergessenheit.

In seiner ersten Spielzeit hatte Seefehlner mit Regisseuren und Ausstattern nur Probleme. Mit den „Trojanern" von Berlioz hat er begonnen. Statt etwa Ponelle zu verpflichten, hat er vier wilde amerikanische Musicaltypen an die Oper geholt, die furchterregend ausgesehen haben und nach europäischen Begriffen eine selten geschmacklose Ausstattung auf die Bühne gestellt haben. Die Römer haben sich nach einer verlorenen Schlacht so geniert, daß sie zwei Monate aus dem Kalender gestrichen haben. Von Seefehlner berichtet die Fama, daß er eine Woche nach der Premiere anscheinend aus seinem Kalender gestrichen hat, weil er von Publikum und Presse so enttäuscht gewesen ist, daß er sein Direktionszimmer gar nicht sehen wollte. Ein halbes Jahr später ist ihm dann bei „Norma" mit der Caballé und der Cossotto ein ähnliches Malheur passiert. Der Dirigent Riccardo Muti, der eine Schwäche für schwache Regisseure hat, hat nicht verhindern können, daß die beiden üppigen Damen so angezogen worden sind, daß manche Kritiker am Rande einer Ehrenbeleidigung spazierengegangen sind. Ansonsten ist es ihm in seiner ersten Saison gutgegangen: Mit einer „Ariadne auf Naxos" unter Böhm, einer Gottfried-von-Einem-Aufführung von „Kabale und Liebe" mit Dohnanyi und Schenk. Einer Wiederaufführung der „Frau ohne Schatten" unter Böhm in glanzvoller Besetzung, die nicht einmal der neuernannte Oberspielleiter der Staatsoper, Helge Thoma, empfindlich stören konnte. Auch die beiden Ballettpremieren sind erfolgreich verlaufen, und fast hat es so ausgesehen, als ob da ein Direktor gekommen ist, der die Rolle des Balletts in einem Opernhaus unserer Tage erkannt hat: Er hat die Zahl der Ballettvorstellungen verdoppelt und es dem Ballettchef Gerhard Brunner ermöglicht, mit Erich Walter, John Neumeier und George Balanchine erstklassige Choreographen zu verpflichten, nachdem er Brunner seinen Start erheblich erschwert hatte. Vor dessen Ernennung hatte er verkünden lassen, daß die „Josephslegende" von Richard Strauss mit der Callas und Michail Barischnikow aufgeführt wird. Die Callas dürfte der Wunschtraum eines geplagten, damals noch in Berlin tätigen Operndirektors gewesen sein, und mit dem Wunschchoreographen von Michail Barischnikow ist der Ballettchef einige Monate durchs Fegefeuer gegangen, ohne mit ihm in den Himmel beziehungsweise die Wiener Staatsoper einziehen zu können.

Die erste Spielzeit ist also besser verlaufen, als man sich das erwarten konnte. Bei seiner Ernennung in Berlin, wo man ihn schon als stellvertretenden Direktor gekannt hat, konnte man in einer Berliner Zeitung lesen: „Wäre es nicht besser, die Zeit zu nützen und dem erfahrenen Verwaltungsfachmann einen profilierten Künstler an die Seite zu stellen? War nicht einmal Maazel im Gespräch? Gibt es wirklich nur die wenigen Intendantennamen wie Bing, Liebermann, Rennert — oder als Alternative den redlichen zweiten Mann?

Lauter Fragen, die vor Senator Steins Entscheidung gestellt und die auch vorher von ihm hätten beantwortet werden müssen. Aber da war er mit einer Ouvertüre beschäftigt, der trotz Donnergepolters nichts weiter gefolgt ist als eine Not- und Verlegenheitslösung.

Der redliche zweite Mann hat sich also in seiner ersten Wiener Saison gut bewährt. Er hat auch genau gewußt, worauf es ankommt. In einem Fernsehinterview kurz nach seinem Amtsantritt hat er geäußert, daß man einem Direktor eine mißlungene Premiere bald verzeihe und daß er letzten Endes an der Qualität seiner Repertoirevorstellungen gemessen wird.

Für diese aber benötigte er einen erstklassigen Direktionsstab. Der Umstand, daß er in seiner zweiten Saison seinen Stellvertreter an die Luft gesetzt hat, spricht dafür, daß er selbst erkannt hat, daß die Repertoirevorstellungen nicht so sind, wie sich das der Direktor erwartet hat. Eine Glosse in der Rundfunkserie „Aus Burg und Oper" mag die Zustände illustrieren, die damals eingetreten sind:

„Eigentlich könnte man jetzt mit Mitgliedern und Gästen der Wiener Staatsoper eine neue Sendereihe starten. Mit dem Titel: ‚Haben Sie schon abgesagt?'

Bei meinen Kontakten mit diversen Büros der Oper hat man mir vor zwei Wochen nahegelegt, Edda Moser zu interviewen.

Edda Moser in ‚La Traviata' . . . das könnte interessant werden.

Leider hat Frau Moser abgesagt.

Margaret Price wäre interessant, hat man gemeint. Ein Fachwechsel steht bevor, oder die Dame ist schon mitten im Fachwechsel.

Dann war sie in der Scala-Vorstellung von ‚Don Carlos' zu hören und zu sehen . . .

Also offen gestanden: Bei Frau Price war ich eher skeptisch.

Denn wie wird das sein? Wird sie gleich nach der Scala-Übertragung nach Wien fliegen?

Vorsichtshalber habe ich in ihrem Wiener Hotel angerufen, und man hat mir bestätigt, daß sie für Montag, den 9. Januar, dort gebucht hat.

Am Dienstag, den 10., habe ich um halb zehn Uhr im Hotel angerufen und mich erkundigt, ob Frau Price schon aufgestanden sei.

Die Antwort lautete: ‚Sie hat deshalb nicht aufstehen können, weil sie nicht angekommen ist.'

Und die Vorstellung hat sie natürlich auch nicht gesungen.

Frau Baltsa hat die ‚Ariadne' in Hamburg abgesagt, und vor zehn Tagen habe ich eine der eher verläßlichen Damen der Wiener Staatsoper angerufen und mit ihr eine Aufnahme in ihrem Wiener Hotel abgemacht. Als ich gerade dabei war, mich am Telefon zu verabschieden, hat die sehr charmante Dame gesagt: ‚Einen Moment noch — ich brauche zwei Tage, um zu Hause in Ruhe zu arbeiten. Vielleicht sag' ich ab!' Was sie dann auch gemacht hat. Ich übergehe diskret die nächsten Absagen.

Wie war es denn noch vor ein paar Jahren, wenn jemand abgesagt hat? Man hat in der Staatsoper die Spielpläne der diversen Opernhäuser durchgesehen, man hat diskrete Kontakte zu Schallplattenfirmen gepflogen, um herauszubekommen, ob Herr X oder Frau Y wirklich krank ist. Obwohl das ja von der betreffenden Sängerin beziehungsweise ihrem Ehemann mit leidender Stimme am Telefon versichert worden ist.

Heute gibt sich Herr X oder Frau Y kaum mehr Mühe, eine Krankheit vorzutäuschen. Man ruft an und sagt ab. Ungefähr so, als ob man einem Filmverleih mitteilt: ‚Leider kann ich nicht zu Ihrer Premiere kommen. Ich habe Gäste.'

Oder der Agent der Künstlerin ruft in der Oper an. ‚Madame läßt absagen.'

Diese Auflösungserscheinungen sind nicht nur eine Zumutung gegenüber dem Publikum, sondern auch gegenüber denjenigen Kollegen, die nach wie vor ihre Verträge gewissenhaft einhalten.

Und sie sind bedrohlich, weil den Stellen, die über die hohen Subventionen der Oper zu entscheiden haben, einmal die Geduld reißen wird. Denn es ist ja nicht so, daß diese ständigen Umbesetzungen oder Spielplanänderungen auf die Dauer unbemerkt bleiben werden. Und es wird auch nicht unbekannt sein, daß man Ersatz holen oder einfliegen lassen muß. Und daß ein Besucher der Staatsoper schließlich wissen will, wen er hört, wenn er die Karten für eine Vorstellung löst.

Vor vielen, vielen Jahren hat Herbert von Karajan das Ende des sogenannten Ensembletheaters an großen Opernhäusern vorausgesagt. Damals ist ein Schrei der Empörung durch die Welt der Operninteressenten gegangen. Inzwischen hat das unfeierliche Begräbnis dieser Gattung von Oper längst stattgefunden. Natürlich ist man auch beim

Stagione-System nicht ganz gefeit vor Absagen. Aber es ist doch ein Unterschied, ob ein Sänger für eine einzige Vorstellung nach Wien fliegt oder ob er für eine ganze Serie engagiert ist.

Dirigenten, die dazu die Möglichkeit haben, sichern sich überdies noch mit Platten- oder Fernsehverträgen ihrer Sänger ab. Und die wissen ganz genau, weshalb sie das tun. Gegenwärtig gibt es an der Wiener Staatsoper ein einziges Ensemble: die ‚Ballettcompagnie'.

Seefehlner selbst hat über diese Zustände gesagt: ‚Ich fühlte mich nicht mehr vertreten. Ich brauche auch keine Vertretung, ich brauche einen Menschen, der die Arbeit macht.' Natürlich besteht kein Zweifel, daß nicht der Direktor für die kleinen Alltagsprobleme zuständig ist. Aber er hat dafür zu sorgen, daß sich in seiner Umgebung die richtigen Leute befinden. Gerhard Mayer schreibt in der zweiten Saison Seefehlners: ‚Wiens Opernliebhaber — vom fanatischen Fan bis zum geduldigen Abonnenten — finden die Zustände an der Wiener Oper blamabel und skandalös . . .'

Daß es immer wieder vorkommt, daß Abonnenten aus prominent besetzten Vorstellungen — an die sie dank für sie glücklicher Dispositionszufälle gekommen waren — wieder freundlich, aber bestimmt hinauskomplimentiert werden, ist ein Bestandteil des Abonnementvertrages. Kundendienst am Abonnenten."

Dazu kommt, daß die Preise für Karten im freien Verkauf sowie für die Abonnenten wieder gehörig erhöht wurden und daß infolge der Dollarabwertung weniger Amerikaner nach Wien gekommen sind. Und die Amerikaner waren ein nicht unwesentlicher Bestandteil des Opernpublikums. Wahrscheinlich hätte Seefehlner gegen diese Erhöhungen der Eintrittspreise nicht viel ausrichten können. Sicher hingegen ist, daß er darunter gelitten hat.

Es ist also genau das Gegenteil von dem eingetreten, wofür er sich eingesetzt hat: In seiner ersten Saison war er mit Premieren und der spektakulären Rückkehr Karajans recht erfolgreich. Bei den Repertoirevorstellungen hingegen war er weit weniger glücklich. Später war er des öfteren sogar recht glücklos.

Allerdings waren die Premieren seiner zweiten Spielzeit nicht mehr so überzeugend. Begonnen hat's mit einer verinszenierten (Filippo Sanjust) Premiere von „I Capuleti e i Montecchi". Für wenig gespielte Opern italienischer Paradekomponisten hat der Direktor zweifellos eine gewisse Schwäche.

Ein massives Auftreten von Rudolf Nurejew hat ihn wieder hinausgerissen. Im Dezember 1977 hat er dann die Festwochenproduktion von „Titus“ aufgefrischt. Im Januar 1978 den „Fidelio“ unter Bernstein und Schenk. Als Alibi hat wohl eine Fernsehübertragung gedient.

Otto Schenk hat von dieser Wiederaufnahme am selben Tag erfahren, an dem sie in der Zeitung publiziert worden ist. Da hat man ihn vorsichtshalber in der Bundesrepublik Deutschland angerufen. Fügt man hinzu, daß Schenk nicht allzu lange vorher nach New York geflogen ist, um dort seinen „Fidelio“ aufzufrischen, weil ihn Leonard Bernstein verlangt hat, wobei er dann auf Wunsch Bernsteins zwar eine andere Leonore, dafür auch einen anderen Dirigenten vorgefunden hat, ersieht man mühelos, daß die Pläne Seefehlners mit seinem Freund Schenk auf tönernen Füßen gestanden sind. Denn vor seinem Amtsantritt war Otto Schenk für ihn „eine fixe Größe in allen Planungen. Ein Mann, mit dem er sich in Regiefragen immer beraten“ wollte.

Die nächste Premiere, „Lucia di Lammermoor“, wurde durch die beiden Sängerstars aus slowakischen Gefilden Gruberova und Dvorsky gerettet. Wobei Boreslav Barlog noch immer nicht nachweisen konnte, daß er ein Opernregisseur ist. Im April ist's dann — mit dem Ballett — besser gegangen, und im Juni war Henzes „Der junge Lord“ eine nicht vorhersehbare schwache Inszenierung, denn der Regisseur hatte in Berlin die Uraufführung herausgebracht. Wahrscheinlich ist diese Oper ganz einfach zu spät nach Wien gekommen. Was nicht die Schuld Seefehlners ist. Es gibt Opernblüten, die schneller welken, als man das vorhersehen kann. Im Jahre 1974 hat Otto Strasser geschrieben: „Am 1. September 1964 eröffnet die Oper die erste Spielzeit unter der Alleindirektion Egon Hilberts, und wir sehen einer Zeit entgegen, in der eine Überzahl an Dirigenten das Haus in jenen unstabilen Zustand führte, unter dem es noch heute leidet.“ Strasser konnte nicht wissen, welche Dirigenten Seefehlner seinen Besuchern beschert. Wie denn überhaupt die Zahl der Unbekannten in der dritten Spielzeit Seefehlners erheblich gewachsen ist. Bei Dirigenten und Sängern. Da hat es Künstler gegeben, die plötzlich aufgetaucht sind, niemand hat gewußt woher, und die dann ebenso schnell wieder von der Wiener Bildfläche verschwunden sind.

Diese Zustände konnten zusammen mit den hohen Eintrittspreisen nur zu einer Verunsicherung des Publikums führen. Sieht man davon ab, daß zum Beispiel innerhalb von vier Tagen drei Vorstellungen geändert werden mußten. Falls man davon absehen kann.

Aus den Jahren nach der Wiedereröffnung der Staatsoper kommt die Mär, daß es unglaublich schwer sei, eine Opernkarte zu ergattern. Noch in der dritten Spielzeit Seefehlners haben mich zahllose Leute um

Rat gefragt, wie man zu einer Opernkarte kommen kann. Die Zeiten, in denen das Schild „Ausverkauft“ wenige Stunden nach der Kasseneröffnung potentielle Kartenkäufer abgeschreckt hat, sind vorbei. Besondere Namen locken noch Menschenschlangen an die Vorverkaufskasse, ansonsten kann man für alle Vorstellungen Karten kaufen, wann man das eben kann. Sicher gibt es auch billige Karten, aber ebenso sicher ist, daß Menschen, die nur von Zeit zu Zeit die Oper besuchen, auf einem relativ guten Platz sitzen möchten. Sie werden einerseits davon abgeschreckt, daß sie befürchten, daß man sich immer noch stundenlang anstellen muß, und andererseits blicken sie besorgt auf ihre Brieftasche, wenn sie die Preise für die von ihnen gewünschten Karten lesen.

Die Kulturpolitiker wünschen sich ein neues Opernpublikum. Und dieser Wunsch ist mit den besonders hohen Preisen einer besonders hoch subventionierten Oper kaum in Einklang zu bringen. Auch hier gewinnt das Fernsehen an Bedeutung, wenngleich man gelegentlich den Eindruck gewinnt, daß es sich um eine Alibifunktion dieses Mediums handelt, weil man beim Fernsehen in Anbetracht der hohen Kosten nicht allzuoft solche Aufzeichnungen oder Übertragungen vornehmen kann. Statt der von Karajan gewünschten Fernsehsendung, die in jedem Mai anläßlich seines Wiener Auftretens stattfinden sollte, hat man in drei Jahren nur eine Fernsehübertragung zustande gebracht, ihn aber statt dessen zum Ehrenmitglied der Wiener Staatsoper und zum Ehrenbürger der Stadt Wien ernannt.

Wird die Aufmerksamkeit der Öffentlichkeit bei einer Opernübertragung nun durch das Fernsehen oder die Oper erregt? Manchmal könnte man fast schon glauben, daß die Television wichtiger ist. In seiner dritten Saison hat Seefehlner erst zwei Opern „aufwärmen“ lassen: „Die schweigsame Frau“ und „Palestrina“. Leider durch seinen Hausoberregisseur Helge Thoma. Und im Dezember ist es dann zu einer „Carmen“ mit Kleiber und Zeffirelli gekommen. Der Escamillo war falsch besetzt worden, die russische Carmen war auch nicht als eine Idealbesetzung zu bezeichnen. Trotzdem hat die Presse des Landes schon Wochen vorher über die Premiere berichtet. Fast möchte man schreiben: über die Fernsehpremiere. Erstens waren mit Kleiber und seinem Regisseur zwei Meister ihres Faches am Werk, und dann ist Zeffirelli ein Künstler, der sich mit dem Bildschirm und der Kinoleinwand ebensogut zurechtfindet wie auf einer Bühne. Daß man nach zwei Hausarbeiten von Helge Thoma den Florentiner Meister besonders genießt, versteht sich von selbst. Auch Domingo war unvergleichlich besser als ein Jahr zuvor im „Troubadour“. Und Kleiber ist allüberall ein ebenso seltener wie gern gesehener Gast. Bleibt die Frage, ob die Popularisierung dieser Aufführung daher gekommen ist, weil sie in der Staatsoper stattgefunden hat oder weil sie von zahlreichen Fernsehstationen übertragen worden ist. Wie auch immer: Man hat sich in der Öffentlichkeit lange und intensiv mit der Oper beschäftigt. Und das in einer Zeit, in der die Staatsoper schon längst nicht mehr im Brennpunkt des öffentlichen Interesses steht. Wenn man sich in den Medien trotzdem immer noch oft und kritisch mit ihr auseinandersetzt, erregt das zweifellos den Groll der Operndirektionen, hat aber gute Gründe. An einem Beispiel kann man erkennen, worum es da geht.

Die Stadt Paris wollte eine Volksoper gründen. Man hat für die Leitung dieses Instituts drei interessante Persönlichkeiten gewonnen: den Dirigenten Alain Lombard, den viele für den derzeit effizientesten französischen Opernchef halten; den international erfolgreichen Regisseur Jean-Pierre Ponnelle und den Bühnenbildner Ezio Frigerio, der ebenso wie Ponnelle auf zahlreiche Erfolge in vielen Ländern zurückblicken kann. Ein Jahr vor der Eröffnung dieser Volksoper hat man das Projekt aus Geldmangel abgeblasen. Für Lombard hatte man an der Rheinoper in Straßburg sogar schon einen Nachfolger verpflichtet. So sicher ist die Verwirklichung dieses Projekts allen Beteiligten erschienen. Und dann hatte eine Stadt, in der mehr Menschen wohnen als in ganz Österreich, kein Geld für diese neue Oper. Dabei hätte man ja anfangen können, man wäre nicht, wie in anderen Städten, von Hypotheken der Vergangenheit belastet worden. Und daß Paris ein kulturelles Zentrum ist, wird kaum bestritten werden. Man hatte also in Frankreichs Hauptstadt nicht nur eine Idee, die internationales Aufsehen erregt hat. Man hatte auch die richtigen Leute gefunden, die dieses Projekt zum Erfolg führen konnten.

Man könnte es sich leichtmachen und sagen: Der Pariser Stadtrat hat sich eben keine Rechenschaft darüber abgelegt, wieviel die Erhaltung eines Opernhauses kostet. Nur erscheint es doch recht unwahrscheinlich, daß man sich drei erfahrene Praktiker holt und nicht mit ihnen über Geld redet. Wahrscheinlicher ist, daß man in Paris in anderen Proportionen denkt als in Wien. Auf dem Gebiet des Musiktheaters! Was auch der Grund sein wird, daß man sich in Wien scharfe Brillen aufsetzt, wenn man auf die Oper blickt. Zum Mißvergnügen der Betroffenen.

Natürlich ist es richtig, daß man eine Oper von internationalem Ansehen nur mit erheblichem finanziellem Aufwand führen kann. Daraus ergibt sich aber, daß die Kontrollierenden darauf achten, was mit diesen Millionen geschieht.

Otto Schenk mit Krawatte (oben)

Gundula Janowitz und Dr. Egon Seefehlner (links)

Placido Domingo (oben)

Franco Zeffirelli probt „Carmen“ (links)

Christa Ludwig und Luciano Pavarotti in „Der Troubadour“ (rechts)

Die Obraztsowa als „Carmen“

Leonie Rysanek-Gausmann als „Salome“
(Herodias: Grace Hoffman)

Franco Zeffirelli

Kommen wir zurück zur dritten Spielzeit unter Seefehlners Leitung. Beim Ballett hat man nicht einmal eine komplette Premiere zustande gebracht, ein Ballett mußte auf die nächste Spielzeit verschoben werden. Und im Hauptwerk, dem „Ulysses", hat der Komponist Haubenstock-Ramati die Zuschauer so verärgert, daß wohl ein wenig von diesem Unmut auch in die Kritiken eingeflossen ist. Zum Nachteil des brillanten holländischen Choreographen Rudi van Dantzig, der an diesem Abend sichtlich unterbewertet worden ist. Auch hier wieder ein Vergleich mit dem Ausland: Van Dantzig ist der Direktor des holländischen Nationalballetts. Er hat damals geäußert, daß er „Ulysses" kaum in Holland herausbringen kann, weil die Ausstattung zu kostspielig sei. Dabei hat es sich um eine äußerst ökonomisch gestaltete Dekoration gehandelt, und das Nationalballett genießt in den Niederlanden ein großes Prestige. Einen Monat später ist dann Schenk endlich zu seiner ersten richtigen Premiere gekommen: Er hat das Triptychon von Puccini inszeniert, und das Publikum hat gejubelt. Man konnte sich des Eindrucks kaum erwehren, daß sich die Direktion in den beiden vorhergehenden Spielzeiten etwas zuwenig um Schenk gekümmert hat.

Im Winter 1979 hat Seefehlner zum erstenmal seit vielen, vielen Jahren Ballettwochen an der Wiener Staatsoper veranstaltet. Das „Bravo" erstickt in der Kehle oder wird zumindest stark gedämpft, wenn man seine Begründung für diese Veranstaltung vernimmt. Er ist der Ansicht, daß zu viele Sänger im Januar an Grippe leiden, weshalb man sich an die Tänzer halten muß. Diese werden über seinen Gedankengang gestaunt haben. Während der Ballettwochen ist eine Tänzerin, die mit 38,5 Fieber aufgetreten ist, zusammengebrochen. Der Star der Wochen, Rudolf Nurejew, hat sich einen Muskelfasereinriß zugezogen, eine Vorstellung absagen müssen und die restlichen Aufführungen unter großen Schmerzen getanzt. Wobei das Risiko, daß die Verletzung ärger wird, nicht zu unterschätzen ist.

Kurze Zeit nach Wien hat man in München Ballett-Tage organisiert. Damals hat Karsten Peters geschrieben:

„Ich finde es gut, wenn man alte, hochverdiente Tanzstars einlädt. Viel wichtiger wäre es, jene Exgruppentänzer einzuladen, die heute als Kellner, Maskenbildner oder an der Theaterkasse ihr Leben fristen. Bei aller heilen Tanzwelt, die von diesen Ballett-Tagen präsentiert wurde, hätte man weit mehr die miserable finanzielle, soziale und gesellschaftliche Stellung des Tänzers behandeln sollen.

Jemand hat gesagt: Tanz ist das sichtbare Prinzip der Hoffnung. Er läßt ahnen, wie der Mensch geplant war, und er zeigt, wie er heute ist. Die ersehnten Flügel sind ihm nur für Momente nachgewachsen.

Beides sollten die Ballett-Tage aufzeigen. Die Hoffnung und die (bisherige) Hoffnungslosigkeit eines Berufes mit der längsten Ausbildung, der kürzesten Karriere und der schlechtesten Bezahlung."

Bei der Premiere von „Parsifal" ist einiges schiefgegangen, was man nicht voraussehen konnte. Der Regisseur Everding hatte mit eben diesem „Parsifal" in Hamburg beträchtlichen Erfolg, und für Wien hatte er sich einen renommierten Bühnenbildner geholt, der die Quelle der Unzufriedenheit des Publikums gewesen ist.

Jürgen Rose fühlt sich als Starbühnenbildner. Er nimmt viel zu viele Aufträge an. So hat er zum Beispiel bei der Hauptprobe von „Salome" seine Ausstattung zum erstenmal in der richtigen Beleuchtung gesehen. Vorher hatte er keine Zeit. Die Ausstattung von „Parsifal" hat viel Geld gekostet, was dem Publikum nicht vorenthalten worden ist. Sie war weder stilgerecht noch geschmackvoll, und Everding ist in die Mißfallenskundgebungen gegen seinen Ausstatter einbezogen worden. Hat dabei eine Rolle gespielt, daß er als Kandidat für die Nachfolge Seefehlners genannt worden ist? Wer vermag es zu sagen?

Gamsjäger hat einem Abgeordneten nach der Premiere vom „Zigeunerbaron" geschrieben: „Sie beriefen sich anscheinend auf das ‚einhellige Presseecho', das ja nach der von vornherein beabsichtigten und gelenkten Demonstration einer bekannten Clique nicht anders ausfallen konnte."

Verschwörungen finden beim Wiener Opernpublikum, zu dem auch die Kritik zählt, nur selten statt. Mißstimmungen entstehen eher unterschwellig. Rose hatte in einer deutschen Zeitung die Wiener Werkstätten angegriffen, er war verstimmt, weil er seine Entwürfe reduzieren mußte, und was man dann zu sehen bekam, entsprach nach Ansicht des Publikums nicht der hohen Selbsteinschätzung des überlasteten Starbühnenbildners.

Das ist ein kleineres Malheur, das durchaus vorkommen kann. Als Seefehlner Everding und Rose verpflichtete, konnte er nicht damit rechnen. Das Risiko des Operndirektors erscheint nur reizvoll, solange es einigermaßen kalkulierbar ist.

Gegen große Ausgaben bei Operndekorationen ist man erst nach einem Rechnungshofbericht allergisch geworden, der zu Zeiten der Direktion Gamsjäger hohe Wellen geschlagen hat. Der vorhin erwähnte Abgeordnete hat damals Gamsjäger geschrieben: „Vielleicht sind Sie jetzt auf dem Hintergrund des Rechnungshofberichts doch geneigt, die Hinter-

und Beweggründe dieser gelenkten Demonstration aufzudecken. Es wäre ja ganz besonders schlimm, wenn für die drei Millionen täglicher Subventionen eine Kritikerclique der österreichischen Bevölkerung einreden sollte, daß Sie dieses Geld auch noch für schlechte Ware verschleudern."

So geht es eben. Bei einer erfolgreichen Premiere und einer schönen Ausstattung sind all die hohen Zahlen, die da ins Treffen geführt werden, rasch vergessen. Bei einem Mißerfolg wachsen sie in der Phantasie der Entrüsteten noch weiter an. Auch beim „Don Giovanni" Zeffirellis hatte man kurze Zeit über die Kosten diskutiert. Damals hat die Werkstättenleiterin der Ostberliner Oper für mich nachgerechnet und dabei herausgefunden, daß eine große Inszenierung in der Hauptstadt der DDR ebensoviel kostet. Doch in Ost-Berlin befaßt man sich nur dann mit solchen Vorfällen, wenn es offiziell gewünscht wird. Und letzten Endes hängt vieles davon ab, wie viele Jahre man eine Dekoration verwendet, wie viele Menschen sie sehen und wie vielen sie gefällt.

Es besteht kaum ein Zweifel, daß die Veröffentlichung des Rechnungshofberichtes den Bundestheatern im allgemeinen und der Oper im besonderen sehr geschadet hat. Dieser Bericht ist in den Medien gehörig ausgeschlachtet worden. Viele Mitglieder der Staatsoper haben mir noch Jahre später erzählt, daß sie in Geschäften oder Büros angesprochen worden sind und man ihnen in mehr oder minder verhüllter Form vorgeworfen hat, wieviel Geld sie den Steuerzahlern kosten. Natürlich hat es sich dabei nicht um Abonnenten gehandelt. Denn die Opernbesucher haben ja schon lange Bescheid gewußt. Aber das Prestige eines Instituts hängt keineswegs nur von den Leuten ab, die dort häufig zu Gast sind. Aufführungen der Oper sind seit eh und je kritisiert worden. Die Institution an sich war immer tabu gewesen.

Für den WDR-Köln habe ich einmal eine 90-Minuten-Sendung aufgenommen, in der ich zu beweisen versuchte, daß die Wiener nicht nur Backhendelesser und Heurigenbesucher sind, sondern daß sie in der Zweiten Republik Erstaunliches geleistet haben. Der für diese Sendung zuständige Hauptabteilungsleiter hat mich angerufen, hat sich von der Sendung sehr befriedigt gezeigt und mich gebeten, ob er die Musikbrücken in der Dauer von drei Minuten austauschen kann, um Heurigenmusik hineinzugeben. Auf meinen Einwand, daß das völlig konträr zum Thema der Sendung ist, hatte er erwidert: „Das weiß ich ohnedies. Aber wenn unsere Hörer einen Bericht aus Wien vorgesetzt bekommen, wollen sie darin Musik vom Heurigen hören. Das gehört einfach zu unserem Bild von Wien."

Hat sich ein Begriff einmal eingenistet — egal ob es sich nun um ein Vorurteil handelt oder nicht —, ist es nicht so leicht, ihn aus dem Bewußtsein der Menschen zu löschen. Vor allem dann nicht, wenn sie höchst selten in die Stadt kommen, um die es da geht. Vielleicht ist es heute so, daß das Prestige der Wiener Staatsoper im Ausland größer ist als im Land selbst.

Nach dem Tod Wieland Wagners haben viele Opernfreunde um Bayreuth gefürchtet, denn sein Bruder Wolfgang hat mehr als Verwalter denn als künstlerischer Leiter gegolten. Die Namen Bayreuth und Wagner waren aber stärker als alle Bedenken.

Nicht in allen Ländern ist die Institution eines Opernhauses wichtig. Norwegen ist ein großes Land, nur dünn besiedelt. Die Schiffahrt, die Fischerei, das Militär, Erdölgewinnung und Luftfahrt sind für das Leben dieser überaus tüchtigen Nation von großer Bedeutung. Auf sie konzentriert man sich. Mit der Oper hat man spät begonnen. Bei einem Interview mit dem ersten Operndirektor habe ich zu meiner Überraschung feststellen müssen, daß er schwerhörig ist. Mißt man den Stellenwert einer Oper in einem anderen Land mit anderen Maßstäben, wächst in Wien der Maßstab, mit dem ein Operndirektor gemessen wird.

Dazu kommt, daß die Stars heute weniger als in früheren Zeiten den Namen „Wiener Staatsoper“ auf ihrer Visitenkarte brauchen. Weil sie die Medien in anderen Ländern bekanntmachen, ohne daß sie ein Flugzeug besteigen müssen.

Dazu kommt, daß sich die Lebensgewohnheiten der Wiener in den letzten Jahren erheblich gewandelt haben. Man hat eine Zweitwohnung oder ein zweites Haus auf dem Land erworben. Man verläßt Wien am Freitag, kommt am Montag früh zurück. Ein Teil der Interessen gerade derjenigen Menschen, die früher öfter die Oper besucht haben, hat sich verlagert.

Opernbesucher, die früher ihren Urlaub am Semmering oder im Salzkammergut verbracht haben, reisen nach Kenia oder Marokko. Übersättigung auf gar manchen Gebieten! Kaum hat der Opernfreund Carlos Kleiber an der Wiener Staatsoper dirigieren gesehen, bekommt er schon eine Fernsehübertragung aus der Mailänder Scala ins Haus geliefert. Mit Carlos Kleiber. Während Hermann Prey in Wien singt, wird eine TV-Aufzeichnung aus Genf gesendet. Mit Hermann Prey.

Und für den Opernbesucher birgt die Popularisierung der Oper im Fernsehen gar manche Gefahr: In einer Serie von fünf Aufführungen hat Kleiber „Carmen“ dirigiert. Der Abonnent hat die Premiere im

Fernsehen verfolgt, kommt zur zweiten Serie, erlebt den Toulouser Opernchef am Pult, und Karlheinz Roschitz schreibt unter dem Titel: „Rekord an Langeweile“: „Man hält’s kaum für möglich! Die erste Aufführungsserie dieser spektakulären Staatsopern-‚Carmen‘ mit Carlos Kleiber als musikalischem Motor atmete knisternde Spannung. Bereits die zweite Serie droht in biederstem Provinzialismus zu versinken. Unausgewogen zum Teil, farblos die Besetzung. Ich verstehe, daß Kleiber kaum Lust hatte, sich am Pult herumzuschlagen. An seiner Stelle beschert nun Michel Plasson Langeweile.“

In der Kassenhalle der Bundestheater sind jeweils fünf Vorstellungen der Bundestheater angeschlagen. Kommt man dort vorbei, passiert es immer wieder, daß bei nur einer oder zwei Vorstellungen das Schild „Ausverkauft“ zu finden ist. Früher war das anders.

Für außerordentliche Vorstellungen, zumindest für Vorstellungen, von denen man sich viel erwartet, ist die Präsenz der Politiker ein sicherer Gradmesser. In den letzten Jahren trifft man sie viel seltener als früher in der Staatsoper.

Wahrscheinlich hat es Seefehlner also schwerer als seine Vorgänger, wobei er kaum damit rechnen kann, daß man diesen Umstand bei der Einschätzung seiner Bilanz als mildernd gelten läßt.

Natürlich weiß der Operndirektor, daß man für gutes Geld auch Sänger mit guten Namen verpflichten muß. Dabei sind zahlreiche Klippen zu umschiffen. Die „Carmen“ ist ein gutes Beispiel dafür.

Gamsjäger hatte sie angesetzt, und dann kam ein Monsterprojekt, der Christus-Film von Franco Zeffirelli, dazwischen. Jahrelang war er geplant worden. Was sollte Gamsjäger tun? Das Projekt zu zerstören schien unmöglich. Außerdem hatte Gamsjäger Verständnis für den auf mehreren Kontinenten angesehenen Regisseur. Also erbte Seefehlner diese „Carmen“ mit einer Ausnahme: Sherrill Milnes konnte nicht mehr als Escamillo gewonnen werden.

Otto Schenk hat in einem Rundfunkinterview festgestellt, daß sich alle großen Opernhäuser bemühen sollten, nicht nur erstklassige Besetzungen zu finden, sondern diese auch eine Zeitlang zu halten.

Schenk weiß um die Schwierigkeiten, „die größer sind, als die Öffentlichkeit das ahnt“. Er ist sich aber bewußt, daß sie überwunden werden müssen, um den Opernalltag attraktiver zu gestalten, und er glaubt auch daran, daß sie des öfteren zu überwinden sind. Nicht immer — aber oft genug. Auch hier kann der Direktor allein keine Wunder wirken, auch hier braucht er Unterstützung seiner Mitarbeiter und der Künstler, die an seinem Institut engagiert sind.

Während seiner ganzen Laufbahn hat sich der Fußballtrainer Max Merkel hungrige Fußballer gewünscht. Auch für einen Operndirektor wäre ein hungriges Publikum ideal. Übersättigte Menschen im Zuschauerraum sind nur schwer zufriedenzustellen. Zwischen Stockholm und Mailand, zwischen Hamburg und Wien sind hochsubventionierte Opernhäuser längst zu einem festen Bestandteil des kulturellen Lebens geworden.

Am Rande Europas ist das anders. Kurz vor der Eröffnung des wiedererbauten Opernhauses von Istanbul habe ich mit dem Direktor sprechen können, der sein wunderschönes neues Haus mit „Aida" eröffnen wollte.

Der Aufbau des Hauses ist durch Mangel an finanziellen Mitteln immer wieder verzögert worden. Die Musikfreunde hatten ihre Oper in verständlicher Resignation als „Die Unvollendete" bezeichnet. Woher das Orchester kommt, wollte ich wissen. Dazu sagte der Direktor: „Wir hoffen, daß uns Ankara und auch andere Städte helfen werden."

Drei Wochen vor der Eröffnung des Hauses hatte er also noch kein Orchester. Und als dieses Opernhaus kurz nach der Eröffnung wieder abgebrannt ist, haben türkische Journalisten geäußert: „Vielleicht hat's der Direktor angezündet, weil er mit dem Betrieb nicht mehr zurechtgekommen ist."

Daß ein einzelner Mann das Prestige eines Opernhauses sozusagen über Nacht gewaltig heben kann, hat Solti in London und Liebermann in Paris bewiesen. Bestimmt haben sie andere Mittel erhalten als ihre Vorgänger. Aber diesen hätte auch mehr Geld nicht geholfen.

Ein Wiener Operndirektor arbeitet unter anderen Voraussetzungen. Er muß sich nicht mit der Zukunft auseinandersetzen. Er kämpft zumeist mit der Vergangenheit und muß die Gegenwart bewältigen, so gut er es kann. Je besser ihm das gelingt, desto günstiger sind die Aussichten, daß die enormen Subventionen nicht entscheidend gekürzt werden. Denn man darf sich keiner Täuschung hingeben: Im Jahre 1979 ist die Staatsoper kein nationales Anliegen mehr. Durch eine brillante Führung dieses Instituts kann sich das ändern, aber im Augenblick hat Herr Jedermann die Staatsoper etwas in den Hintergrund gerückt.

Wertvolle Hilfe für den jeweiligen Operndirektor liegt in den Verquickungen seines Hauses mit anderen Institutionen. Die meisten Mitglieder des Opernorchesters sind Philharmoniker, und welche Regierung kann es wagen, die Tätigkeit, die Struktur der Wiener Philharmoniker zu ändern? Dieses Orchester ist ein Machtfaktor, mit dem auch Regierungen zu rechnen haben.

Dann sind da die Salzburger Festspiele: Das Orchester und zahlreiche Mitglieder des Opernchors und des technischen Personals der Staatsoper werden jedes Jahr in Salzburg dringend benötigt. Mit diesen Bindungen kann ein Operndirektor jederzeit rechnen, aber kein Direktor käme auf die Idee, sie als Alibi für die Existenz seines Hauses zu verwenden.

Eher schon ist er geneigt zu denken, daß alles bleiben wird, wie es ist, weil „es immer schon so gewesen ist". Der Gedanke, daß die Zukunft der Oper auch nicht mehr das ist, was sie einmal war, kommt ihm bestimmt nicht in den Sinn.

Das Wort Tradition wird an der Staatsoper seit jeher mit großem Anfangsbuchstaben geschrieben. Die Vergangenheit, umrankt von zahllosen Legenden, liegt drohend über dem Institut. Unterrichtsminister Dr. Drimmel hat einmal gesagt: „Ich fühle mich als Gefreiter, der das Erbe eines Feldmarschalleutnants zu verwalten hat." Direktoren der Staatsoper werden vor einer solchen Einstellung gewarnt.

Sie mögen sich nicht als Verwalter des Erbes von Gustav Mahler, Richard Strauss und Franz Schalk fühlen, sondern als Nachfolger von Gamsjäger, Reif-Gintl und Hilbert (später von Seefehlner). Und das tun sie wohl auch.

Am Opernbetrieb selbst hat sich nicht allzuviel geändert. Die Strahlkraft der Sänger hingegen ist früher größer gewesen, und für den Direktor sollte das ein Anlaß zur Sorge sein. Was schließlich die Operndirektoren betrifft, sind sie immer kritisiert worden. Aber früher hat man sich mehr mit ihnen beschäftigt. Für einen Direktor mag der gegenwärtige Zustand angenehmer sein. Kontroversen um die Person des Direktors in früheren Zeiten haben jedoch davon gezeugt, daß man sich mehr mit der Staatsoper beschäftigt, daß man sich stärker für sie interessiert hat.

SOLL MAN DIE OPER IN DIE LUFT SPRENGEN?

Paul Flora hat einmal erklärt: „Ich habe immer die einsame Ansicht vertreten, die Wiener Oper anzuzünden, um die Wiener — ihres liebsten Spielzeugs beraubt — vielleicht doch noch zu zwingen, sich mit Kunst und Kultur zu beschäftigen." Karikaturisten formulieren überspitzt. Immerhin kann man verstehen, daß ein Mann, der in der Sparte der bildenden Kunst tätig ist, nachdenklich wird: Im Jahre 1978 betrug der Aufwand für sämtliche Bundesmuseen 300 Millionen Schilling, während die Zuschüsse für die Bundestheater die Milliardengrenze überschritten haben. Und die Leiterin des Kunsthistorischen Museums verkündete stolz, daß ihr Museum jährlich von doppelt so vielen Menschen besucht wird wie die Staatsoper. Es könnten noch mehr Besucher sein, wenn das „Kunsthistorische" zum Beispiel Sonntag nachmittag geöffnet wäre, was aus finanziellen Gründen unmöglich ist.

Aber wer und was wird subventioniert? Richard Nimmerrichter publiziert alljährlich interessante Zahlen, erhält lebhafte Reaktionen von seinen Lesern, während die betroffenen Geldgeber stumm bleiben.

Zitieren wir willkürlich einige Zahlen aus den siebziger Jahren. Man braucht da gar nicht systematisch vorzugehen.

Also: Für die Förderung der Gemeinschaftsentwicklung der zahlenmäßig stärksten Indianergruppe in Ostparaguay gibt der Steuerzahler 305.000 S aus. Für einen Speziallehrgang für Zollfahndungsbeamte in Entwicklungsländern 410.000 S. Von eminenter Bedeutung scheint die Ausbildung von Schweißinspektoren in Indonesien zu sein: Dafür spendet man 4,950.000 S. Ein Institut für Entwicklungsfragen erhält 3,280.000 S, und für die Errichtung einer Forstschule und eines Sägebetriebes in Mexiko fließen 20,490.000 S aus den Bundeskassen. Die Verbesserung des Wege- und Straßenbaues in Liberia ist uns 5,870.000 S wert, ein Fremdenverkehrsexperte, der in Richtung Malaysia abfliegt, kostet 480.000 S, während die Entsendung eines Piloten nach Kenia bloß 365.000 S kostet.

Nichts gegen Entwicklungshilfe! Aber die Opernfreunde werden sagen, daß man erstens nie etwas davon hört, was all diese Experten in fernen Ländern bewerkstelligen, und zweitens solle in Österreich adäquat subventioniert werden.

Manchmal allerdings erfährt man auch nicht, was Experten im Lande selbst ausgerichtet haben. Schon im Jahre 1950 hat Dr. Hurdes eine Einsparungskommission für die Bundestheater installiert. Was ist dabei herausgekommen?

Um die Kosten der Staatsoper beurteilen zu können, sollte man erst einmal untersuchen, wie dieses Institut geführt wird und welche Bedeutung die Oper für das Land besitzt. Bis in die jüngste Zeit hat man sie immer eine Ensembleoper genannt. In meinem Büro hängt ein Plakat aus dem Jahre 1916. Da liest man:

„Zum ersten Male . . . ‚Ariadne auf Naxos' . . .
Der Komponist: Frl. Lehmann
Zerbinetta: Fr. Kurz
Ariadne: Fr. Jeritza
Dirigent: Hr. Schalk."

Eine glanzvolle Besetzung also, und sie wird auch gebührend lang gleichgeblieben sein. In einer Ensembleoper. — Im zweiten Weltkrieg hat Dr. Böhm am Vormittag einer „Meistersinger"-Aufführung die wichtigsten Szenen durchgeprobt, und alle Sänger mußten aussingen, erinnert sich Irmgard Seefried. Allerdings kann man nicht einen Weltkrieg auslösen, um das Ensemble an Ort und Stelle zu halten.

Immer wieder liest man, daß es vor dem zweiten Weltkrieg keine Jetsetters gegeben hat und deshalb die Sänger mühelos arbeiten konnten. Dasselbe gilt für die Direktion. Wie hat Karajan diese Zeit im Jahr 1977 gesehen: „Vor 40 Jahren hat man mich gefragt, ob ich in Wien dirigieren möchte. Natürlich habe ich eine bestimmte Zahl von Proben verlangt. Drei Orchesterproben und die normalen Klavierproben mit den Solisten.

Ich bin in Wien angekommen, und am Bahnhof hat mich ein Funktionär des Orchesters abgeholt, der mir gesagt hat: ‚Bitte, die Direktion läßt sich entschuldigen. Sie können nur zwei von den drei Orchesterproben haben.' — Anscheinend wurde ‚Lohengrin' an Stelle des ‚Barbiers von Sevilla' angesetzt, und das Orchester wurde benötigt. Jedenfalls hatte ich nur zwei Proben statt drei. Für ‚Tristan und Isolde'.

Drei Tage später, nachdem wir mit unseren Klavierproben begonnen hatten, kam ein anderer Herr vom Orchester und sagte: ‚Bitte, wir müssen Ihnen leider noch eine Probe wegnehmen, weil wir für unser philharmonisches Konzert eine Extraprobe brauchen. Es gibt keinen Ausweg.‘

Als junger Kapellmeister wollte ich keine Schwierigkeiten machen. — Und dann, einen Tag vor der einzigen Orchesterprobe, ist der alte Professor Rosé gekommen und hat gesagt: ‚Schaun S’, Sie haben nur eine Probe. Und auf dieser Probe können Sie ja ohnedies nichts erreichen. Geben Sie die Probe auf, und wir werden für Sie spielen, als ob Sie Gustav Mahler wären.‘

Da bin ich also gestanden — ohne Orchesterprobe. Ich hatte eine Informationsprobe, und die Sängerin, die als Isolde besetzt war, kam zur Probe, begrüßte mich mit einem kurzen Nicken und hat dann während der ganzen Probe ihre private und berufliche Korrespondenz erledigt.“

So ist es also damals zugegangen. In jener Zeit, in der die Sänger nicht so schnell reisen konnten, in der sie dauernd „Wien, Wien, nur du allein“ geträllert haben. Da hilft die schönste Legende nichts. Ob nämlich die Sänger (und Dirigenten) in New York, Barcelona und Dallas arbeiten oder — wie vor dem Krieg — in Dresden, Prag oder Berlin, ist für die Direktion belanglos. Denn man kann heute nicht nur schneller in eine andere Stadt reisen. Man kann auch viel schneller zurückkehren. Was des öfteren vergessen wird.

Karajan hat über die Ensemblelüge gesagt: „Die Leute reden immer über das Ensembletheater. Und man wird gefragt: Warum gibt’s das nicht mehr? Glauben Sie denn wirklich, daß irgend jemand heute das Ensembletheater haben möchte, wenn er es bekommen könnte? Da spricht man immer von den guten alten Zeiten. Da sagt man immer: So war’s einmal.

Greifen wir ein Beispiel heraus. Knappertsbusch hat in München angefangen. Sie wissen, daß er nicht gerne geprobt hat. Die Sänger sind meist rund um den Starnberger See gesessen und waren sehr unwillig, wenn sie zu einer Probe nach München gekommen sind. Ein Sopran hat an einem Abend ‚Salome‘ gesungen, am nächsten ‚Tristan und Isolde‘, vier Tage später ‚Troubadour‘, und das wäre heute unmöglich. Diese Art von sogenannten Ensembles existiert nicht mehr.“

Wie soll also eine subventionswürdige Oper geführt werden? Jahrzehnte galt es als unfein, dabei über Geld zu sprechen, fast hatte man den Eindruck: Geld spielt keine Rolle. Es ist unfein, sich darüber den Kopf zu zerbrechen. Dieser idyllische Zustand konnte nicht andauern.

Läßt man die Ensemblelüge platzen, kann man sich für den Stagionebetrieb entscheiden. Dazu müßte man aber mehr Vertrauen zum Ballett haben, das — wie anderswo — bei solchen Überlegungen eine beachtliche Rolle spielt. Dazu müßte man natürlich das Abonnementsystem ändern. Uns wer hat den Mut, sich dazu zu entschließen? Also hat man in den siebziger Jahren verkündet, daß man einen gemischten Ensemble-Stagione-Betrieb aufgezogen hat. Was immmer das auch bedeuten mag. Schon im Jahre 1949 schreibt die „Weltpresse“: „Sechs glanzvolle Premieren pro Saison, die nach der fünften Wiederholung personell, gesanglich und schauspielerisch ein völlig anderes Bild aufweisen.“ Wahrscheinlich ist das der gemischte Betrieb. Er bringt allerlei Risiko. Nach dem Abgang Karajans hat ein oberösterreichischer Rundfunkhörer zwei enttäuschende Vorstellungen in der Oper erlebt und mir einen Brief geschrieben, in dem er argumentiert, die Erzeugung von Rasenmähern und Heilmitteln wäre ungleich wichtiger als die Subventionierung der teuren Staatsoper. Da heißt es:

„Auch in Wien wird man zur Kenntnis nehmen müssen, daß uns nur ehrliche Arbeit zu Ansehen in der Welt bringen kann. Nicht irgendwelche Circenses, die ja doch alle nur Theater sind und keinerlei Bedeutung für die Existenz unseres Staats haben. Ein unangenehmer Gedanke, aber ein durchaus notwendiger. Schluß mit der Umwertung der Werte!“

Aber wer garantiert dem enttäuschten Opernliebhaber, daß die Produktion und der Export von Heilmitteln und Rasenmähern wirklich erheblich steigen würden, wenn man die Oper schließt?

Ein weiteres Argument gegen den Opernbetrieb besteht darin, daß man sich über die hohen Gagen von Spitzenkräften aufregt. Es ist alt, viel älter als die meisten vermuten. Dr. Paul Lorenz ist der Sache nachgegangen und schreibt: „Friedrich der Große hat die Mitglieder der Berliner Oper als Kanaillenbagage bezeichnet, weil sie zu hohe Gagen verlangt haben. Er erklärte, daß er sein Geld nötiger für Kanonen braucht. Bei Widerspenstigkeit ließ er die Sänger einfach einsperren, soweit sie sich ihm nicht früh genug durch Flucht entzogen hatten.“

Die Tänzer der Wiener Staatsoper werden melancholisch, wenn sie lesen, daß Fanny Elßler in Amerika „horrende Gagen bekam, dazu Wagenladungen wertvoller Geschenke von privater und offizieller Seite“. Denn über die Gagen der Wiener Tänzer von heute spricht man nicht. Und das wird seinen Grund haben.

„Eine Gage von 6000 Dollar bezog die Sopranistin Albani für jedes ihrer Konzerte in Montreal, und 30 Jahre später war diese Summe das durchschnittliche Auftrittshonorar für Enrico Caruso. Als Caruso ein Gastspiel in Havanna gab, verlangte er 10.000 Dollar und bekam sie auch.“

Natürlich hat es auch vermögende Komponisten gegeben: Verdi, Puccini und Richard Strauss. Als der reiche Rossini starb, bezog „der später berühmte Tschaikowskij ein bescheidenes Lehrergehalt am Moskauer Konservatorium." Und Schuberts Hinterlassenschaft wird auf 63 Gulden geschätzt.

In regelmäßigen Abständen treffen Direktoren großer Opernhäuser zusammen, um über Gagenstopps von Spitzensängern zu verhandeln. Vielleicht wäre das früher einmal sinnvoll gewesen, heute ist es eine Spiegelfechterei der Hölle. Erst einmal sind die Verdienstmöglichkeiten von Stars so vielfältig wie nie zuvor. Und dann spielen die meisten Stars ihre Gage für die jeweilige Oper ein: durch erhöhte Preise und verstärkten Besuch.

Natürlich hängt das auch mit dem jeweiligen Gesellschaftssystem zusammen. Beim Moskauer Gastspiel der Wiener Oper hat man Karl Böhm zwei Konzerte zu einer Gage von 500 Dollar pro Konzert angeboten. Er hat dieses Angebot nicht akzeptiert. Sowjetische Künstler arbeiten unter anderen Voraussetzungen als ein österreichischer Dirigent. — Felsenstein hat sein Erscheinen bei einer Live-Sendung des Österreichischen Fernsehens davon abhängig gemacht, daß er nicht gefragt wird, weshalb er in Ost-Berlin arbeitet. Als ob irgendwer nicht gewußt hätte, welche Arbeitsbedingungen er dort vorfindet!

Im heutigen „Mischbetrieb" sind große Persönlichkeiten wichtiger denn je. Ein Vakuum liefert keine Schlagzeilen. Nach dem Abgang Karajans aus dem Direktionsbüro der Oper hat Heinrich Kralik geschrieben: „Eine große Chance wurde vertan, verspielt. Weder in der Oper noch im Konzertsaal wird sein Ingenium aufleuchten und jene Funken sprühen, die für die Kunst und auch für den Kunstbetrieb wichtiger, wertvoller und entscheidender sind als alles, was Organisation und Buchhaltung vielleicht besser machen könnten." Und was hat Karajan später über diese Wiener Atmosphäre gesagt: „In Wien gibt es einen sehr starken negativen Trend. Wenn jemand ein mageres Beefsteak einer fetten Kost vorzieht, sagt man, er hat Krebs. So ist es schon immer interpretiert worden. Man bringt es nicht über sich, die Künstler machen zu lassen, was sie wollen, und sich zu denken: Daran hat er Freude. Und das hat zur Folge, daß man sich abschließt und nicht mehr zuhört, was da gesagt und getuschelt wird."

Hinzufügen muß man, daß die Aufmerksamkeit, die hierzulande den Stars der Musik gezollt wird, dazu beiträgt, die Stadt für ebendiese Künstler auch attraktiv zu machen, daß sie anderswo nur allzu leicht vermissen, was sie hier als störend oder gar schädlich empfinden. Für

Durchschnittsbegabungen gelten diese Betrachtungen überhaupt nicht. Die Österreicher besitzen ein angeborenes Mißtrauen gegenüber brillanten Begabungen, die ebenso rasch gefeiert wie verdammt werden. Aber letzten Endes zählt hier nur, wer über den Kreis der Opernfreunde hinauswirkt. Was die Aufgabe von Operndirektoren nicht gerade erleichtert. „Die Majestät wird anerkannt" und vielleicht gleich darauf verteufelt.

Ende der sechziger Jahre habe ich in allen europäischen Ländern bei Straßenbefragungen nach einem bekannten lebenden Österreicher geforscht. Die drei am meisten Genannten waren: Karl Schranz, Herbert von Karajan und Toni Sailer. Schranz und Sailer hatten ihre Popularität dem Fernsehen zu verdanken, Karajan hat dieses Medium damals gerade entdeckt. Wobei der Bekanntheitsgrad im Ausland wohl nur im Unterbewußtsein der Österreicher eine Rolle spielt.

Die Probleme mit echten und falschen Stars können darauf zurückgeführt werden, daß die einen härtere Anforderungen an einen Betrieb stellen, die anderen Allüren haben. Zu den letzteren gehören drei Künstler, die man im Jänner 1976 friedlich vereint auf der Kulturseite einer Berliner Zeitung findet:

Ein italienischer Bariton sagt seine Mitwirkung als Scarpia ab, weil der Regisseur darauf besteht, daß er seinen Bart abrasieren soll. David Cameron verläßt das Hebbel-Theater, weil er ein holländisches Musical nicht termingerecht herausbringen kann. Die Deutsche Oper Berlin zerbricht sich den Kopf, wieweit sie Schadenersatzansprüche an den Dirigenten Zubin Mehta stellen kann, der seine Mitwirkung an der Neuinszenierung einer Puccini-Oper abgesagt hat, als der Regisseur schon mitten in den Proben stand.

Drei Männer, von denen der eine durch seine Arbeit, der zweite durch eine seiner Ehefrauen und der dritte durch seinen Bart Einzug in die internationale Presse gehalten haben. Es wird davor gewarnt, sie und ihre Motive durcheinanderzubringen! In den meisten Fällen gilt die Ausrede auf Starallüren nicht. Ein Direktor weiß, wen er verpflichtet hat.

Prominente Sänger sind an allen Opernhäusern Gäste. Egal, welchen Vertrag sie unterzeichnet haben. Sie sind — wenn sie nicht gerade in einer Neuinszenierung arbeiten — einsam. Immer wieder haben sie es mit fremden Menschen, oft auch mit fremden Partnern zu tun. Otto Schenk plädiert deshalb dafür, daß man besonders sorgsam mit ihnen umgehen soll. Als Sherrill Milnes unter seiner Regie „Macbeth" geprobt hat, hat er ihn gleich am ersten Abend nach Hause mitgenommen, weil der Amerikaner keine Freunde und Bekannte hatte, weil er die Stadt nicht gekannt hat. — Aber auch mit Wiener Sängern gibt sich Schenk die größte Mühe, wenn sie eine heikle Aufgabe vor sich haben, wenn es ihnen an Selbstvertrauen mangelt. Mit Walter Berry hat er beim „Rosenkavalier“ in dessen Haus geprobt, obwohl die Zahl der Proben an der Oper ungewöhnlich groß gewesen ist.

Eine gewissenhafte Sängerin hat sich im Betriebsbüro der Wiener Oper erkundigt, wie der Direktor aussieht, um einen Fauxpas zu vermeiden. Darauf hat man ihr geantwortet: „Wem immer Sie in diesem Haus begegnen, Madame: Der Direktor wird es nicht sein!“ — Eine andere hat mir gesagt: „Seltsam! Überall erkundigt man sich, ob ich gut angekommen bin. Hier weiß man nicht einmal, wo ich abgestiegen bin.“ Inzwischen ist es an anderen Opernhäusern so ähnlich, daß man keiner Wiener Direktion mehr einen Vorwurf machen kann.

Ein Fall, der ebenso typisch wie unverständlich ist: Im Juni 1950 schreibt die „Presse“: „Nachdem Elisabeth Schwarzkopf einer Wiener Zeitung erklärt hatte, daß Hilbert mit ihr keinen neuen Vertrag machen will, weil seiner Ansicht ihre Stimme durch die vielen Gastspiele gelitten hat, sagt die Bundestheaterverwaltung in einer Aussendung:

Dr. Hilbert hat schon vor längerer Zeit, als die Künstlerin erklärt hatte, sie sei bereit, eventuell an zwölf Abenden an der Staatsoper zu gastieren, zu verstehen gegeben, dies käme wohl deshalb nicht in Frage, weil durch ein so willkürliches Gastspiel anderen Künstlern der Staatsoper förmlich Tür und Tor für ein Star-Gastspielsystem geöffnet würde, wodurch das Niveau der Ensembleleistung ungünstig beeinflußt würde.“

Hilbert hatte keine Unbekannte vor sich. In den ersten Nachkriegsjahren waren die Gagen klein, Elisabeth Schwarzkopf hat ihre Mutter ernähren müssen. Und damals hat sie Hilbert gelegentlich unter einem fiktiven Künstlernamen auftreten lassen, um ihr dadurch jeweils eine Abendgage zukommen zu lassen.

Kurz vor dem Londoner Gastspiel hat er sie in sein Büro gebeten zu einem nächtlichen Rendezvous. Bei Hilbert haben die Amtsstunden oft bis spät in die Nacht gedauert.

Zudem hat er genau gewußt, daß er seine Gesprächspartner damit etwas in Verwirrung bringt. Er hat ihr gesagt, daß die Oper sie für das erste Londoner Gastspiel benötigt, daß er aber nur österreichische Staatsbürger mitnehmen kann. Ob sie bereit wäre, die österreichische Staatsbürgerschaft anzunehmen? Am nächsten Tag war sie im Besitz eines österreichischen Reisepasses.

Und diese Elisabeth Schwarzkopf hat er noch ein zweites Mal — als er Operndirektor war — aus der Oper gedrängt. Wieder unter einem Vorwand, an den er kaum geglaubt haben wird.

Erstaunlich ist, daß Frau Schwarzkopf heute sagt, sie empfinde keine Bitterkeit gegen ihre Behandlung an der Oper, weil sie immer so viel zu tun hatte, daß sie keine Zeit gehabt hat, sich darüber Gedanken zu machen. Wie dem auch sei: Wann hat man den Versuch gemacht, daß sich Sänger an einem Opernhaus zu Hause fühlen? Ist das an einem Haus mit so vielen Mitarbeitern illusorisch? Geht es einfach nicht anders, weil ein Direktor tagtäglich mit so vielen lästigen Angelegenheiten befaßt wird, daß ihm für derlei Dinge keine Zeit mehr bleibt?

Wahrscheinlich könnte man viel erreichen, wenn ein Sänger das Gefühl hat, daß er gebraucht wird, daß man alles daransetzt, daß er sich wohl fühlt. — Aber die bekannten Opernhäuser werden immer unpersönlicher. Und in Wien muß man sich dann auf das Publikum und das Orchester verlassen und auf den Ruf, den die Musikstadt Wien besitzt. Und nichts dauert so lange wie ein etablierter Ruf. Vor allem in fernen Ländern.

Die Ausstrahlung der Stadt und ihrer Oper habe ich immer wieder bei meinen Reisen gespürt. Bei einem Konzertmeister in Island, der in Wien studiert hat. Bei einem Dirigenten und der Werkstättenleiterin von Sofia, die in Wien ihr Handwerk erlernt haben. — In Istanbul hat man die neue Oper — die bald darauf abgebrannt ist — von einer Wiener Firma einrichten lassen. In Guatemala, in Rio, auf den Niederländischen Antillen habe ich Wiener Musik gehört. Oft weiß man gar nicht, wo Wien liegt, oder man verwechselt auch heute noch Austria mit Australia. Aber sogar in diesen Ländern wird Musik gespielt, die in Wien komponiert worden ist.

Gefährlich wäre es, die Funktion der Wiener Oper zu überschätzen. Ungerecht wäre es, sie zu bagatellisieren. — Eine Dame, die bis zum Ausbruch des ersten Weltkrieges an der österreichisch-ungarischen Botschaft gearbeitet hat, erzählt, daß damals alle Politiker, Diplomaten und Journalisten in London genau registriert haben, was Kaiser Franz Joseph gesagt hat, wann er nach Bad Ischl gefahren ist, weshalb er einen Gamsbart trägt. Weil man wußte, daß er einen Weltkrieg entfesseln kann. Aber die Zeiten des Machtzentrums Wien sind ein für allemal vorbei.

Ein kluger Beobachter der Wiener Szene, Walter Erich Schäfer, hat nach seinem Abschied in einer Stuttgarter Zeitung geschrieben: „Daß Österreich eine gedeihliche Entwicklung zeigt, ist nicht mehr das Werk eines Hofes und einer kriegerischen Macht, sondern der Bürger dieses kleinen Landes, die sich entschlossen auf das besonnen haben, was immer die wahre Bedeutung Österreichs ausgemacht habe: auf die Kultur."

Hat Schäfer unrecht? Ist er zu optimistisch? Oder kann sich das Land auf andere Möglichkeiten stützen? Bei der Antwort auf diese Fragen darf man nicht vergessen, daß man Tradition auf dem Sektor der Kultur nicht so rasch erwirbt und daß diese Tradition den Menschen etwas gilt, die sich hier darbieten. Aber auch denen, die der künstlerischen Darbietungen wegen die Stadt schätzengelernt haben. Dr. Schäfer schreibt: „Es ruhen so viele Möglichkeiten in diesem Wiener Publikum, daß der Leitung der Oper die Wahl der Entscheidung sehr erschwert wird. Man glaubt sie in ihrer Übersättigung so begierig nach neuen Stimmen und neuen Dirigenten, daß der Weg zum Startheater gar nicht mehr verlassen werden kann. Und trotzdem entdeckt man dann eine neue Seite dieser Wiener Theaterseele in einer Anteilnahme an einer perfekten Regie oder einer modernen Oper oder an einem anspruchsvollen Werk aus dem Barock.

Wien ist heute in einer würdigeren und nobleren Art Hauptstadt geworden, als es das jemals vor 1918 gewesen ist."

Die Wiener haben Dr. Schäfer diese liebevolle Betrachtung nie gedankt, erst einmal, weil das recht wienerisch ist, und dann, weil sie von ihnen kaum jemals zur Kenntnis genommen worden ist. Er war ein stiller Beobachter, und gerade das hat ihm vielleicht ermöglicht, vieles zu sehen, was anderen entgeht. Er war an die Gelassenheit der Residenzstadt Stuttgart gewöhnt, in der man Dinge an sich herankommen läßt und nicht gleich preist oder ablehnt, was da an Neuem auf einen zukommt. Wohl dem, der Wien und seine Oper aus dieser Perspektive betrachten kann!

Als Fachmann hat sich Schäfer auch gefragt: Was könnten die Wiener, was die Bewohner von Lissabon, Kopenhagen und Bukarest nicht können? Denn nur ein Fremder kann erfahren, was diese Stadt sehens- oder liebenswert macht. Die Wiener schimpfen stets und sind zutiefst beleidigt, wenn die anderen sie nicht anerkennen. Wobei „die anderen" schon in nächster Nähe angesiedelt sind.

Wie kein anderer hat Schäfer auch erfahren, was Opernchef Karajan wollte und wohin er gezielt hat: „Sein Konzept ist klar, es heißt in der Antithese Ensemble- oder Startheater: Weg von beiden im üblichen Sinn. Weg vom Theater der Schlafwagenstars, weg von einem Ensemble, das nicht immer die beste Besetzung garantiert, und hin zu einem

Ensembletheater der Stars, in dem auch die letzte Rolle optimal besetzt ist."

Im Grund entspricht dieses Konzept genau den Vorstellungen des Wiener Opernpublikums. Um so erstaunlicher war dann, daß Schäfers Nachfolger Dr. Hilbert geworden ist, der diesen Vorstellungen kaum entgegengekommen ist. Was nicht als Vorwurf gemeint ist.

Wie wird man also Operndirektor in Wien? Unmittelbar nach dem Krieg war das nicht so transparent. Ernst Fischer schreibt allzu lapidar über den ersten Direktor: „Die Direktion der Oper übertrug ich dem Komponisten Franz Salmhofer, den einst Josef David Bach, der Leiter der sozialdemokratischen Kunststelle, gefördert hatte." Aus. Nun ist kaum anzunehmen, daß ein so intelligenter und kultivierter Mann wie Fischer einen Direktor ernennt, nur weil er von Josef David Bach gefördert worden war.

Zu bedenken ist: Ernst Fischer hatte den Krieg nicht in Wien verbracht, er hatte den Überblick über die Wiener Kulturszene verloren. Und er hatte nicht viel Zeit — außerdem war er mit anderen Problemen befaßt. Seine Kompositionen werden Salmhofer kaum den Weg in die Direktion der Staatsoper geöffnet haben. Eher schon der Umstand, daß er am Burgtheater — als Kapellmeister — engagiert war. So seltsam das auch klingen mag. In Wien gibt es einen Bundestheatersnobismus. Nicht zufällig nennt man einen am Burgtheater engagierten Mimen „Burgschauspieler" und nicht schlicht und einfach „Schauspieler".

Noch etwas ist zu bedenken: Das Orchester sollte und mußte auch während der letzten Kriegsmonate in Wien bleiben. Es hat da bei den Musikern einige Animosität gegen Karl Böhm gegeben, weil er sich in den „goldenen Westen" abgesetzt hatte. Die Musiker haben Böhm als ihren Chef betrachtet, und der Kapitän soll an Bord bleiben, auch wenn die Besatzung in höchste Gefahr gerät. Die meisten anderen Mitglieder der Oper mögen anders gedacht haben — viele sind ja selbst aus Wien verschwunden —, aber das Orchester ist wichtig für die Wiener Oper, sehr wichtig. Das hat Ernst Fischer bestimmt bedacht, nachdem er sich ein wenig unter den Künstlern umgesehen hatte.

Es ist auch möglich, daß Fischer den Direktor Salmhofer nur als Übergangslösung betrachtet hat. Im Foyer der Oper hat sich Salmhofer auch als Statthalter für einen „würdigen Mann" bezeichnet. Als Clemens Krauss davon hörte, hat er einem Freund gesagt: „Der Mann wird lange im Amt bleiben!" Womit er recht behalten hat.

Und damit sind wir bei Clemens Krauss angelangt. Als Minister

Kolb Hilbert lange und gut kennengelernt hatte, kam er zur Überzeugung, daß ein musischer Chef das Haus am Ring eröffnen sollte. Für Salmhofer wird sich schon ein Posten finden ... aber wer soll Direktor werden? Er hat sich mit dem Vorstand der Philharmoniker Rudolf Hanzl beraten, der ihm Clemens Krauss vorgeschlagen hat. Dann hat Hanzl das Orchester gefragt, und auch dort hat man Clemens Krauss grünes Licht gegeben.

Der Minister hat also einen Vertrag für Krauss anfertigen lassen, hat der Presse diese Bestellung bekanntgegeben und den Vertrag unterschrieben. Der zweite Minister, der unterschreiben mußte, hat gezögert. Es war Finanzminister Dr. Reinhard Kamitz. Nun bleiben Akten im allgemeinen oft auf dem Schreibtisch eines Ministers liegen. In diesem Fall mag mitgespielt haben, daß die Koalitionspartner — die Sozialisten — heftige Angriffe gegen Krauss gerichtet haben, die politisch motiviert gewesen sind. Jedenfalls hat das Zögern des Finanzministers die Tür für Dr. Karl Böhm geöffnet, den ein einflußreicher Mann dem Bundeskanzler vorgeschlagen hatte. Anhänger von Clemens Krauss sind auch heute noch der Ansicht, daß der Dirigent als Folge dieser Ablehnung an gebrochenem Herzen gestorben sei.

Die Stimmung gegen Böhm war im Orchester längst umgeschlagen. Aber er hatte es mit einem Minister und einem Bundestheaterchef zu tun, die beide nicht an seiner Nominierung beteiligt gewesen waren. Über die Demonstrationen gegen Böhm im Zuschauerraum der Oper schreibt der stets zurückhaltende Kritiker Heinrich Kralik: „Ob und wieweit dabei, wie später behauptet wurde, die Bundestheaterverwaltung selbst mit dunklen Machinationen ihre Hand im Spiele hatte, bleibe dahingestellt."

Böhms Nachfolger, Herbert von Karajan, hatte im Musikverein ungeahnte Popularität erlangt. Dazu kommt, daß man ihn weder im Theater an der Wien noch beim Eröffnungsfest im neuen Haus hatte dirigieren lassen. Heinrich Kralik meint: „Im ersten Jahrzehnt nach dem Krieg war Karajan geradezu künstlich von der Wiener Oper ferngehalten worden." Diskreter kann man das schon nicht mehr ausdrükken. Auch wenn er das nie beabsichtigt hatte: Furtwängler-Fan Hilbert hat schon dazu beigetragen, daß Karajan Opernchef geworden ist. Keineswegs als Zeichen von Dankbarkeit für diese Schützenhilfe hat Karajan seinen Nachfolger Hilbert in die Operndirektion geholt.

Was Hilberts Nachfolger Reif-Gintl betrifft, hat ein Orchesterfunktionär diese Wahl so umrissen: „Man ist den Weg des geringsten Widerstands gegangen."

Gamsjäger war viele Jahre hindurch mit Karajan durch dessen Tätigkeit im Musikverein verbunden gewesen. Und nun war auch die Zeit gekommen, in der man Karajan wieder zurückholen wollte. Außerdem hat der begeisterte Konzertbesucher Dr. Kreisky Gamsjäger gekannt und konnte mit Fug und Recht erwarten, daß ihm gelingt, woran Reif-Gintl gescheitert war.

Seefehlner hat Dr. Kreisky gleichfalls von dessen Tätigkeit aus dem Konzerthaus gekannt, zudem hatte Seefehlner eine gute Visitenkarte: War er doch Chef des Deutschen Opernhauses in Berlin geworden. Diesmal hat der Kanzler aber zusätzlich den dynamischen Bundestheaterchef Robert Jungbluth eingesetzt. Er wollte ein abermaliges Fehlschlagen der Verhandlungen vermeiden. Um Mißverständnisse auszuschließen und die Initiative des Kanzlers nicht in ein falsches Licht zu stellen: Jeder Operndirektor hätte damals versucht, Karajan wiederzugewinnen.

Sieht man von Salmhofer ab, hat es bei der Nominierung eines jeden Operndirektors stichhaltige Argumente für dessen Bestellung gegeben, und man kann keinen von den Direktoren in die Rubrik „Wie man in Österreich was wird, ohne sich anzustrengen" einreihen. Bei der Besetzung anderer wichtiger Posten der Republik Österreich haben sich viel seltsamere Dinge ergeben. Wer Wien kennt, weiß, was gemeint ist. Immerhin notiert man, daß der überraschendste Operndirektor — nämlich Salmhofer — am längsten im Amt geblieben ist.

Daß diese Direktoren unterschiedliche Erfolgserlebnisse hatten, liegt vielleicht gar nicht an ihnen, sondern an einem Amt, das von Jahr zu Jahr schwieriger geworden ist. Vielleicht kann man ein großes Opernhaus überhaupt nicht mehr erfolgreich leiten. Und vielleicht gilt das nicht nur in Wien.

Daß aber alle Direktoren ihr Wirken als höchst positiv beurteilt haben, wird kaum bezweifelt.

Schenkt man den nachträglichen Betrachtungen Dr. Schäfers Glauben, ist es also höchst bedeutungsvoll, wer in Wien Operndirektor ist oder wird. Und Franco Zeffirelli, ein Kenner der internationalen Szene, ist überzeugt davon, daß Wien nach wie vor das einzige große Opernhaus ist, in dem man sich wenigstens ehrlich bemüht, Inszenierungen zu konservieren. Und Heinrich Kralik schreibt: „Im Begriff, in der Vorstellung ‚Wiener Oper' ist ein besonderer Inhalt eingeschlossen, der anderen Operninstituten nicht zukommt, etwas Spezielles und Eigentümliches, das sich willig dem Gefühl erschließt, aber nur schwer in Worte gefaßt werden kann."

Weiters mutmaßt Kralik: „Zu den Gefühls- und Gemütswerten, die sich in der Wiener Oper angesammelt haben, ist in den letzten Jahrzehnten ein förmlich staatspolitischer dazugekommen. Durch die Oper nehmen Österreich und Wien auf einem politisch zwar völlig indifferenten, aber kulturgeschichtlich sehr interessanten und sehr lebendigen Gebiet nach wie vor Großmachtstellung ein. Soweit es sich um die Oper handelt, stehen wir mit den Großen in der Welt als gleich zu gleich. Von der Wiener Oper geht immerhin noch etwas von jener lebendigen Kraft aus, etwas von jenem Glanz, den einstens die alte Haupt- und Residenzstadt eines Kaiserreiches ausstrahlte."

Soll man also die Oper in die Luft sprengen? Unmöglich. Im Krieg haben die amerikanischen Flieger ohnedies das ihre dazu beigetragen, die Oper zu vernichten. Was hat man daraufhin getan? Sie wieder aufgebaut.

Wenn sie nur nicht so teuer wäre! Über dieses Problem hat man sich schon lange den Kopf zerbrochen. Ernst Marboe hat eine Expertise angefordert, und der Experte ist zu dem Schluß gekommen, nur ein Staatsbankrott kann die Oper billiger machen, weil man dann wieder von vorn anfangen kann. Ein Vorgang, auf den die Operndirektoren trotz höchster Subvention nur wenig Einfluß nehmen können.

Weshalb aber spürt man soviel Lieblosigkeit, soviel Unpersönliches in dieser Oper? Im Jahre 1978 hat mir Erich Kunz gesagt: „In der Oper treffe ich dauernd auf Fremde, und kaum jemand grüßt mich." Das sagt ein österreichischer Sänger, der mehr zur Popularisierung des Begriffs „Wiener Oper" beigetragen hat als die meisten anderen, die an diesem Haus engagiert waren oder sind.

Am Beispiel von Erich Kunz zeigt sich, daß die an der Oper Arbeitenden diese nicht als ihre künstlerische Heimat empfinden. So etwas passiert nicht über Nacht. Greifen wir ein paar Beispiele heraus, an denen Direktoren unschuldig sind: Kurt Moll muß sich bei der Premiere der Wiener „Meistersinger" entschuldigen lassen. Eine Erkältung behindert sein Stimmvolumen. Am nächsten Tag begibt er sich nach München, um dort den Sarastro in der „Zauberflöte" zu singen. Also war bei der zweiten Wiener „Meistersinger"-Vorstellung die Erkältung des Bassisten noch spürbar, weil man solche Erkältungen besser in vier Wänden als in Flugzeugen und auf anderen Bühnen kuriert.

Der bei der Premiere noch höchst gesunde James King hat sich einen Tag später nach Paris begeben, ist dort von einer plötzlichen Indisposition befallen worden, hat in Wien abgesagt und in Paris „Parsifal" probiert.

Das Wort „Vertragsbruch“ ist in Opernhäusern unbekannt, der Herr Kammersänger „läßt absagen“. Es wäre nun eine gezielte Irreführung, wollte man diese Mentalität echter und falscher Stars den Wiener Direktoren in die Schuhe schieben.

Tito Gobbi hat einmal in Zürich „Tosca“ inszeniert und den Scarpia gesungen. Sein Cavaradossi, an der Wiener Volksoper engagiert, hat in New York gesungen. Die Zürcher Direktion hat von der „Met“ erfahren, der Tenor hätte von der Volksoper Urlaub für sein verlängertes Gastspiel erhalten. Dann hat sich herausgestellt, daß der Direktor der Volksoper diesen Urlaub bewilligt hat, weil ihm entgangen war, daß der Tenor einen unterschriebenen Urlaubsschein für die Zürcher Oper in der Tasche hatte.

Die Sängerin der Tosca fühlte sich in ihrer Ehre gekränkt — kein Cavaradossi, keine Tosca —, also hat Tito Gobbi allein geprobt und bald die Hoffnung aufgegeben, sein rumänischer Tenor könne noch rechtzeitig eintreffen. Also hat man einen anderen Rumänen verpflichtet, und dieses Engagement erwies sich als sehr günstig. Ein paar Wochen. Als ich nämlich ein halbes Jahr später nach Zürich kam, hat man den neuen rumänischen Tenor in ganz Europa gesucht. Also ist man wieder auf den alten zurückgekommen. Den hat man wenigstens schon besser gekannt.

Unter diesen Bedingungen erscheint es fast unbillig, von Wiener Direktoren zu verlangen, sie sollten doch mehr Ordnung in ihr Haus bringen. Fast geniert man sich. Andere Institutionen haben's leichter. Ein schon vorhin erwähnter Tenor hat die Aufnahmen zu einer Oper im Rundfunk abgesagt. Worauf ihm Hörfunkdirektor Dr. Hartner mitgeteilt hat, daß er ihn sofort bei allen Rundfunkstationen im freien Europa sperren läßt. Der Tenor ist pünktlich zu den Aufnahmen erschienen.

An den Opernhäusern ist es so, daß sich mindestens eine Direktion freut, wenn jemand ein anderes Haus in Stich gelassen hat: Dann ist er nämlich frei, und man kann ihn verpflichten.

Es wäre unverzeihlich, der Wiener Oper vorzuwerfen, daß man hier mit all diesen Auflösungserscheinungen der Gattung Oper begonnen hat. Franco Zeffirelli sagt über Wien: „Diese Welt ist voll Musik, und es gibt keinen Zweifel, daß die Oper und die Musik in diesem Land eine vollkommene Kunst darstellen.

Hier kann man auf seinen Beruf stolz sein, weil uns die Atmosphäre anspornt. Und wenn hier etwas fehlschlägt, ist es meine Schuld, meine eigene Schuld. In Wien zu arbeiten ist wirklich ein Vergnügen. Ganz abgesehen vom Prestige dieses Instituts.

Die Statisten sind junge Burschen und Mädchen, die alle die Musik kennen und die Einsätze der Sänger und des Chors, die den Text studiert haben ... es sind hauptsächlich Studenten.

Ich erinnere mich an Salzburg, als ich mit Karajan ‚Bohème' gemacht habe. Ich erinnere mich an die Szene mit der großen Menschenmenge ... es waren 400 Personen auf der Bühne. Dann wollte ich, daß diese Masse die Bewegungen verlangsamt, weil Handlung und Spannung sich auf die Sänger im Vordergrund konzentrieren sollten. Darum wollte ich, daß der Hintergrund verschwindet, daß er nicht mehr stört.

Und Karajan hat diesen Statisten etwas durch das Mikrofon gesagt. Bei einem bestimmten Takt haben alle ihre Bewegungen verlangsamt, weil alle die Musik gekannt haben, und zwar auswendig — und mit einem Schlag hat das Bild gewechselt. Weil die Österreicher und besonders die Wiener die Musik im Blut haben und auch die Musiktradition hier größer ist als irgendwo sonst auf der Welt."

Nun sollte man wissen, daß Zeffirelli dieses Interview während seiner Proben zu „Carmen" gegeben hat. Dabei hat er mehrfach seine Micaela gewechselt, er hat längere Zeit mit Placido Domingo, der in London geprobt hat, telefonisch Regie geführt. Seine russischen Stars waren ebensooft abwesend wie sein spanischer Tenor. Aber der Tenor ist ein gutes Beispiel: Wie schon erwähnt, hat er innerhalb von fünf Wochen eine Premiere in London, eine Premiere in Wien und eine Premiere in München gesungen und als Draufgabe ein Dirigentendebüt an der Wiener Oper gegeben.

Wer hat ihn nun verlangt? Der Dirigent, die Direktion, die Fernsehanstalten, das Publikum? Es ist ein Teufelskreis, in dem sich jeder auf den anderen ausreden wird und niemand mehr Lust hat, festzustellen, in welcher Reihenfolge der Tenor seine Verträge abgeschlossen hat.

Nur die beiden wirklichen Stars der Inszenierung, Kleiber und Zeffirelli, waren immer in Wien, als geprobt wurde. Es ist beileibe nicht so, daß die echten Stars immer die ärgsten sind. Otto Schenk hat „Don Carlos" inszeniert und ein wenig Angst vor den beiden Weltstars Corelli und Ghiaurov gehabt. Alle nur möglichen Schwierigkeiten hatte er — mit der übrigen Besetzung.

Wenn hier Zeffirelli als Zeuge aufgerufen worden ist, so geschieht das nicht etwa, weil er eine Schwäche für das österreichische Musikleben besitzt: Er hat mehr Überblick als die meisten. Gründgens ist noch abgereist, als er keinen Tenor bei den Proben vorfand, und weil der

Bariton ohne sein Wissen umbesetzt worden war. Man vergesse nicht: Gründgens war an Schauspieler gewöhnt. Sänger hat er nur gelegentlich genossen. Und Schauspieler sind von ihrer Sprache abhängig.

Dazu kommt, daß Zeffirelli die Musiklandschaft Österreichs bestimmt viel rascher und intensiver empfunden hat. Ein verärgerter Clemens Krauss hat den Einfluß dieser Landschaft sehr hübsch definiert. Mit einem englischen Musikmanager, dem Earl of Harewood, war er beim österreichischen Botschafter eingeladen. Zu einer Zeit, in der die Engländer gerade ihren Komponisten William Walton mit aller Gewalt und einiger Penetranz forciert haben. Das Gespräch ist auf Richard Strauss gekommen, mit dessen Musik Clemens Krauss eng verbunden war. Und Lord Harewood hat gesagt: „Als ich dreizehn Jahre alt war, habe ich ihn sehr verehrt. Heute ziehe ich William Walton vor."

Worauf ihm Krauss erwidert hat: „Bei mir war das ganz anders. Mein Großvater, der mich erzogen hat, wollte immer, daß ich Bankdirektor werde. Aber mit dreizehn Jahren habe ich die Musik von Franz Schubert gehört. Damals habe ich gewußt: Ich muß Musiker werden. Hätte ich aber damals William Walton gehört, wäre ich bestimmt Bankdirektor geworden."

Aber kehren wir zurück zu dem gesichtslosen Betrieb an führenden Opernhäusern. Eine Sängerin erhält ein Angebot der Deutschen Oper Berlin, in einer attraktiven Fachrolle zu gastieren. Sie akzeptiert, singt (ohne „Buh"-Konzert), trifft in der Pause auf eine Sekretärin, von der sie ihre Gage bekommt, und reist wieder ab, ohne ein Mitglied der Direktion kennenzulernen. Auch in der Vorstellung war kein Direktionsmitglied. Drei Wochen später kommt wieder ein Angebot aus Berlin. „Aha", denkt die Sängerin, „man wird das letztemal verhindert gewesen sein." Wieder fliegt sie nach Berlin, singt diesmal eine andere schöne Rolle, und wieder kümmert sich niemand um sie. Als vier Wochen später angefragt wird, ob sie wieder gastieren möchte, sagt sie nein. Wahrscheinlich hat sie niemand am Deutschen Opernhaus verstanden. Die Gage hat gestimmt, die Rolle war passend, die Besetzung war durchaus akzeptabel. Was will sie also, diese seltsame Person?

Auf die Gefahr hin, mißverstanden zu werden, erzähle ich ein Erlebnis, das ich mit dem deutschen Bundeskanzler Kurt-Georg Kiesinger bei einer Fernsehaufnahme in Bonn hatte. Kiesinger hat mir gesagt: „Mache ich ein Fernsehinterview mit einer ausländischen Station, gehe ich mit meinem Fernsehberater zu einem der Studios in Bonn. Mein Berater fragt beim Portier, in welches Studio wir gehen sollen. Der Portier sucht im Tagesprogramm. Fast immer vergeblich. Dann nimmt er den Telefonhörer ab, macht eine verzweifelte Geste, mit der er andeutet, daß die Nebenstelle besetzt ist.

Heute bin ich hergekommen, am Eingang war eine junge Dame, hat mich im Namen des Österreichischen Fernsehens begrüßt und mich in den Schminkraum geführt. Da fühlt man sich wohler. Es kommt auf Kleinigkeiten an."

Und das müßte doch in einem Opernhaus möglich sein: Diese Kleinigkeiten können viel ausmachen. Vorausgesetzt, der Direktor weiß immer, wer gerade in seiner Oper auftritt. Was gar nicht so sicher ist.

Die Ausrede, daß der Direktor immer und immer wieder mit überflüssigem Kleinkram beschäftigt wird, gilt nicht. Dafür muß er einen Blitzableiter parat haben. Und, wenn er ihn nicht hat, muß er ihn eben suchen. — Erleichternd für ihn ist, daß mir alle Sänger gesagt haben, daß zum Beispiel das Garderobenpersonal freundlich und gut ist. Daß die Damen der Kostümwerkstätten — die oft abenteuerliche Postarbeiten für einen eingeflogenen Gast durchführen müssen — tadellos sind. Und all dies sollte man nicht unterschätzen: In der nervösen Spannung vor einer Aufführung kann die Atmosphäre vor dem Auftritt entscheidend für einen Sänger sein. Vor allem, wenn er noch nicht oft in Wien gesungen hat. Vom guten Willen der Menschen hinter den Kulissen hängt oft mehr ab, als das Publikum glaubt.

Genau eine Woche vor der Kleiberschen „Carmen" ist der Kostümbildner friedlich beim Abendessen gesessen. Seine Tischdame hat ihn gefragt, ob schon am Kostüm für die Micaela gearbeitet wird. Dr. Bei war baß erstaunt. Die Kostüme für die kleine, rundliche Italienerin wären längst fertig. Worauf ihm seine Tischnachbarin aufgeklärt hat: „Seit heute nachmittag haben Sie keine kleine, dicke Italienerin, sondern eine mittelgroße, schlanke Schottin." Und dieses Gespräch hat an einem Samstagabend stattgefunden.

Und da ist ja noch das Orchester. Immer wieder ist ein Engagement Georg Soltis daran gescheitert, daß er für jede Probe und Aufführung dieselben Musiker gefordert hat. Dies konnte ihm kein Direktor zusichern. Dann hat Solti in Paris Wagner dirigiert und einer Sängerin gesagt: „Jetzt habe ich jeden Abend dieselben Musiker. Aber was hilft's? Jede gemischte Besetzung im Wiener Orchester wäre besser."

Carlo-Maria Guilini hat erklärt, weshalb er fast nie mehr Opern dirigiert: „Als Dirigent möchte ich für alles verantwortlich sein. Auch für die Schuhe eines Chorsängers. Erst habe ich gedacht: Wenn ich einmal arriviert bin, kann ich das durchsetzen. Jetzt habe ich längst resigniert."

Viele Voraussetzungen wären dafür gegeben, daß die Wiener Oper ihren Mitarbeitern ein „Zuhause" bieten könnte. Freilich spricht die Art und Weise, wie man Krauss, Böhm und Karajan, wie man so manchen prominenten Sänger und Tänzer „verabschiedet" hat, nicht dafür.

Noch etwas: Ein Dichter hat einmal geschrieben, die Österreicher seien ein Volk von Tänzern und von Geigern. In den Direktionsräumen hat man immer geglaubt, daß sie ein Volk von Sängern und von Geigern sind. Solange man dort nicht erkennt, welche eminente Bedeutung einem Ballett zukommen kann, wenn es sinnvoll eingesetzt ist, wird man's schwer haben. Denn die Tänzer sind da, wenn andere Mitglieder im Ausland gesucht werden. Oder: Noch sind die Tänzer da. — Vielleicht kommen sie eines Tages drauf, daß das nicht für alle Zeiten so sein muß, daß man an anderen Opernhäusern längst erkannt hat, wie wichtig Tänzer im modernen Stagione- oder Mischbetrieb sein können. Nur ist es immer für einen Tänzer schwieriger als für einen Sänger, sich durch eine fremde Inszenierung zu schmuggeln.

An vielen Ecken und Enden ist der Opernbetrieb in den letzten 50 Jahren gleichgeblieben, wenn wir von den Kriegsjahren einmal absehen. Nur einen Umstand gibt es, der es den Direktoren der Nachkriegsjahre schwerer macht, wollen sie aus diesem Teufelskreis ausbrechen: Unsere Welt ist so klein geworden. Rudolf Bing hat einmal gesagt: „Wenn ein Tenor in Braunschweig schön singt und ein hohes C abschwellen lassen kann, höre ich es am nächsten Tag in meinem New Yorker Büro." Also: Wenn sich ein Sänger störrisch zeigt und ihn der Direktor nicht mehr verpflichtet, hat er das vage Gefühl, nicht dem Sänger, sondern sich selbst geschadet zu haben. Und das gilt nicht nur für die Sänger.

Was ist mit Bühnenbildnern, die ihre Entwürfe zu spät abliefern und dadurch die Werkstätten in kaum überwindliche Schwierigkeiten stürzen? Was ist mit Bühnenbildnern, die einen Rundhorizont aus Taiwanseide verlangen oder — um in den Bereich des Schauspiels zu kommen — eine Tanne aus dem Dach des Burgtheaters wachsen lassen wollen? Schadet man ihnen, wenn man sie nicht mehr verpflichtet? Mitnichten.

Beim Schauspiel spricht sich's schneller herum, wenn ein Mann allzu groteske Forderungen stellt. Und der Arbeitskreis ist unvergleichlich kleiner. Trotzdem hat ein Regisseur von einem Wiener Theater verlangt, daß man für eine Neuinszenierung ein großes Schwimmbad auf der Bühne errichtet. Als sein Wunsch abgelehnt wurde, hat er das Theater mit der Begründung verlassen, daß es nicht einmal für die primitivsten Arbeitsbedingungen sorgt.

Und was das technische Personal zu Hollywood-Dekorationen sagt, die man fast einen Tag lang aufbauen muß, und was andere Regisseure dazu sagen, daß man wegen dieser Mammutbauten nicht mehr tagsüber proben kann oder die Probenzeit dadurch radikal verkürzt wird, das kann man sich unschwer vorstellen. — Die erste Nachkriegsausstattung Günther Rennerts hat 500 Mark gekostet. Nach dem Anbruch des visuellen Zeitalters wären vergleichbare Ausstattungen nicht mehr zu riskieren, ohne Harakiri-Möglichkeiten für den Direktor einzukalkulieren. — Grotowski hat in Wroclaw das „Arme Theater" propagiert. Im Westen hat man seine Inszenierungen wie Abnormitäten gewürdigt, und in Polen hat man mir gesagt: „Solange die Amerikaner und Kanadier anreisen, um sich armes Theater anzusehen, stört uns die ganze Angelegenheit nicht." Denn das „Arme Theater" hat unter anderem zu willkommenen Devisen geführt. Was man nicht nur in Polen zu würdigen weiß.

Natürlich ist die Krise der Oper in den letzten Jahrzehnten mit einer Krise der Gesellschaft verbunden. Und diese Symptome können Operndirektoren schwer beeinflussen. Im Gegenteil: Sie werden von ihnen beeinflußt. Ob sie dagegen kämpfen oder nicht. — Für diejenigen, die Oper als museal und anachronistisch betrachten, dürfte es leicht erscheinen, die Kontinuität dieser Kunstgattung zu bewahren.

Das Theater an der Wien hat für die Wiener Oper der Zweiten Republik eine Hauptrolle gespielt. Im Jahre 1801 war es Schikaneder nach Überwindung zahlreicher Hürden gelungen, dieses Theater zu eröffnen. Auf dem Plakat konnte man lesen: „Seiner königlichen Hoheit des kaiserl. königl. und heiligen Römischen Reiches Feldmarschalle, Hofkriegs-Rath, Präsidenten Erzherzog Karln in tiefster Unterthänigkeit von dem Verfasser Emanuel Schikaneder gewidmet." Die Zeiten ändern sich, die Operndirektoren inbegriffen. Heute wettert die jeweilige Opposition gegen die zu hohe Subventionierung, und die Regierenden bewilligen ebendiese Subvention stirnrunzelnd und seufzend, in der festen Überzeugung, die Oper nur höchst selten zu besuchen.

Nach den Kaisern kamen Zeiten größter Not, man führte Opern in einem Land auf, an dessen Lebensfähigkeit nicht viele geglaubt haben. Und noch nach dem Krieg haben mir Musiker von den leeren Logen an manchen Abenden erzählt. Einer hat gesagt: „Wie tote Augen waren für uns diese schwarzen Logenöffnungen."

Dann folgten die Diktatur, der Krieg, und nach den Jahren des Hungers und der Einschränkungen hat man versucht, wieder von vorne zu beginnen. Aber die Plattenindustrie war gewachsen, der Rundfunk hatte sich entwickelt, das Fernsehen bemächtigte sich mit wechselndem Glück der Opernwelt. Und auf einmal war es auch in Bari, in Dallas, in Orange „schick", von Zeit zu Zeit teure Stars anzulocken.

Die klein gewordene Welt hatte zu Konzessionen über Konzessionen geführt. Karajan konnte es sich noch leisten, der Callas abzusagen, ohne irgendwelchen Schaden zu nehmen. Seefehlner würde sich selbst schaden, wenn er die führende Sopranistin abweist.

Im Jahre 1966 hat Otto Schenk bei seiner „Carmen"-Inszenierung schweren Herzens auf Gundula Janowitz verzichtet, weil sie nicht sechs Wochen für die Proben frei war. Im Jahre 1978 entschied sich Schenk für Placido Domingo, der bei einer Premiere in München „Cavalleria rusticana" und „Bajazzo" singen sollte, obwohl er nur zu fünf Proben gekommen wäre. Daß Schenk wegen einer Erkrankung absagen mußte, hat die Anzahl der Proben mit dem Startenor bestimmt nicht erhöht.

Also hat sich doch etwas im Opernbetrieb geändert, also war es früher doch besser? Im Opernalltag gewiß nicht. Man hat jetzt nur in besonderen Fällen die Probenzeit verkürzt und verzichtet auf gewissenhafte Vorbereitung von Stars, die ohnedies nicht gewillt sind, sich darauf einzulassen. Die Vorstellungen, die man für die Presse oder ein nerzhältiges Publikum spielt, mögen gelitten haben. Und nun haben sich auch diese Vorstellungen auf internationaler Ebene einander angeglichen.

Im Jahre 35 n. Chr. hat man in Orange ein Theater gebaut, in dem 15.000 Zuschauer Platz finden. Dort veranstaltet man jeden Sommer ein sogenanntes Festival. Im Jahre 1978 fanden an vier Abenden Aufführungen statt. Vier verschiedene Werke wurden gespielt. Man holt internationale Stars, interessiert für diese Vorstellungen Rundfunk und Fernsehen. Die prächtige Kulisse ist schon da.

Und mit diesem raffinierten System hat man erreicht, daß dieses Festival bei den Opernfreunden vieler Länder bekanntgeworden ist. Der Leiter des Festivals hat die Zeichen der Zeit verstanden. Wieviel ein berühmter Star für eine einzige Aufführung probt, bleibt der Phantasie des Lesers überlassen. Aber keiner dieser Stars könnte sein Metier in einem solchen System erlernen. In Orange kann man nicht berühmt werden. Man kann dort nur auftreten, wenn man schon möglichst bekannt ist. Das Festival ist deshalb erwähnenswert, weil dort ein absurdes Starsystem in konzentrierter Form serviert wird. Sollten sich eines Tages Millionen von Fernsehern für Oper interessieren und man also nach dem Beispiel von Orange auf internationaler Ebene vorgehen, dann müßte man nicht nur die Wiener Oper, dann müßte man alle großen Opernhäuser in die Luft sprengen.

Ohne damit den provenzalischen Veranstaltern unrecht tun zu wollen. Sie nehmen ja die Oper nicht ernst. Für sie sind Opernvorstellungen ein amüsantes Mittel, den Fremdenverkehr zu beleben.

Trotzdem sind die Bakterien von Orange nicht ungefährlich. Je höher das Defizit der Oper klettert, um so mehr werden die Geldgeber daran interessiert sein, daß die Aufführungen von möglichst vielen Menschen gesehen und gehört werden. Man hat ja Steuergelder investiert. Euro- und Intervisionsübertragungen sind ein recht passables Mittel, um die Zahl der Menschen zu vermehren, die an Opernaufführungen teilnehmen. Um viele Länder für eine solche Übertragung zu interessieren, benötigt man zugkräftige Namen. Stars haben wenig Zeit. Und je bekannter sie durch diese Übertragungen werden, desto weniger Zeit werden sie haben.

Wie geht's also weiter? Otto Schenk nennt ein Mittel, Oper auch ohne Stars attraktiv zu machen: Wenn wieder Werke komponiert und geschrieben werden, die das Publikum in so starkem Maße interessieren, daß die Leute die Kassen stürmen, ohne erst den Namen des Tenors auf dem Plakat zu suchen. Aber dabei sind die Direktoren der Opernhäuser machtlos. Jeder von ihnen fände gern einen neuen Verdi.

Wie könnte man also wichtige Sänger und Dirigenten dazu verleiten, in Zukunft länger an der Oper zu bleiben und gewissenhafter zu arbeiten? Schenk könnte sich durchaus vorstellen, daß die Oper neben ihren Aufführungen Schallplatten, Kassetten und Fernsehfilme produziert, wodurch das Interesse der ansonsten reisenden Stars gehoben und ihr Aufenthalt prolongiert würde.

Aber auch bei einem solchen Projekt würden mit der Zeit populäre Meisterwerke neuer Komponisten fehlen. Natürlich ist es nicht so, daß man diesen Plan bald verwirklichen wird.

Denn hierorts wird gemacht, was immer schon so war. Und natürlich kennt ein Mann vom Bau die Schwierigkeiten und Hindernisse, die man dabei überwinden müßte.

Otto Schenk: „Die Oper lebt vom schlechten Gewissen einer rationalistischen Gesellschaft, und eine satte Gesellschaft soll sich ruhig ein teures Spielzeug leisten." Solange sie das eben kann.

Der Finanzminister Valérie Giscard d'Estaing hat sich einige Opern in der Pariser „Opéra comique" angesehen, einen Blick auf die Kassenberichte geworfen und daraufhin dieses wunderschöne Haus geschlossen. In einer Stadt wie Wien, wo Mozart, Brahms, Schubert, Beethoven, Richard Strauss und Johann Strauß gelebt haben, ist es komplizierter und unpopulärer, ein Opernhaus zu schließen als ein Theater.

Denn auf dem Theatersektor hat man sich ja einiges „geleistet“.

Wesentlich bei der Forderung Paul Floras ist, daß man erst eine Alternative zur Wiener Staatsoper gefunden hat, ehe man diese anzündet. Bis dahin soll man den Österreichern und ihren Gästen das teuerste Spielzeug der Welt gönnen.

FOTONACHWEIS FÜR DEN BILDTEIL

Archiv: Seite 71, 109 (1), 147, 229 (1)
Brüder Basch, Wien: Seite 72 (1)
Bildarchiv der Österreichischen Nationalbibliothek: Seite 34 (1), 69 (1), 70, 109 (1)
Alfred Cermak/The Associated Press, Frankfurt am Main: Seite 149 (1)
Foto Fayer, Wien: Seite 72 (2)
Foto Hausmann, Wien: Seite 185 (1), 232 (1)
Foto Helmut Koller, Wien: Seite 145, 146, 149 (1), 150 (3), 151, 152, 185 (1), 187 (1), 229 (1), 230 (2), 231, 232 (1)
Historisches Museum der Stadt Wien: Seite 33, 34 (1), 35 (2), 105
Foto Barbara Pflaum, Wien: Seite 106, 107 (2), 108, 110 (2), 111, 112, 148, 185 (1), 186 (2), 187 (1), 188 (2), 232 (1)
Foto Simonis, Wien: Seite 69 (1)
Foto Tschiedel-Setzer, Wien: Seite 36
Bruno Völkel, Wien: Seite 69 (1)